Henri J. M. Nouwen

Nachts bricht der Tag an

Tagebuch eines geistlichen Lebens

Herder Freiburg · Basel · Wien

Titel der amerikanischen Originalausgabe:
The Road To Daybreak. A Spiritual Journey

Erschienen bei Doubleday & Company, Inc., New York, 1988
© Henri J. M. Nouwen, Toronto, 1988

Übertragung ins Deutsche von
P. Dr. Radbert Kohlhaas OSB

DRITTE AUFLAGE

Umschlagbild: Rembrandt: *Der Gang nach Emmaus,*
Federzeichnung, Berlin, Kupferstichkabinett.

Alle Rechte vorbehalten – Printed in Germany
© Verlag Herder Freiburg im Breisgau 1989
Herstellung: Freiburger Graphische Betriebe 1992
ISBN 3-451-21443-1

Inhalt

Vorwort 7

1. Eltern und Kinder 15
2. Jesusnachfolge 24
3. Dunkel und Licht 35
4. Aufschimmern einer neuen Berufung 47
5. Der Vorrang des Herzens 57
6. Es tut weh 65
7. Kränkung vergeben 77
8. Jesus im Mittelpunkt 87
9. Wichtiges und Dringendes 95
10. Armut und Reichtum 102
11. Ein klarer Ruf 112
12. Heimreise 125
13. Die Mühsal des Betens 136
14. Tiefe Wurzeln 142
15. Das Leben wählen 160
16. Der Abstieg 177
17. Leiden, Tod und Auferstehung 191
18. Größere Zusammenhänge 203
19. Die Gabe der Freundschaft 212
20. Einer von Vielen 221
21. Ein mühsamer, aber beglückender Beruf 230
22. Kontraste und Alternativen 235
23. Abschied und Neubeginn 251

Schlußwort 260

Vorwort

Als ich am Ende der siebziger Jahre an der Yale Divinity School lehrte, erhielt ich eines Tages einen Besuch, der mein Leben von Grund auf verändern sollte. Damals meinte ich, es sei ein kaum aufregender, ja belangloser Besuch. Aber im Lauf der Jahre ging mir auf, daß er die Antwort auf mein Gebet war: „Herr, zeig mir, wohin ich gehen soll, und ich will dir folgen."

Daher beginne ich denn mein Buch mit der Schilderung dieses anscheinend unwichtigen Besuches. Eines Nachmittags läutete es bei mir in New Haven, und an der Tür stand eine junge Frau. Sie sagte: „Ich bin Jan Risse und soll Sie von Jean Vanier grüßen." Jean Vanier und „L'Arche" (die Arche), seine Gemeinschaft für geistig Behinderte, waren mir vom Hörensagen bekannt, doch ihn getroffen, mit ihm gesprochen, ihm geschrieben oder mit seinem Werk Kontakt aufgenommen hatte ich noch nie. Ich war daher recht erstaunt über diese Grüße und sagte: „Ja, vielen Dank …, was kann ich für Sie tun?" Sie sagte: „Ach, nichts. Ich bin eigentlich nur gekommen, um Ihnen Grüße von Jean Vanier auszurichten." „Ja, gewiß", sagte ich, „aber ich vermute, Ihr Besuch hat noch einen anderen Grund." Doch sie beharrte darauf: „Nein, nein. Ich bin nur gekommen, um Sie von Jean zu grüßen." Es fiel mir schwer, sie anzuhören. Ich kam nicht von dem Gedanken los, ihre Grüße dienten nur als erster Schritt zu der Bitte, einen Vortrag, einen Exerzitienkurs oder eine Predigt zu halten, einen Artikel oder ein Buch zu schreiben. Ganz sicher, daß die Übermittlung der Grüße nicht einziger Grund ihres Kommens war, versuchte ich es noch einmal: „Ich freue mich, von Jean Vanier zu hören, aber kann ich etwas für Sie tun?"

Sie lächelte und sagte: „Ja. Darf ich eintreten?" Da merkte ich, daß ich mich nicht sehr einladend gezeigt hatte, und sagte schnell: „Aber sicher, kommen Sie ..., ich muß allerdings bald gehen, da ich an der Hochschule einen vollen Stundenplan habe." „Oh, lassen Sie sich nicht aufhalten", antwortete sie, „ich warte dann ruhig hier, bis Sie wiederkommen."

Als ich abends nach Hause zurückkehrte, fand ich meinen Tisch mit einem feinen Tischtuch, hübschem Geschirr und Besteck, Blumen, einer brennenden Kerze und einer Flasche Wein gedeckt. Ich fragte: „Was ist das denn?" Jan lachte. „Oh, ich dachte, ich könnte Ihnen einmal eine gute Mahlzeit servieren." „Aber wo haben Sie denn all diese Sachen gefunden?" fragte ich. Sie schaute mich belustigt an und sagte: „In Ihrer eigenen Küche und in den Schränken ..., Sie scheinen sie offensichtlich nicht allzu häufig zu benutzen!" Da dämmerte mir, daß etwas Ungewöhnliches vorging. Eine Unbekannte war in meine Wohnung getreten und führte mir, ohne mich überhaupt zu fragen, mein Zuhause vor.

Jan blieb ein paar Tage und hat noch viel mehr für mich getan. Als sie wieder ging, sagte sie dann: „Denken Sie aber auch daran: Jean Vanier läßt Sie grüßen." Es vergingen ein paar Jahre. Ich hatte Jans Besuch völlig vergessen, als mich eines Morgens Jean Vanier anrief und sagte: „Ich habe vor, in Chicago stille Kurzexerzitien zu machen. Kommen Sie mit?" Wieder kam mir für einen Augenblick der Gedanke, er wollte mich einladen, dort zu sprechen. Aber er blieb dabei: „Henri, es sind stille Exerzitien. Wir können nur beisammen sein und beten."

So haben Jean und ich uns kennengelernt. Im Stillschweigen. Wir haben ein paar Worte miteinander gesprochen, aber sehr wenig. In späteren Jahren habe ich zweimal seine Gemeinschaft in Frankreich aufgesucht. Bei meinem zweiten Besuch habe ich dreißigtägige Exerzitien gemacht und kam nach und nach darauf, daß mit Jan Risses Besuch eine

Kette von Ereignissen begonnen hatte, durch die Jesus auf mein Gebet antwortete, ihm auf vollkommenere Weise folgen zu dürfen.

Aber die Jahre zwischen Jan Risses Besuch und meinem Entschluß, in der „Arche" mitzumachen, waren ein einziger Wirbel und wie von verzweifelter Suche erfüllt. Nach zehn Jahren Yale empfand ich das tiefe Bedürfnis, mich wieder wesentlich priesterlichen Aufgaben zuzuwenden. Meine Reisen nach Lateinamerika hatten mich auf den Gedanken gebracht, ich könnte vielleicht dazu berufen sein, den Rest meines Lebens unter den Armen in Bolivien oder Peru zu verbringen. Daher habe ich 1981 meinen Lehrstuhl in Yale aufgegeben und bin nach Bolivien gereist, um Spanisch zu lernen, und nach Peru, um es einmal mit dem priesterlichen Leben unter den Armen zu versuchen. Die Monate dort waren so eindrucksvoll, daß ich mich entschlossen habe, ein Tagebuch zu führen, das später unter dem Titel „Gracias!" (deutsch: „Wohin willst du mich führen?", Freiburg i. Br. 1983) erschienen ist. Ich habe ehrlich festzustellen versucht, ob ein Leben unter den Armen in Lateinamerika für mich die Richtung wäre, die ich einschlagen sollte. Ganz allmählich und schmerzlich wurde mir klar, daß meine geistlichen Ambitionen sich von dem unterschieden, was Gott mit mir vorhatte. Ich mußte mich damit abfinden, daß ich nicht in der Lage war, in einem Land spanischer Zunge als Missionar zu wirken, daß ich vom Gemüt her mehr Hilfestellung brauchte, als meine Mitmissionare mir bieten konnten, daß das schwere Ringen um Gerechtigkeit mich oft ganz mutlos und niedergeschlagen machte und daß die vielen verschiedenen Aufgaben und Pflichten mich um meine innere Ruhe brachten.

Es war hart, aus dem Mund meiner Freunde zu hören, ich könne im Norden mehr für den Süden tun als im Süden, und meine rednerischen und schriftstellerischen Fähigkeiten seien bei den Universitätsstudenten besser am Platz als bei den Armen. Ich sah sehr wohl ein, daß Idealismus, beste Absicht und der Wunsch, den Armen zu dienen, noch kei-

9

nen Beruf ausmachen. Dazu bedarf es des Rufes und der Sendung. Die Armen in Lateinamerika hatten mich nicht gerufen; die Christengemeinde hatte mich nicht gesandt. Was ich in Bolivien und Peru erlebt hatte, war sehr fruchtbar gewesen, aber die Früchte waren anders ausgefallen, als ich erwartet hatte.

Etwa um diese Zeit berief mich die Harvard Divinity School in ihr Professorenkollegium zu Vorlesungen über christliche Spiritualität unter besonderer Berücksichtigung der spirituellen Gesichtspunkte der Befreiungstheologie. Ich habe angenommen in der Überzeugung, einen Ruf zur „Mission im umgekehrten Sinne" zu erhalten, einer Mission in Süd-Nord-Richtung, und so meinen Wunsch, der Kirche in Lateinamerika zu dienen, verwirklichen zu können. Aber ich stellte bald fest, daß die geistliche Unterweisung der Studenten ein dringenderes Bedürfnis war als eine Einführung in die brennenden Probleme der lateinamerikanischen Kirche, und so wandte sich meine Vorlesung recht bald allgemeineren Fragen des geistlichen Lebens zu. Damit war ich wieder bei der Tätigkeit angelangt, die ich in Yale ausgeübt hatte, wenn auch in einem größeren Maßstab.

Mit der Zeit wurde mir klar, daß es nicht Harvard war, wohin ich zu einer radikaleren Jesusnachfolge berufen wurde; ich war dort nicht besonders glücklich, ertappte mich bisweilen bei schlechter Laune und Unpäßlichkeit und fühlte mich seitens der Fakultät oder der Studenten nie voll akzeptiert. Daraus ergab sich eindeutig, daß ich meinen Weg noch nicht gefunden hatte. Mitten in all meinen Zweifeln und meiner Ungewißheit vernahm ich das Rufen Jan Risses, Jean Vaniers und der „Arche" immer lauter. Als ich die Gemeinschaft der Arche in Frankreich besuchte, fühlte ich mich dort mehr zu Hause als in Yale, Lateinamerika oder Harvard.

Das nicht an Leistung orientierte Leben bei den geistig Behinderten, ihre natürliche Veranlagung, mich ohne Rücksicht auf Rang und Namen bei sich aufzunehmen, und die beharrliche Aufforderung, mit ihnen „Zeit zu verschwenden", haben in mir einen Raum erschlossen, der mir bislang nicht zur Verfügung gestanden hatte, einen Raum, in dem ich die stille Einladung Jesu vernehmen konnte, bei ihm Wohnung zu nehmen. Mein Gefühl, in die „Arche" berufen zu sein, beruhte mehr auf dem, was ich empfangen sollte, als auf dem, was ich zu geben hatte. Jean Vanier sagte: „Vielleicht können wir Ihnen hier ein Zuhause bieten." Das war es, wonach mein Herz mehr als nach allem anderen verlangte, selbst wenn ich dieses Verlangen nie ernst genommen hatte, und das weckte in mir die erste Ahnung, daß mein Beten um eine radikalere Nachfolge Jesu Erhörung fand.

Dieses Buch besteht hauptsächlich aus dem geistlichen Tagebuch, das ich in dem Jahr zwischen meinem Abschied von Harvard und meinem Eintritt in die Gemeinschaft der „Arche" von Daybreak, d. h. „Tagesanbruch", in Kanada geführt habe. Den größeren Teil dieses Jahres habe ich in Trosly-Breuil verbracht, der ersten Gründung Jean Vaniers für geistig Behinderte. Aber ich habe etliche Abstecher gemacht, die nach Holland, Deutschland, Kanada, in die Vereinigten Staaten und zu anderen Zielen führten. Als ich nach Frankreich aufbrach, hegte ich die Hoffnung, die „Arche" würde sich als der Ort erweisen, an den ich zur Jesusnachfolge berufen würde. Aber ich war mir meiner Sache nicht sicher. Tatsächlich erwies sich der Unterschied zwischen dem Universitätsleben und dem Leben in der Arche als so gewaltig, daß mir viele Zweifel kamen, ob ich den Sprung schaffen könnte.

Diese Tagebuchnotizen sind der Niederschlag des Ringens, ja, des geistlichen Kampfes in Verbindung mit der Frage: „Wie folge ich Jesus ohne Vorbehalt?" Die Schmerzen, von denen auch schon im „Genesee Diary" (deutsch: „Ich hörte auf die Stille", Freiburg i. Br. [8]1983) und in „Gracias!" (s. o.!) die Rede war, findet man zum großen Teil auch hier. Der Unterschied liegt nicht nur im Zusammenhang, sondern auch in der Richtung begründet. Damals wollte ich wissen, wohin ich gehen sollte. Jetzt wußte ich, wohin, hatte aber im großen und ganzen keine Lust dazu. Mit geistig Behinderten zusammenzuwohnen und sie zu betreuen, schien genau das Gegenteil dessen zu sein, wozu ich durch Ausbildung und Berufserfahrung qualifiziert war. Alles andere schien vernünftiger und nützlicher zu sein als ein Eintritt in die „Arche". Und doch ... Jan Risse, Jean Vanier, meine Freunde in der „Arche" und vor allem die Behinderten selbst sagten immer wieder leise, aber beharrlich: „Hier ist für Dich ein Zuhause; vielleicht brauchst Du uns." All mein Verlangen, nützlich, erfolgreich und produktiv zu sein, lehnte sich jedoch dagegen auf. Einige meiner Reisen, die mich aus der „Arche" fortführten, waren vielleicht Ausdruck dieses Aufbegehrens. Aber, ob mir das damals bewußt war oder nicht, sie wurden Teil des eigentlichen Ringens, liebgewordene Gewohnheiten preiszugeben und mich dorthin führen zu lassen, „wohin ich lieber nicht ginge" (vgl. Joh 21, 18).

Auf den folgenden Seiten ist die Rede von der „Arche", vom Gebet, vom Zusammenleben mit Behinderten, von Kunst, vom Leben in der Stadt, vom Filmemachen, von AIDS, von Konflikten in der Kirche, von Paris, London, San Francisco und Los Angeles, von Kanada und einer kanadischen Zukunft und darüber hinaus von vielen kleinen und großen Leuten und Begebenheiten. Was sie bei aller Unterschiedlichkeit miteinander verbindet, ist das geistliche Ringen um ein Ja zu Jesu Einladung: „Komm, und folge mir nach!" Es ist ein widerspenstiges Ja unter schrillem Protest, das diese Seiten füllt. Es ist ein Ja, das aufsteigt aus der Erkenntnis, daß auch ich ein gebrochener Mensch bin und einer radikalen Heilung bedarf. Im Nachwort versuche ich eine Zusammenfassung meiner Erfahrungen während des ersten Jahres in Daybreak, der Gemeinschaft der Arche in Toronto, wohin ich mich nach meinem Jahr in Frankreich begeben habe. Wenn ich auch in Daybreak weder die Zeit noch die Kraft hatte, ein Tagebuch zu führen, so glaubte ich doch, schlicht und ehrlich schildern zu müssen, wie es mir erging, nachdem ich ein Zuhause gefunden hatte.

Der Titel meines Tagebuches „Nachts bricht der Tag an" bezieht sich nicht nur darauf, daß mein Jahr in Trosly mich dazu führte, die Einladung der Gemeinschaft von „Daybreak" in Toronto anzunehmen. Er bezieht sich auch darauf, daß die in diesem Tagebuch geschilderten Erlebnisse für mich zu einem „daybreak", dem Tagesanbruch eines neuen Lebens, führten.

Viele dieser Notizen künden von Ratlosigkeit, Furcht und Einsamkeit, denn die Reise geschah großenteils bei Nacht. Doch da ich am Anbruch eines neuen Tages stehe, bin ich voller Hoffnung. Ich bete, daß die Leser dieses Tagebuches auf ihrer eigenen geistlichen Reise Mut schöpfen und ebenso wie ich im Herzen den ersten Hoffnungsstrahl entdecken.

1 Eltern und Kinder

Ein Neubeginn

Trosly, Frankreich; Dienstag, 13. August 1985

Heute ist der erste Tag meines neuen Lebens! Mag das auch melodramatisch klingen: ich kann mich des Gefühls nicht erwehren, daß heute etwas ganz Besonderes beginnt. Meine Entscheidung, die Harvard Divinity School zu verlassen und nach Frankreich zu gehen, um dort wenigstens ein Jahr bei Jean Vanier in seiner Gemeinschaft „L'Arche" in Trosly zu verbringen, hat manche Tränen und so manche schlaflose Nacht gekostet. Sie ist nach einem Zeitabschnitt voller Bedenken und innerer Auseinandersetzungen gefallen. Aber als ich im Auto saß und die Remise hinter mir ließ, die ein Jahr lang in Harvard der Mittelpunkt meines Lebens gewesen war, hatte ich das Gefühl, einer neuen Freiheit entgegenzufahren. Als Madame Vanier, Jeans siebenundachtzigjährige Mutter, mich heute morgen beim Betreten ihres Hauses in die Arme schloß, kam mir das wie eine Heimkehr vor.

Es ist so gut, wieder hier zu sein. Vor neun Monaten habe ich hier dreißigtägige Exerzitien gemacht. Ich hatte damals keine Ahnung, daß ich so bald wieder hier sein würde, aber jetzt weiß ich, daß die Exerzitien mich darauf vorbereitet haben, der akademischen Welt Lebewohl zu sagen und auf die Suche nach einer Gemeinschaft von Menschen zu gehen, die mich dem Herzen Gottes näher bringen könnten.

Heute nachmittag habe ich so etwas wie eine innere Stimme vernommen, die mir befahl, wieder Tagebuch zu führen. Schon seit meiner Lateinamerikareise vor vier Jahren habe ich keine täglichen Notizen mehr gemacht. Aber mir wurde mit einemmal bewußt, daß dieses Jahr dem Gebet, dem Lesen und Schreiben gewidmet sein wird, wobei ich aufmerksam auf die Regungen des Geistes in meinem Inneren lauschen und mich mit der Frage auseinandersetzen will: „Wie kann ich Jesus bis zur letzten Konsequenz nachfolgen?" Wie kann ich den Kontakt mit Gottes Wirken in mir besser erhalten als durch die Niederschrift dessen, was mir Tag für Tag widerfährt? Wenn dies wirklich ein Jahr der Klärung sein soll, könnte ein ehrlich geführtes Tagebuch für mich jetzt ebenso hilfreich sein wie damals.

Der ungeheure Gegensatz zwischen meinen arbeitsreichen, lärmerfüllten und nervenaufreibenden letzten Tagen in Cambridge und diesem äußerst ruhigen und stillen Tag in Trosly ergreift mich tief. Als ich heute nachmittag durch die Gassen dieses kleinen französischen Dorfes ging, ohne einem Menschen zu begegnen oder ein Auto zu hören, stieg in mir die Frage auf, ob ich noch auf dem gleichen Planeten sei. Der sechseinhalbstündige Nachtflug vom Logan-Flughafen in Boston zum Charles-de-Gaulle-Flughafen in Paris läßt die Entfernung zwischen dort und hier so klein erscheinen. Aber Cambridge und Trosly liegen viel weiter als nur einen Nachtflug auseinander. Sie stellen zwei grundverschiedene Welten dar: Dort Cambridge – eine durch und durch akademische Welt mit rivalisierenden Bildungsstätten, geistiger Konkurrenz und immer sprudelnderem Leben; hier Trosly – eine Welt dörflichen Friedens, in der man Gemeinschaft festlich erlebt und menschliches Ausgeliefertsein miteinander teilt, und eine immer wieder neue Aufforderung, alles auf Jesus hin auszurichten.

Es ist schon dunkel, sehr dunkel. Ringsum ist alles still bis auf das regelmäßige Ticken des Quarzweckers, den Jutta Ayer mir kurz vor meiner Abreise geschenkt hat. Der Wecker erinnert mich an die Welt, die ich zurückgelassen habe. Hier hat niemand mir gesagt, wann ich morgen aufstehen, was ich tun oder wen ich aufsuchen soll: Keine Vorlesungen, keine Therapiegespräche oder Beratungsstunden. Der morgige Tag ist so offen, wie ein morgiger Tag nur sein kann. Was wird er bringen? Das weiß nur Gott. Die Stille flüstert: „Geh zu Bett, und schlaf, solange du willst. Niemand wird dich wecken." Ich will den Knopf an meinem Quarzwecker bis an den mit „Wecker aus" bezeichneten, weißen Punkt schieben.

Der Name, der größer ist als alle Namen

Mittwoch, 14. August

Das Haus, in dem ich wohne, heißt „Les Marronniers – Kastanienbäume". Der Name war mir schon geläufig, doch bin ich erst heute auf seine Bedeutung gestoßen. Madame Vanier hat mir gesagt, die „marronniers" seien die vier großen Kastanienbäume vor dem Haus. „Jeder heißt anders", sagte sie, „Markus, Lukas, Matthäus und Johannes", und fuhr lächelnd fort: „Sie werden verstehen, warum ich den Baum, der dem Haus am nächsten steht, Jean, Johannes, getauft habe."

Namen sind sehr wichtig. Lange bin ich der festen Ansicht gewesen, Francis Avenue, die Straße, an der die Harvard Divinity School liegt, sei nach dem heiligen Franziskus benannt. Irgendwie hatte mich das auf dem Gang zur Arbeit ein wenig getröstet. Ich muß meine Neigung zum Überprüfen dieser Ansicht unterdrückt haben aus Furcht, mir würde wieder eine Illusion genommen, aber eines Tages brachte mich jemand auf den Boden der Wirklichkeit zurück und teilte mir mit, der Francis, nach dem die Straße benannt sei, sei ein Divinity-School-Professor aus dem 19. Jahrhundert, nicht aber mein Lieblingsheiliger. Ich bin sicher, daß keine Heiligen ihre Namen für Straßen in Cambridge oder Häuser in Harvard hergegeben haben. Hier in Trosly sind die Heiligen allgegenwärtig, und die Gemeinschaft, die sich der Behinderten annimmt, heißt „L'Arche – die Arche" und erinnert so ständig an die Arche Noahs, in der Menschen und Tiere Zuflucht gefunden haben, als die Wasser das Land mehr und mehr überfluteten. Die Arche ist wirklich die Stätte, an der viele hilflose Männer und Frauen in ihrer Gefährdung durch die aburteilende und gewalttätige Welt, in der sie leben, Geborgenheit finden und sich zu Hause fühlen können.

Namen haben ihre Geschichte, vor allem der Name, der größer ist als alle Namen, der Name Jesu. In seinem Namen bin ich zu leben berufen. Sein Name muß mir Haus, Wohnstatt, Zuflucht und Arche werden. Sein Name muß anfangen, zu erzählen, wie man geboren wird, aufwächst, altert und stirbt – und einen Gott offenbaren, der uns so sehr geliebt hat, daß er uns sein einziges Kind gesandt hat.

Père Thomas

Donnerstag, 15. August

Heute, am 15. August, dem Fest der Aufnahme Mariens in den Himmel, ist in Frankreich Nationalfeiertag. Obgleich die Mehrzahl der Franzosen selten, wenn überhaupt, eine Kirche betritt, schließen sie alle ihre Ladengeschäfte und Betriebe, um dieses Fest der Gottesmutter zu feiern, der Frankreich besonders geweiht ist.

Père Thomas Philippe, ein Dominikaner – er hatte vor zwanzig Jahren mit Jean Vanier die Gemeinschaft „L'Arche" ins Leben gerufen und gilt als ihr geistlicher Vater –, hielt eine lange, vor Begeisterung glühende Predigt zu Ehren der Aufnahme Mariens in den Himmel. Alle hundertfünfzig Leute in der Kapelle haben den Worten dieses achtzigjährigen Paters mit großer Aufmerksamkeit gelauscht.

Ich höre immer mehr von diesem heiligmäßigen Mann. Father Ed O'Connor, der alljährlich aus den Vereinigten Staaten hierhin kommt, um bei Père Thomas Exerzitien zu machen, nennt ihn den Johannes vom Kreuz unserer Zeit. Das kam mir anfangs ziemlich hoch gegriffen vor, aber als Peeters, eine Familie aus Belgien, die mich zu Tisch geladen hatte, mir erzählten, sie seien nach Frankreich gezogen, um Père Thomas nahe zu sein, begann ich das außerordentliche Charisma dieses Mannes zu entdecken. Es fällt mir noch schwer, seinen langen und eindringlichen französischen Predigten zu folgen, aber es ist ein unvergeßliches Erlebnis, in seiner Gegenwart zu sein und zu hören, wie er „Maria", „unsere Mutter" und „die allerseligste Jungfrau" – ganze zwei oder drei Worte – sagt und von der Aufnahme Mariens in den Himmel als einem Quell der Hoffnung für uns alle spricht.

Mich hat es tief beeindruckt, einen Menschen vor mir zu haben, den ich kaum verstehen kann, der aber trotzdem das Geheimnis der Gegenwart Gottes unter uns eingehend und überzeugend verständlich macht. Das bewegt mich besonders, weil es mich eng mit den sogenannten „geistig behinderten" Männern und Frauen verbindet und mich genau wie sie mit dem Herzen zuhören läßt. Nach der Eucharistiefeier hat Père Thomas mir kräftig die Hand geschüttelt mit den Worten: „Father, ich vertraue Ihnen meine Schäflein an." Ich habe geantwortet: „Ich will mein Bestes versuchen, aber ich kann Ihnen garantieren, daß meine Predigten bei meinen Französischkenntnissen viel kürzer ausfallen werden!" Er hat gelächelt.

Heute nachmittag ist er für zehn Tage verreist. Ich bin auch deshalb kurz vor seiner Abreise hier eingetroffen, um ihn vertreten zu können. Eine der Frauen meinte: „Nicht wahr, für Père Thomas gibt es keinen Ersatz." Trotzdem will ich es in den nächsten Tagen versuchen. Einen Heiligen zu vertreten, wird nicht leicht sein, aber es gibt auch noch Gottes Barmherzigkeit ...

Dannys Gebet

Freitag, 16. August

Der heutige Abend, den ich bei der „Arche"-Gruppe aus Cork in Irland verbracht habe – sie hält sich den ganzen August in Trosly auf –, war großartig. In irischer Umgebung komme ich natürlich besser zurecht als unter Franzosen. Dafür sorgt schon die Sprache, aber auch der unbeschwert kameradschaftliche Ton.

Beim Nachtgebet haben wir einfache Lieder gesungen, Danny, einem Behinderten aus Cork, zugehört, der sich sehr schwer tat, aus Jean Vaniers Buch „Ich begegne Jesus" vorzulesen, und dann gebetet. Danny sagte: „Ich habe dich lieb, Jesus. Ich weise dich auch dann nicht ab, wenn ich schon einmal die Nerven verliere..., nicht einmal, wenn ich durcheinander bin. Ich liebe dich mit meinen Armen, meinen Beinen, meinem Kopf und meinem Herzen, ich liebe dich und weise dich nicht ab, Jesus. Ich weiß, daß du mich liebst, daß du mich so sehr liebst. Ich liebe dich auch, Jesus." Während er so betete, betrachtete ich seine schönen, edlen Gesichtszüge und entdeckte darin ganz unverschleiert oder unverhüllt sowohl seine tiefe Not wie auch seine Liebe. Wer könnte sich solch einem Gebet verschließen?

Auf einmal spürte ich ein starkes Verlangen, alle meine Schüler aus Harvard und vom Boston College einzuladen, an meiner Seite in diesem Kreise Platz zu nehmen. Ich empfand eine tiefe Liebe zu all diesen jungen Männern und Frauen, denen ich etwas über Jesus zu sagen versucht und die ich oftmals nicht zu rühren vermocht hatte. Ich war ganz von dem Wunsch erfüllt, sie alle säßen in der Runde und ließen sich von Danny über Jesus belehren. Ich wußte, sie würden begreifen, was ich ihnen nicht hatte beibringen können. Als ich jedem Einzelnen einen Gutenachtkuß gegeben hatte und nach Hause ging, war mir seltsam wohl und zugleich weh zumute. Schuld daran waren die vielen Welten, die ich im Griff zu halten versuchte.

L'Arche: Ein kurzer Blick in die Geschichte

Samstag, 17. August

Weniger als eine Minute zu Fuß von jenem Haus entfernt, in dem ich wohne, liegt das Haus, in dem alles begonnen hat. Über der Tür hängt ein kleines Holzschild mit der Aufschrift: „L'Arche". Dieses Haus hat Jean Vanier vor zwanzig Jahren mit zwei Behinderten, Raphael und Philippe, bezogen. Jedesmal, wenn ich an dem kleinen, unscheinbaren Häuschen vorbeikomme und das Holzschild über der Tür sehe, bin ich gerührt vom Geheimnis kleiner Glaubensakte. Als Jean den Entschluß faßte, zwei Behinderte aus einer großen Anstalt zu holen und in seine „Arche" zu bringen, hat er gewußt, daß, was er da tat, nicht mehr rückgängig zu machen war. Er hat gewußt, daß sein Leben von diesem Augenblick an mit dem Leben dieser beiden Männer eng verbunden sein würde. Sie hatten keine Angehörigen, an die er sie weitergeben könnte, noch würde er sie je wieder in die Anstalt zurückschicken können, aus der sie kamen. Das war die Armut in der Form, die Jean nach vielem Beten und langer Suche als sein Berufsziel gewählt hatte.

Als Jean diesen Entschluß faßte, lehrte er noch als Philosophieprofessor am St.-Michaels-Kolleg in Toronto. Er war nach Trosly gekommen, um seinen Seelenführer, Père Thomas Philippe, zu besuchen, der ihm seit seinen Studententagen am Institut Catholique in Paris Ratgeber und Freund gewesen war. Unter seiner Führung und kraft der Begeisterung für das hohe Ideal, die Père Thomas in ihm weckte, hat Jean es fertiggebracht, seine erfolgreiche akademische Laufbahn aufzugeben und auf eine geistliche Reise zu gehen, deren Ziel kaum abzusehen war. Was Jean betraf, sollte die Wohngemeinschaft mit Raphael und Philippe seine Lebensaufgabe werden. Er hatte nicht vor, eine große Bewegung ins Leben zu rufen, auch dachte er nicht an ein internationales Netz von Heimen für Behinderte. Sein neues Leben begann in diesem französischen Dörfchen mit einem bescheidenen Haus, zwei Behinderten und seinem guten Freund Père Thomas in nächster Nähe.

Heute läßt der Name „L'Arche" die Herzen von Tausenden in der ganzen Welt höher schlagen: in Frankreich, Belgien, Italien, Spanien, Kanada, den Vereinigten Staaten, Mexiko, Haiti, Honduras, an der Elfenbeinküste, in Indien und vielen anderen Ländern. Zielvorstellung der „Arche" ist ein Quell der Hoffnung; ihre Arbeit trägt ihr das Lob von Päpsten, Bischöfen, Königen, Königinnen und Präsidenten ein. Aber damit hat Jean absolut nicht gerechnet, als er das „Arche"-Schild über der Tür seines ersten Heimes anbrachte. Er wollte nur arm sein mit den Armen.

Das klingt sehr nach Geschichten, die ich schon einmal gehört habe – Geschichten von Benedikt und Scholastika, von Franziskus und Klara, von Peter Maurin und Dorothy Day, von Catherine de Huyck Doherty und Frère Roger von Taizé. „Euch muß es um Gottes Reich gehen; dann wird euch das andere dazugegeben" (vgl. Lk 12, 31).

Schmerzliche, aber teure Erinnerungen

Sonntag, 18. August

Ein strahlender Sonntag! Mein Vater hat mich besucht. Mit einem Freund unterwegs von Holland in die Schweiz, wollte er über Trosly fahren, um zu sehen, wo und wie ich jetzt mein Leben verbringe. Er nahm an der Messe teil, die ich für die Gemeinschaft der „Arche" gefeiert habe, war bei einigen Mitgliedern der von Père Thomas gegründeten kontemplativen Gemeinschaft „La Ferme" zum Essen, hat die irische Gruppe besucht und war bei Madame Vanier zum Tee.

Es war ein besonderes Vergnügen, den Geschichten zuzuhören, die Madame Vanier und mein Vater einander zu erzählen hatten. Sie war 1898 geboren, mein Vater 1903, und wenn ihr Leben auch in recht verschiedenen Bahnen verlaufen ist, haben sie doch gemeinsame Erinnerungen an einen Abschnitt der Geschichte, den ich nur aus Büchern kenne. Madame Vaniers Erlebnisse an den kanadischen Botschaften in Paris, London und Algier und die meines Vaters in einer holländischen Anwaltspraxis und im akademischen Lehramt berührten sich in dem, was sie im Zweiten Weltkrieg erlebt hatten, in einem gemeinsamen Nenner.

Während der Kriegsjahre befanden sich sieben europäische Regierungen im englischen Exil. Vaniers hatten damals als Vertreter der kanadischen Regierung ihren Wohnsitz in London. Sie lernten – häufig sogar in Luftschutzkellern – holländische Regierungsbeamte kennen, die meinem Vater wohlbekannt waren.

So saßen beide hier im Jahre 1985 beim Tee und unterhielten sich über eine Zeit, von der ich kaum noch etwas weiß. Sie nannten die Namen von Menschen, die einmal eine große Rolle gespielt haben, jetzt aber in Vergessenheit geraten sind, und ließen schreckliche wie auch lustige Ereignisse an sich vorüberziehen, die für Nachzügler wie mich kaum noch Wirklichkeit sind.

Wie seltsam, daß meine Berufung zum Priestertum und Jean Vaniers Berufung zu einem Leben unter den Armen mit diesem grausamen Krieg zusammenhängen. Unsere Eltern haben uns ein Wissen über Gott vermittelt, das man einer Generation ohne Erinnerungen an Luftschutzkeller, an die Zerstörung großer Städte wie Rotterdam und London und an die ständige Todesfurcht nur schwer vermitteln kann.

Diese beiden rüstigen Menschen beim Plaudern zu sehen und zu hören, ließ mich ein Geheimnis menschlicher und göttlicher Liebe innewerden, das über Worte und Gesten hinausreicht und hier für einen Augenblick in einer zwanglosen Teestunde sichtbar wurde.

2 Jesusnachfolge

Verlaß alles und folge mir nach

Montag, 19. August

Die Geschichte vom reichen Jüngling, die ich bei der Eucharistiefeier französisch und auch englisch vorgelesen habe, fesselt mich immer noch. „Jesus sah ihn an, und weil er ihn liebte, sagte er: Eines fehlt dir noch: Geh, verkaufe, was du hast, gib das Geld den Armen, und du wirst einen bleibenden Schatz im Himmel haben; dann komm und folge mir nach! Der Mann aber war betrübt, als er das hörte, und ging traurig weg; denn er hatte ein großes Vermögen" (Mk 10,21 f).

Jesus hatte den jungen Mann liebgewonnen und hätte ihn, wie ich es auffasse, gern als Jünger bei sich gehabt. Aber das Leben des Jünglings war zu sehr verflochten; zu viele Sorgen beschäftigten ihn, er hatte zuviel zu erledigen und zu viele Kontakte zu pflegen. Er brachte es nicht fertig, von seinen Sorgen zu lassen, und hat daher enttäuscht und niedergeschlagen von Jesus gelassen. Jesus war traurig, der junge Mann war traurig, und ich empfinde heute auch Traurigkeit bei dem Gedanken, wie anders sein Leben verlaufen wäre, wenn er frei genug gewesen wäre, Jesus nachzufolgen. Er kam, hörte und ging dann weg. Von ihm hören wir nie mehr. Jahr für Jahr sehen wir Petrus, Johannes und Jakobus, die Lieblingsjünger Jesu, wieder vor uns. Aber dieser Mann, den Jesus auch besonders liebgewonnen und ebenso zur Zeugenschaft für das Evangelium eingeladen hatte, bleibt unbekannt. Er ist nie ein Anhänger Jesu geworden und hat in der Geschichte der Kirche keinerlei Spur hinterlassen wie die anderen Jünger. Wenn Franz von Assisi Kaufmann geblieben wäre, wäre uns sein Andenken heute bestimmt nicht so teuer.

Ich glaube, ich sollte heute abend um ein so einfaches Leben beten, daß ich „ja" sagen kann, wenn Jesus mich liebevoll anschaut und einlädt, alles zu verlassen und ihm nachzufolgen. Diesen Augenblick zu verpassen, würde nicht nur Jesus und mich betrüben, sondern wäre meinerseits auch eine Art Weigerung, den mir zugedachten Platz in Gottes Heilswerk einzunehmen.

Jessies Drohung

Freitag, 23. August

John Fraser, der Europakorrespondent der in Kanada landesweit erscheinenden Tageszeitung „Globe and Mail", hat Madame Vanier einen Besuch gemacht. Ich wurde zum Tee eingeladen. Dabei haben wir uns über die chinesische Bevölkerung, Tibet und den Dalai Lama, die katholische Kirche auf den Philippinen und in Nordkorea und den kürzlichen Papstbesuch in Holland unterhalten. John Fraser ist ein weitgereister und sehr gut informierter Journalist, er verfolgt nicht nur das Weltgeschehen mit wachem Blick, sondern ist auch persönlich an Fragen des religiösen Lebens sehr interessiert.

Neben allem, was er uns über das Weltgeschehen zu berichten wußte, hat John uns auch eine kleine Geschichte von seiner Tochter Jessie erzählt. Gerade diese Geschichte wird mir in Erinnerung bleiben:

Als Jessie vier Jahre alt war, fand sie eines Morgens vor dem Wohnzimmerfenster einen toten Spatz, der gegen die Scheibe geflogen war. Der Anblick des toten Vogels bestürzte sie sehr, ließ sie aber auch bald interessiert ihren Vater fragen: „Wo ist der Vogel jetzt?" John sagte, das wisse er nicht. „Warum ist er gestorben?" fragte sie weiter. „Ja", sagte John etwas unsicher, „weil alle Vögel zur Erde zurückkehren." „Oh", erwiderte Jessie, „dann müssen wir ihn beer-

25

digen." Es fand sich ein Pappkarton, man legte das Vögelchen hinein und breitete eine Papier-Serviette als Leichentuch darüber, und bald darauf schlossen sich Daddy, Mama, Jessie und ihr Schwesterchen zu einem kleinen Leichenzug zusammen: Daddy trug den Karton, Jessie das selbstgebastelte Kreuz. Nachdem man ein Grab ausgehoben und den kleinen Spatz beigesetzt hatte, bedeckte John das Grab mit einem Placken Moos, und Jessie setzte das Kreuz darauf. Dann frage John Jessie: „Willst Du auch noch beten?" „Ja", antwortete Jessie mit fester Stimme, und nachdem sie ihrem kleinen Schwesterchen unmißverständlich bedeutet hatte, die Hände zu falten, sagte sie: „Lieber Gott, wir haben diesen kleinen Spatz beerdigt. Sei nun lieb zu ihm, oder ich bringe dich um. Amen." Auf dem Weg ins Haus sagte John zu Jessie. „Du brauchtest Gott aber nicht zu drohen." Jessie erwiderte: „Ich wollte ja nur sicher sein."

Von all den Geschichten über den Papst, den Dalai Lama und die anderen Großen dieser Welt hat mir Jessies Geschichte am meisten über das Menschenherz verraten: voller Mitgefühl – aber zum Mord bereit, wenn es sich bedroht fühlt. Ob aus uns barmherzige Menschen oder Mörder werden, hängt sehr davon ab, wer uns sagt, worum es im Leben geht. John, der so viele Geschichten von Gewalt, Mord, Unterdrückung und sonstigen menschlichen Sünden wußte, hatte Jessies Ohren eine andere Geschichte zugedacht. Seine tiefe Liebe zu den Seinen ließ daran keinen Zweifel.

Sehen und Gesehenwerden

Samstag, 24. August

Wir feiern heute das Fest des heiligen Bartholomäus. Mir fällt an der ersten Begegnung zwischen Jesus und Bartholomäus, der im Evangelium Natanael heißt, etwas auf.

Da spielt das *Sehen* eine große Rolle. „Bevor dich Philippus rief, habe ich dich unter dem Feigenbaum gesehen", sagte Jesus, und nach Natanaels Glaubensbekenntnis: „Du bist der Sohn Gottes", sagte Jesus: „Du glaubst, weil ich dir sagte, daß ich dich unter dem Feigenbaum sah? Du wirst noch Größeres sehen ... Ihr werdet den Himmel geöffnet und die Engel Gottes auf- und niedersteigen sehen über dem Menschensohn" (Joh 1, 49 ff).

Die Geschichte bewegt mich sehr, da sie die Fragen aufwirft: „Möchte ich von Jesus gesehen werden? Möchte ich, daß er mich kennt?" Wenn ja, dann kann in mir ein Glaube heranwachsen, der Jesus als den Sohn Gottes bekennt. Nur solch ein Glaube kann mir die Augen öffnen und den Himmel offen zeigen.

So werde ich denn sehen, wenn ich bereit bin, mich sehen zu lassen. Ich werde neue Augen erhalten, die sogar das verborgene Leben Gottes sehen können, wenn ich Gott die Möglichkeit gebe, mich zu sehen, ganz und gar, sogar die Seiten, die ich selbst nicht sehen will.

O Herr, sieh mich, und laß mich sehen.

Von Gott ausersehen

Sonntag, 25. August

Heute morgen hat das französische Fernsehen ein Interview mit Jean Vanier gebracht. Ich habe es mir angeschaut mit seiner Mutter, seinem Bruder Bernard, der zehn Tage hier zu Gast ist, und Simone, die zu den Freunden des Gebetshauses der Arche, „La Ferme", gehört. Obwohl ich Jean oft habe sprechen hören, sagte er doch Dinge, die mich aufhorchen ließen.

Schon nach ein paar Minuten kam Jean im Interview auf Eric, einen schwerstbehinderten Achtzehnjährigen, zu sprechen, der vor kurzem gestorben war. Er erwähnte Erics feines Gespür. Eric konnte nicht sprechen, gehen oder ohne Hilfe essen, aber wenn zwischen den Betreuern im Haus Spannungen entstanden, schlug er mit dem Kopf an die Wand; und wenn Friede und Eintracht herrschten, war er froh und zu allem bereit. „Die Behinderten sagen uns oft die Wahrheit, ob wir sie hören wollen oder nicht", bemerkte Jean und fuhr lächelnd fort: „Es ist nicht immer einfach, solch ein Barometer im Haus zu haben."

Als Jean das sagte, habe ich gespürt, daß unser Dastehen in den Augen Gottes ganz eng zusammenhängt mit unserem Dastehen in den Augen von Behinderten. Das gestrige Evangelium von Jesus, der Natanael sieht, hat für mich unversehens eine neue Tiefendimension bekommen.

Es war für mich wichtig, wieder an jene Fähigkeit der Behinderten erinnert zu werden: Sie durchschauen eine Fassade aus Lächeln und freundlichen Worten und spüren die Empörung in unserem Herzen, bevor wir sie selbst bemerken. Häufig sind sie in der Lage, unsere Ungeduld, Verärgerung, Eifersucht und Interesselosigkeit zu entlarven, so daß wir uns selbst nichts vormachen können. Was in ihren Augen wirklich zählt, sind echte Beziehung, wahre Freundschaft und verläßliches Zur-Stelle-Sein. Viele Behinderte erfahren sich als Enttäuschung für ihre Eltern, als Last für ihre Familie, als Plagegeist für ihre Freunde. Es fällt ihnen schwer zu glauben, daß jemand sich wirklich um sie sorgt, sie wirklich liebt. Ihr Herz besitzt ein äußerst feines Gespür dafür, ob jemand wirklich um sie besorgt ist oder ob er nur heuchelt, ob man ihnen echte Zuneigung entgegenbringt oder nur leere Worte. So öffnen sie uns oft die Augen für unsere eigene Heuchelei und fordern uns ständig zu größerer Aufrichtigkeit und selbstloserer Liebe heraus.

Meine nur geringe Erfahrung im Umgang mit Behinderten hat mir vor Augen geführt, wie zutreffend Jeans Bemerkung ist. In der „Arche" zu leben, bedeutet vielerlei; dazu gehört allerdings auch die Berufung zu einer größeren Lauterkeit des Herzens. Jesus spricht tatsächlich durch die gebrochenen Herzen der Behinderten, die als nutzlose Randexistenzen gelten. Gott jedoch hat sie als die Armen ausersehen, durch die er seine Anwesenheit bekundet. Das in einer auf Erfolg und Leistung ausgerichteten Gesellschaft zu akzeptieren, ist schwer.

Gott hat keine Eile

Montag, 2. September

Als ich überlegte, was ich heute abend schreiben sollte, ist mir aufgegangen, daß ich oft über meine vordergründigsten Angelegenheiten schreibe, während die tieferen Regungen des Geistes unerwähnt bleiben.

Ich habe mir das Buch „Tanz in das Abenteuer der Wüste" von K. Klein als Lektüre vorgenommen; es handelt über das Leben Charles de Foucaulds, des geistlichen Vaters der Kleinen Brüder und Schwestern Jesu. Beim Lesen wurde ich wieder an mein eigentliches Anliegen erinnert: „Wie kann ich in meinem Leben zu einer innigeren Gotteserfahrung kommen? Diese Frage hat mich sehr beschäftigt, denn ich glaube, mein Leben in Harvard hat mich in die falsche Richtung geführt; deshalb habe ich die Universität ja schließlich verlassen. Jetzt, da mir der Weg des Gebetes, des Fastens und der Stille offensteht, spüre ich, daß ich, wenn ich mich nicht ganz bewußt auf das Wesentliche konzentriere, aus meinem Leben hier wieder ein Harvard mache. Ich fühle in mir ein brennendes Verlangen, die Frohbotschaft zu verkünden, aber ich weiß in meinem Herzen, daß jetzt der Augenblick da ist, zu beten, zu lesen, zu meditieren, still zu sein und zu warten, bis Gott mich klar und deutlich ruft.

Ich bin froh und glücklich mit dem, worüber ich schon Klarheit gewonnen habe. Es ist Unsinn, die Frohbotschaft zu verkünden, wenn ich mir selbst keine Zeit zur Bekehrung genommen habe. Jetzt ist offensichtlich die Zeit gekommen, mich in die Verborgenheit und von Vorlesungen, Exerzitientätigkeit, Kursen, Seminaren und Arbeitstagungen zurückzuziehen; eine Zeit, mit Gott allein zu sein.

Ich spüre in mir eine Spannung. Die Jahre, die mir noch für mein priesterliches Wirken bleiben, sind gezählt. Warum sollte ich sie nicht gut nutzen? Doch ein Wort, das man aus lauterem Herzen spricht, gilt das Vieltausendfache von Worten, die man spricht, wenn man von geistlicher

Rastlosigkeit umhergetrieben wird. Die Zeit, die man der inneren Erneuerung schenkt, ist nicht vertan. Gott hat es nicht eilig.

Sheila Cassidys Hospiz

Sonntag, 8. September

Sheila Cassidy, die englische Ärztin, die zwei Jahre nach General Pinochets Machtübernahme in Chile festgenommen und gefoltert worden ist, hat mir einen wunderbaren Brief geschrieben. Ich bin ihr noch nie begegnet, aber unsere Lebenswege haben sich hier und da, zumeist durch unsere schriftstellerische Tätigkeit, berührt.

Heute habe ich ihre kurze Beschreibung eines Hospizes gelesen, und war davon so beeindruckt, daß ich ihre Worte auszugsweise in mein Tagebuch übernehmen möchte:

„Medizinisch gesprochen, sind Hospize Einrichtungen zur Schmerz- und Symptombehandlung von Krebspatienten, bei denen eine aktive Therapie nicht mehr anschlägt – für Sterbende kann man *immer* noch etwas tun, und wäre es nur, daß man die Geduld und den Mut aufbringt, ihnen Gesellschaft zu leisten. Die meisten Laien stellen sich Hospize als feierlich-ernste, ziemlich deprimierende Stätten vor, wo man nur flüstert und den Blick gesenkt hält, während die Patienten und ihre Angehörigen dem Unvermeidlichen entgegenharren. Nichts könnte der Wahrheit ferner sein als das. Bei der Betreuung im Hospiz geht es um Leben, Liebe und frohes Lachen, denn sie ruht auf zwei unerschütterlichen Säulen: dem Glauben, das Leben sei ein so hohes Gut, daß man jede Minute auskosten sollte, und dem Glauben, daß der Tod ganz einfach ein Teil des Lebens ist, den man offenen Blickes anschauen und mit ausgestreckter Hand begrüßen sollte. Eines der charakteristischen Merkmale des Hospizlebens ist das Feiern: Sobald etwas von einem Geburtstag oder einem Jahrestag verlautet, wird Kuchen gebacken und Sekt entkorkt, und die Heimleitung, das

Pflegepersonal und die freiwilligen Helfer stoßen an mit den Patienten und ihren Familien."[1]

Bei dieser Lektüre merkte ich auf einmal, daß man vieles, wenn nicht gar alles, was Sheila Cassidy sagt, auch von der „Arche" sagen kann. Ein Hospiz ist für die Sterbenden da, die unheilbar krank sind; die Arche ist für die Behinderten da, deren Behinderung sich nicht beheben läßt. Beide verkünden sie laut, wie kostbar das Leben ist, und machen uns Mut, der Wirklichkeit offenen Blickes ins Gesicht zu schauen und ihr die Hände entgegenzustrecken. Beide sind Stätten, an denen man Feste feiert, an denen die Gewißheit der Gegenwart immer viel wichtiger ist als die Ungewißheit der Zukunft. Beide können das Paradoxon bezeugen, daß Menschen, von denen man es am allerwenigsten erwartet hätte, von Gott dazu ausersehen werden, uns die Augen zu öffnen.

Sheila Cassidy und Jean Vanier haben ihre Berufungen auf sehr verschiedene Weisen gefunden, aber ihrem gemeinsamen Glauben an Jesus und sein Evangelium verdanken sie Ideale, die einander verblüffend ähnlich sehen.

Abschied von Harvard

Montag, 9. September

Mein Entschluß, Harvard zu verlassen, ist mir schwergefallen. Viele Monate lang war ich mir nicht sicher, ob ich meiner Berufung treu bliebe oder sie verraten würde, wenn ich ginge. Die Stimmen draußen sagten in einem fort: „Du kannst hier so viel Gutes tun. Man braucht dich hier!" Die inneren Stimmen sagten ständig: „Was ist damit gewonnen, anderen die Frohbotschaft zu verkünden, dabei aber die eigene Seele zu verlieren?" Schließlich ist mir klargeworden, daß ein immer dichteres Dunkel in meinem Inneren, die Vorstellung, bei einigen meiner Schüler, Kollegen, Freunde und sogar bei Gott auf Ablehnung zu stoßen, mein über-

---

[1] „Precious Spikenard – Kostbares Nardenöl", Toronto 1985.

triebenes Bedürfnis nach Bestätigung und Zuneigung und das lebhafte Gefühl, nicht am rechten Ort zu sein, deutliche Anzeichen dafür waren, daß ich nicht auf dem Weg des Heiligen Geistes wandelte. Die Früchte des Geistes sind nicht Traurigkeit, Einsamkeit und Absonderung, sondern Freude, Stille und Gemeinschaft. Nachdem ich mich entschlossen hatte, Harvard zu verlassen, war ich überrascht, daß ich so lange gebraucht hatte, um diesen Entschluß zu fassen. Schon bei der Abreise habe ich so viel innere Freiheit, so viel Freude und neue Lebenskraft gespürt, daß ich auf mein früheres Leben wie auf das Dasein eines Gefangenen zurückblicken konnte, in das ich mich selbst eingesperrt hatte.

Ich bedaure meine Zeit in Harvard nicht. Wenn ich auch an einer theologischen Hochschule war, so hatte ich doch eine echte Chance, in einem durch und durch weltlichen Universitätsmilieu zu sein, und die Gelegenheit, wenn ich unumwunden über Jesus sprach, Freude und Furcht zu empfinden. Mit der Zeit habe ich die Bekanntschaft vieler Studenten gemacht, einige gute Freunde gefunden und deutlicher denn je gesehen, wo meine Versuchungen und Schwächen lagen. Vielen Menschen, die ich in Harvard kennengelernt habe, bin ich sehr zugetan, aber sie tun mir jetzt, nachdem ich Abschied genommen habe, auch leid. Ich sehe jetzt sehr deutlich, daß jenes Streben nach akademischen Ehren, welches sie gefangenhält, der gleiche Ehrgeiz ist, der auch mich gefangengehalten hat, ohne mir dessen voll bewußt geworden zu sein.

Das alles kam mir bei der Lektüre eines der Briefe in den Sinn, die der heilige Franz Xaver aus seinem Missionsgebiet geschrieben hat. In jungen Jahren war er Student und ehrgeiziger Dozent an der Pariser Universität gewesen, wo er Ignatius von Loyola kennengelernt hat und einer seiner ersten Gefährten geworden ist. Er schreibt:

„Oft überkommt mich das Verlangen, aufzuschreien gegen die Universitäten, besonders gegen die Pariser Universität …, und mit aller Macht zu toben wie ein Irrer, der seinen Verstand verloren hat.

Mein Aufschrei würde denen gelten, die sich mehr um ihre wissenschaftliche Karriere sorgen als darum, Menschen, die auf sie angewiesen sind, von ihrer Wissenschaft profitieren zu lassen … Ich fürchte, daß vielen, die an der Universität ihre Fächer studieren, mehr daran liegt, mit ihrer Hilfe Ehren, Bistümer, Vorrechte und eine hohe Stellung zu erlangen, als sich ihrer sinn- und zweckgemäß zu bedienen … Allgemein heißt es: ‚Ich will studieren, um in der Kirche eine wohldotierte Pfründe zu ergattern, und dann will ich auch für Gott leben.‘ Solche Menschen sind unverständig und folgen nur ihrer Sinnlichkeit und ihren unbeherrschten Trieben … Sie vertrauen Gott nicht, geben sich ihm auch nicht restlos hin …, sie fürchten, daß Gott nicht mit ihren Wünschen einverstanden ist und daß sie, wenn sie ihm gehorchen, ihre unrechtmäßig erworbenen Vorrechte wieder aufgeben müssen …

Wie viele würden vom Glauben des Evangeliums erleuchtet, wenn es einige gäbe, die ihre ganze Mühe darauf verwendeten, gute Menschen ausfindig zu machen, die gewillt sind, unter Opfern nicht das zu suchen und zu finden, was ihnen gehört, sondern das, was Jesus Christus gehört. Hierzulande kommen so viele Menschen zum Glauben an Jesus Christus, daß mir bei der mühsamen Arbeit ihrer Taufe die Arme oft den Dienst versagen.“

Das hat Franz Xaver viele Jahre nach seinem Abschied von der Universität geschrieben. Seine neue Umgebung, in der viele Menschen ihn um das Licht des Glaubens baten, ließ ihn erkennen, wie viele seiner ehemaligen Gefährten und Kommilitonen ihre Talente auf der Suche nach Macht und Erfolg vergeudet hatten und deshalb nicht für das Heilswerk zur Verfügung standen, das so dringend war.

Seit dem sechzehnten Jahrhundert hat sich wenig geändert. Schon mit nur ein paar Wochen Abstand von dem durch Konkurrenzkämpfe, Ehrgeiz und Karrieredenken geprägten Leben an der Harvard Divinity School empfinde ich das Bedürfnis, einiges von dem zu wiederholen, was Franz Xaver gesagt hat. Ich möchte meinen Kollegen und Schülern laut zurufen: „Dient nicht Harvard, sondern Gott und Jesus Christus, den er liebt; geht hin und sagt den Millionen, die mit den Ketten der Verlassenheit, der Armut und der Knechtschaft gefesselt sind, ein Wort der Hoffnung." Aber es leuchtet mir ein, daß es schwer ist, einen Blick für jene zu haben, die von der Armut gefesselt sind, wenn einen selbst der Ehrgeiz gefangenhält. Es ist eine Tragödie, daß sogar die Theologie, die Wissenschaft von Gott, uns die Augen für das verschließen kann, was Gott, um den wir uns im Studium bemühen, uns zeigen will. Das ist die tragische Erfahrung, die ich selbst gemacht habe.

3 Dunkel und Licht

Im Stich gelassen

Dienstag, 10. September

Ein schwerer Tag. Ich habe auf meinen lieben Freund Jonas gewartet, der mich in Boston zum Flughafen gebracht und mir versprochen hat, mich in Frankreich zu besuchen. Vor zwei Wochen habe ich gehört, daß er tatsächlich nach Paris gereist ist und mich Ende voriger Woche besuchen wollte. Heute mußte ich feststellen, daß er schon wieder in Boston ist.

Das war eine schmerzliche Entdeckung. Ich hatte mich schon auf seinen Besuch gefreut und allerhand Vorkehrungen für seinen Empfang getroffen. Jetzt fühlte ich mich nicht nur darüber enttäuscht, ihn nicht gesehen zu haben, sondern auch noch gekränkt und im Stich gelassen. Er hat mir nicht einmal einen Brief oder eine Karte geschrieben und mich eine Woche lang mit meinen Vermutungen allein gelassen.

Ich hatte geglaubt, er brenne darauf, mich zu sehen, und einer der Gründe für seine Frankreichreise sei ein Besuch bei mir gewesen. Nach Brüssel, Paris und in die Alpen ist er gereist, aber nicht nach Trosly! Das war für mich eine Lehre! Als ich ihn anrief, hat er mir erklärt, es sei alles anders gekommen, als er hätte voraussehen können, er habe meine Telefon-Nummer nicht finden können und sei sehr müde gewesen. Trotzdem habe ich mich beleidigt gefühlt.

Jetzt frage ich mich, wie ich mit diesem Ereignis fertigwerden soll. Zum Glück bin ich davon nicht so niedergeschlagen, wie sonst in ähnlichen Fällen. Seit mir zu Ohren

kam, daß Jonas nach Boston zurückgekehrt ist, habe ich
mir immer wieder vorgesagt: „Wenn Du wirklich nicht so
beachtet, so bekannt sein willst, dann versuch, das alles hinzunehmen und zu nutzen, um mehr und mehr vergessen
und übergangen zu werden; sei dankbar für diese Gelegenheit. Verlaß Dich darauf, daß die Verborgenheit Dir hilft,
Dich, Deine Welt und Deinen Gott mit neuen Augen zu sehen. Menschen können Dir keine neuen Augen geben; das
kann nur der Eine, der Dich grenzenlos liebt."

Das und Ähnliches habe ich mir wiederholt gesagt,
aber es hat nicht so recht geklappt. Ich habe in ein paar
ruhigen Augenblicken gebetet und Jesus gebeten, mir zu
helfen, nicht zornig oder bitter zu werden. Dabei habe
ich versucht, meine Arbeit so gut zu tun, wie nur eben
möglich. Aber meine Überlegungen kehrten immer wieder zu dieser Begebenheit zurück, und ich habe mir
Gründe zurechtgelegt, warum Jonas mich besucht haben
und ich mich im Stich gelassen fühlen sollte. Wahrscheinlich wird es noch eine Weile dauern, bis ich ihm
restlos verzeihen und für diese Gelegenheit, geistlich zu
wachsen, dankbar sein kann. Inzwischen versuche ich,
den Humor nicht zu verlieren und ein paar Menschen zu
schreiben, die immer nahe daran sind, zu meinen, ich sel-
ber lasse sie im Stich.

Herr, gib mir den Frieden und die Freude, die nur du geben kannst.

Ikonen und Ikonenmalerei

Sonntag, 15. September

Heute nachmittag habe ich ein paar Stunden mit Bruder
Christian Leisy, einem Mönch aus dem Kloster „Christ in
the Desert – Christus in der Wüste" in Abiquiu, New Me-
xico, und Jackie Nelson aus Santa Fe verbracht. Beide sind
Ikonenmaler und haben gerade bei Pater Egon Sendler S. J.,
dem großen Ikonen-Fachmann, an einem Lehrgang teilgenommen. Das war für mich eine willkommene Gelegen-

heit, eine Reihe von Fragen über Ikonenmalerei zu stellen, die mich schon immer beschäftigten.

Ich habe ehrfürchtig gestaunt über diese beiden schlichten und für Anregungen offenen Menschen, die mir alles gesagt haben, was ich wissen wollte. Was mich am tiefsten beeindruckte, war ihre Überzeugung, daß die Wiederentdeckung der Kunst der Ikonenmalerei eigentlich eine Wiederentdeckung des geistlichen Lebens gewesen sei. Für Bruder Christian und Jackie Nelson war die Ausübung ihrer Kunst nicht nur eine heilige Aufgabe, für die sie geistlicher Vorbereitung bedurften, sie sahen in ihrer Tätigkeit auch einen Weg, Menschen zum Glauben an die Gegenwart des Göttlichen in unserer Mitte zu führen. Sie haben mir von vielen Menschen erzählt, die durch ihr Interesse für Ikonen zu Gott gefunden hatten.

Ikonen sind nicht einfach fromme Bilder zur Ausschmückung von Kirchen und Wohnungen. Vielmehr sind es Bilder Christi und der Heiligen, die uns mit dem Numinosen in Beziehung bringen, Fenster, die uns einen flüchtigen Blick auf das Jenseitige gestatten. Man darf sich ihnen nur in Ehrfurcht und betend nahen, wenn sie uns das Geheimnis preisgeben sollen, das in ihnen gegenwärtig ist.

Die Ikonenmalerei ist in erster Linie aus der Ostkirche, besonders aus Rußland und Griechenland, in den Westen gekommen. Seit der russischen Revolution von 1917 sind viele Orthodoxe in den Westen geflohen, und durch sie ist die heilige Kunst der Ikonenmalerei in der lateinischen Kirche allmählich populärer geworden. Russische und griechische Ikonen sind zu einer der wichtigsten Quellen geworden, aus denen ich Anregung für mein eigenes Gebetsleben schöpfe. Die Muttergottesikone von Wladimir, Rublews Dreifaltigkeitsikone und die griechische Christusikone aus dem 19. Jahrhundert, die ich in Jerusalem erhalten habe, gehören wesentlich zu meinem Gebetsleben. Ich kann mich in Gedanken nicht der Heiligsten Dreifaltigkeit, Jesus und Maria zuwenden, ohne sie so zu sehen, wie die frommen Ikonenmaler sie geschaut haben. Die Ikonen sind

37

sicher eine der schönsten Gaben der Ostkirche an die Kirchen des Westens.

Bruder Christian hat mir Fotos der von ihm gemalten Ikonen gezeigt und mir ihre Herstellung erklärt. Er hat mir beschrieben, wie er das Holz zugerichtet, Eiweiß mit zerriebenen Farben vermischt, Ei-Tempera angerührt und die Oberfläche mit vielen Farbschichten überzogen hat, angefangen von den dunkleren Farben bis zu den hellen wie er schließlich das alles genau nach jahrhundertealten Überlieferungen der Ikonenmalerei angefertigt hat.

Am tiefsten ergriffen war ich von der Ikone des libanesischen Heiligen Charbel, dessen Antlitz eines der eindringlichsten ist, die ich je auf Ikonen gesehen habe. Ich habe Bruder Christian gefragt, ob er mir wohl einmal eine Ikone des heiligen Charbel malen könne. Er hat sich daran sehr interessiert gezeigt. Jetzt reist er für drei Jahre nach Rom, um Theologie zu studieren und sich auf seine Priesterweihe vorzubereiten. Er hofft, sich auch dort ein Ikonen-Atelier einrichten zu können. Wenn das gelingt, malt er mir auch eine Charbel-Ikone. Ich fände es großartig, auf solche Weise mit diesem bedeutenden libanesischen Heiligen und seinem vom Krieg zerrissenen Land in Verbindung zu bleiben.

Ein heiliger Zusammenhang

Dienstag, 17. September

Zwei Stätten in Trosly stehen miteinander in einem inneren Zusammenhang: L'Oratoire und La Forestière. L'Oratoire ist ein Ort des Gebets, an dem von früh bis spät das Allerheiligste ausgesetzt ist, vor dem immer Menschen in stiller Anbetung sind. Es ist ein großer, ziemlich dämmeriger Raum mit Kniebänkchen und kleinen Matten; er wird unterteilt von einer dicken Mauer aus grauen Bruchsteinen. Mitten in der Mauer ist eine große, halbkreisförmige Öffnung ausgespart. Dort steht die Monstranz, je drei Öllampen zu beiden Seiten und immer geschmückt mit wunderschönen frischen Blumen. Beiderseits der Mauer knien, sitzen oder liegen Menschen ausgestreckt im Gebet.

In vielerlei Hinsicht ist L'Oratoire das Herz der „Arche". Das unablässige stille Gebet in der Gegenwart des verborgenen Gottes, der sich in grenzenloser Liebe ganz und gar an uns verschenkt, ist der Atem, der die Existenzgrundlage der „Arche" bildet. Jedesmal, wenn ich das Oratorium betrete, spüre ich, wie eine tiefe Ruhe mich erfüllt, und selbst wenn mir das Beten schwerfällt, fühle ich mich dort gehalten. Es ist, als ob der Raum für mich bete. Ich kenne nur wenige Stätten, an denen die Gegenwart des Gebetes so zum Greifen spürbar ist. Wenn ich nicht beten kann, gehe ich dorthin, um wenigstens die vom Gebet durchtränkte Luft atmen zu können. In L'Oratoire begegne ich der Armut Gottes, jenes Gottes, der Fleisch und sogar unsere Speise und unser Trank geworden ist; jenes Gottes, der nichts von seiner Liebe für sich behält und sagt: „Nährt euch von mir, trinkt von mir," des Gottes, der so tief verborgen ist, daß man ihn nur mit dem Auge des Glaubens erkennen kann.

Der andere Ort, La Forestière, ist das Heim, in dem die Schwerstbehinderten mit ihren Betreuern wohnen. Die Behinderten in La Forestière können weder gehen noch sprechen noch sich ankleiden. Viele können nicht allein essen; einige können kaum sehen oder hören. Ihr Leib ist ganz verkrüppelt, und oft werden sie von heftigen Schmerzen gequält. Wenn ich einen Besuch in La Forestière mache, überrascht mich immer die lautlose Stille. Die Behinderten und ihre Betreuer führen ein Leben, das in vielerlei Hinsicht an ein klösterliches Leben erinnert. Die Betreuer haben sehr viel zu tun mit Waschen, Kochen, Füttern, Ankleiden oder auch nur mit Halten, und sie tun das alles sehr ruhig. Die Stille wird gelegentlich von einem Stöhnen, einem Ruf oder einem Aufschrei unterbrochen, woran man die tiefe Not ermessen kann, welche die Behinderten leiden. Doch meistens herrscht vollkommene Stille.

Wenn ich wirklich glauben kann, daß Gott uns so sehr geliebt hat, daß er unter uns Fleisch geworden ist, dann la-

39

den die Menschen in La Forestière mich ein, zu sehen, wie tief diese Liebe ist. Hier kann ich wirklich Jesus begegnen, demselben Jesus, den ich in L'Oratoire anbete. Auch hier ist Gott verborgen; auch hier geschieht unablässiges Gebet einfach durch Anwesenheit; auch hier herrscht äußerste Armut.

Tony, ein Engländer, der auch ein Jahr in Trosly verbringt, hat gestern zu mir gesagt: „Das erste große Gebot wird in L'Oratoire gelebt, das zweite in La Forestière. Hier in Trosly wird einem klar, was Jesus gemeint hat, als er sagte, diese Gebote seien einander gleich." Ich habe den ganzen Tag über Tonys Worte nachgedacht.

„Unnützes" Beten

Mittwoch, 18. September

Warum sollte ich eine ganze Stunde zum Beten verwenden, wenn ich in der Zeit nur an Menschen denke, denen ich böse bin, an Menschen, die mir böse sind, an Bücher, die ich lesen und an Bücher, die ich schreiben wollte, und an Tausende anderer Belanglosigkeiten, die mir gerade für einen Augenblick in den Sinn kommen?

Die Antwort darauf lautet: weil Gott größer ist als mein Sinnen und mein Herz, und weil man an das, was an dem Ort des Gebets geschieht, nicht den Maßstab menschlichen Erfolgs und menschlichen Versagens anlegen kann.

Vor allem muß ich treu sein. Wenn ich glaube, daß das erste Gebot besagt, Gott mit ganzem Herzen, ganzem Trachten und ganzer Seele zu lieben, dann sollte ich wenigstens fähig sein, eine Stunde am Tag einzig und allein bei Gott zu verbringen. Die Frage, ob das hilfreich, nützlich, praktisch oder fruchtbar sei, ist völlig fehl am Platz, da der einzige Grund zu lieben die Liebe selbst ist. Alles andere ist zweitrangig.

Bemerkenswert ist aber, daß es mein Leben von Grund auf verändert, Morgen für Morgen – Tag für Tag, Woche für Woche, Monat für Monat – eine Stunde mit vielen wirren Gedanken und zehntausendmal abgelenkt in Gottes Gegenwart dazusitzen. Gott, der mich so sehr liebt, daß er seinen eigenen Sohn gesandt hat, nicht um mich zu richten, sondern um mich zu retten, läßt mich nicht zu lange im dunkeln warten. Ich könnte wohl meinen, jede Stunde sei vertan, aber nach dreißig, sechzig oder neunzig solcher vertaner Stunden wird mir langsam bewußt, daß ich nicht so allein war, wie ich dachte; eine leise zarte Stimme hat mir weit mehr zugesprochen als das Laute an meinem Platz.

Also: „Befiehl dem Herrn deinen Weg und vertrau ihm."

Auch Unscheinbares kann Freude machen

Donnerstag, 19. September

Nathan, ein kanadischer Betreuer, hat mich heute in sein Heim, Le Surgeon, zum Abendtisch eingeladen. Le surgeon heißt „der Schößling". Im Französischen bezeichnet das Wort auch „Zweige".

Le Surgeon im Nachbardorf Cuise ist ein Heim für Schwerstbehinderte, wie sie auch in La Forestière leben. Ich habe im Heim Philippe, Sylvienne, Michelle, Jean-Luc und Gérard kennengelernt, die alle total pflegebedürftig sind. Alain befand sich vorübergehend im Krankenhaus. Nathan hat mir die Tagesordnung ein wenig erläutert, die sehr einer monastischen Tagesordnung ähnelt, in der alles genau zu seiner Zeit angesetzt wird.

Die Tage haben ihren festen Rhythmus: Ankleiden, Baden, Frühstück, Reinemachen, Einkaufen, Kochen und Mittagessen, Ruhe, Messe, Abendessen, Fertigmachen zur Nachtruhe und Nachtgebet. Morgens und nachmittags verbringen die Behinderten ein paar Stunden in der „Werkstatt", wo andere Helfer mit ihnen ein paar praktische Fertigkeiten üben. Während dieser Stunden haben die Betreuer Zeit zur Hausarbeit, zum Einkaufen und zu ruhiger Zurückgezogenheiten. Nachts schläft einer der Betreuer in der Nähe ihrer sechs behinderten Hausgenossen, um ihnen im Notfall helfen zu können. Alle Behinderten benötigen zur Erhaltung ihres physischen und psychischen Gleichgewichts verschiedene Medikamente. Die Betreuer treffen sich häufig zu Arbeitsbesprechungen mit einem Psychiater und einem Psychologen, um die Komplikationen zu erörtern, die in der kleinen Gemeinschaft hin und wieder auftreten können.

Ein Leben in Le Surgeon verlangt große Selbstdisziplin und viel Hingabe. Es ist ein demütiges Leben, in dem die Freude ihre kleinen Verstecke hat, doch immer so nahe, daß man sie finden kann, wenn auch nie frei von Schmerzen. Die Atmosphäre in Le Surgeon ist ruhig und friedlich, ohne große Ereignisse oder große Debatten, nur einfaches beharrliches Dienen, Tag für Tag. Der Lohn dafür ist bescheiden, aber im hohen Maß Reallohn: Philippe lächelt, Jean-Luc schaut einem in die Augen, Gérard drückt einen, Michelle schläft die Nacht durch, Sylvienne spricht ein neugelerntes Wort.

Nathan zeigt mir Bilder: „Sehen Sie, das ist Gérard bei der Entlassung aus der Anstalt, und hier ist er ein Jahr danach. Sehen Sie den Unterschied? Ist das nicht herrlich? Sehen Sie nur, wie froh er ist!" Gérard ist wirklich froh und glücklich. Er kann nicht gehen, sprechen oder sich an- und auskleiden, aber mit seinem Lächeln schenkt er einem alles, was man sich je wünschen könnte.

Beim Nachtgebet liest einer der Betreuer einen Abschnitt aus Jean Vaniers Buch „Ich bin unterwegs mit Jesus" vor: „Zwischen der Gegenwart Jesu in der Eucharistie und der Gegenwart Jesu in einem ganz verlassenen Menschen besteht ein tiefer Zusammenhang. Der ganz Verlassene verweist uns an Jesus in der Eucharistie zurück. Jesu Leib zu empfangen, heißt, seine Augen und sein Herz zu erhalten, um ihn in den Armen zu sehen."

Auf der Heimfahrt im Auto hat Nathan mir gesagt: „Dominique, einer der Betreuer in Le Surgeon, hat sich zum Eintritt in ein kontemplatives Kloster entschlossen, und auch noch ein Zweiter von uns trägt sich mit diesem Gedanken."

Nach meinem Besuch konnte ich gut verstehen, warum.

Christus in Emmaus

Samstag, 21. September

Heute bin ich mit Brad Wolcott nach Paris in den Louvre gefahren, um Rembrandts *Christus in Emmaus* anzuschauen. Brad und ich sind uns vor vielen Jahren zum ersten Mal begegnet, als ich an der Yale Divinity School dozierte und er seine Dissertation in französischer Literatur abschloß. Wir haben uns angefreundet und manche Kämpfe gemeinsam bestanden. Nach einer mehrjährigen Lehrtätigkeit an der St. Lawrence University im nördlichen Teil des Staates New York hat Brad sich zur Reise in die „Arche" entschlossen, um hier in einem der Heime als Betreuer zu leben. Es freut mich sehr, daß Brad wieder ganz in der Nähe ist. Seit langem schon hofften wir einmal miteinander *Christus in Emmaus* anschauen zu können.

Auf den ersten Blick waren wir von dem Gemälde enttäuscht. Es erschien viel kleiner, als ich es mir vorgestellt hatte, und war von so vielen anderen Gemälden umgeben, daß man es kaum als ein Kunstwerk für sich allein betrachten konnte. Vielleicht war es mir durch Reproduktionen zu geläufig, um mich noch wirklich überraschen zu können. Brad und ich haben davor gestanden und einfach das Geschehen betrachtet, das in ihm festgehalten ist.

Jesus sitzt hinter dem Tisch, schaut betend nach oben und hält einen Laib Brot in beiden Händen. Zu seiner Rechten lehnt sich einer der Jünger mit gefalteten Händen zurück, während der andere zu seiner Linken mit seinem Stuhl vom Tisch abgerückt ist und mit gespannter Aufmerksamkeit den Blick auf Jesus heftet. Hinter ihm schickt sich ein Diener in demütig verneigter Haltung, der offensichtlich nicht merkt, was hier vorgeht, an, eine Platte mit Speisen zu servieren. Auf dem Tisch bedeckt ein leuchtend weißes Tischtuch den schweren Tischbehang nur zum Teil. Nur ganz wenige Gegenstände befinden sich auf dem Tisch: drei Zinnteller, ein Messer und zwei kleine Becher. Jesus sitzt vor einer hoheitsvollen Steinapsis, die von zwei mächtigen, quadratischen Pfeilern flankiert ist. Rechts im Bild sieht man die Eingangstür, und in der Ecke befindet sich ein Garderobenständer, über den man lässig einen Umhang geworfen hat. In der linken Ecke des Raumes kann man unter einer Bank so etwas wie einen Hund liegen sehen. Das ganze Bild ist in allen Schattierungen von braun gehalten: hellbraun, dunkelbraun, gelb-braun, rot-braun usw. Die Lichtquelle sieht man nicht, doch ist das weiße Tischtuch die hellste Stelle des Gemäldes.

Brad und ich stellten fest, daß die bloßen Füße Jesu und der beiden Jünger bis in Einzelheiten genau gemalt waren. Nicht so die Füße des Dieners. Rembrandt wollte unsere Aufmerksamkeit offenbar auf den langen, ermüdenden Fußmarsch lenken, den sie soeben gemacht hatten. Die große Tür und der Umhang am Garderobenständer dienten ebenfalls dazu, uns an den Marsch zu erinnern. Diese Männer hatten wirklich einen Weg hinter sich.

Als wir das Gemälde betrachteten, kamen viele Leute vorbei. Einer der Fremdenführer sagte: „Schauen Sie sich Jesu Gesicht an, entrückt und doch so voller Demut." Das hat sehr schön zum Ausdruck gebracht, was wir sahen. Jesu Gesicht ist ganz Licht, erfüllt von einem Licht, das von seinem Haupt ausstrahlt und es wie ein Lichtgewölk umgibt. Er blickt nicht die Männer an, die ihn umgeben. Seine Augen schauen in einem Ausdruck innigen Einssein mit dem Vater nach oben. Tief versunken ins Gebet, bleibt Jesus doch gegenwärtig; er bleibt der demütige Knecht, der gekommen ist, unter uns zu sein und uns den Weg zu Gott zu zeigen.

Je länger wir das Gemälde betrachteten, um so stärker fühlten wir uns in das Geheimnis gezogen, das es zum Ausdruck bringt. Allmählich ging uns auf, daß die freie Tischseite, Jesus gegenüber, der Platz für die Beschauer ist. Brad sagte: „Jetzt sehe ich, daß Rembrandt die Eucharistie gemalt hat, ein sakramentales Geschehen, zu dem wir, die Betrachter eingeladen sind." Plötzlich ging mir auf, wie viele Berührungspunkte dieses Gemälde mit Rublews Dreifaltigkeitsikone besitzt. Dort wie hier bildet der weiß gedeckte Tisch die eigentliche Mitte. Dort wie hier wird der Betrachter wirklich in das Geheimnis der Eucharistie einbezogen. Als wir das Bild weiter zu uns sprechen ließen, waren wir erstaunt, daß wir beide in ihm mehr oder weniger eine Aufforderung zur Verehrung Christi in der Eucharistie sehen lernten. Die Hände Jesu, die auf dem weiß gedeckten Altartisch das Brot halten, sind nicht nur der Brennpunkt des Lichtes, sondern auch der sakramentalen Handlung. Doch wenn Jesus jetzt vom Altar weggehen sollte, wäre das Brot immer noch da. Und wir könnten weiter bei ihm sein.

Für einen Augenblick wurde das Museum zum Gotteshaus, das Gemälde zum Altarraum und Rembrandt zum Priester. Das alles hat mir etwas über Gottes verborgene Anwesenheit in der Welt gesagt.

Als wir uns von dem Gemälde abwandten und unter die Touristengruppen mischten, die zur *Mona Lisa* und *Venus von Milo* strömten, kamen wir uns vor, als träten wir nach einer Zeit stiller Anbetung in einem Heiligtum wieder auf eine lebhafte Straße hinaus.

Spielball der Emotionen

Montag, 23. September

Die Niedergeschlagenheit, die mich erfaßt hat, als mein lang erwarteter Freund Jonas nicht zu Besuch kam, hat mich nicht mehr ganz verlassen. Die Vielfalt von Dingen, die zu sehen, zu hören und zu tun waren, hat meine trüben Gefühle meistens zugedeckt, aber verschiedentlich kamen sie durch die Oberfläche meiner täglichen Routine hindurch wieder zum Vorschein und haben mich daran erinnert, daß sie noch vorhanden sind.

Heute nachmittag hat Jonas plötzlich aus den Vereinigten Staaten angerufen. Gleich regte sich meine Enttäuschung wieder mit aller Macht. „Warum hast Du mich nicht angerufen? Warum hast Du mir nicht geschrieben? Warum hast Du mich nicht besucht?" Seine Antwort war einfach: „He, nicht so stürmisch, das ist doch alles Schnee von gestern. Ich habe vor, Dich im Oktober zu besuchen!" Es fiel mir schwer, ihm zuzuhören. Ich habe mir weiter in der Rolle des Gekränkten gefallen und hatte einfach nichts übrig für seinen Versuch, mir mitzuteilen, er wolle wirklich mein besorgter und lieber Freund sein, der mich nicht vergessen habe.

Erst nachdem wir über Termine und Orte gesprochen hatten, fing ich an, meine Taubheit zu bemerken und allmählich seine treue Freundschaft durchzuhören. Als ich den Hörer auflegte, fühlte ich, wie in mein Innerstes wieder Friede einzog, und ich spürte, wie meine Niedergeschlagenheit langsam verflog.

Daß ich meine Gefühle und inneren Regungen so wenig in der Gewalt habe! Oft muß ich ihnen einfach ihren Lauf lassen und kann nur hoffen, daß sie mich nicht zu lange beherrschen. Noch vieles ist heute passiert, was ganze Tagebuchseiten füllen könnte, aber die paar Minuten mit Jonas am Telefon haben mich tiefer berührt als alles andere. Deshalb möchte ich es auch hier erwähnen, obgleich es nach dem Rembrandt-Gemälde *Christus in Emmaus* ein ziemlich dürftiges Thema ist. Aber oft lauert der tiefste Schmerz in den kleinsten Ecken.

4 Aufschimmern einer neuen Berufung

Eine neue Gemeinschaft

Toronto, Kanada; Dienstag, den 1. Oktober

Ich bin für neun Tage in Kanada, um einen Besuch in Daybreak, der „Arche"-Gemeinschaft bei Toronto, zu machen. Heute ist mein erster Tag. Joe Egan, der Leiter, hat mich herzlich empfangen.

Heute morgen hatte ich Gelegenheit, alle Betreuer auf ihrer Wochensitzung kennenzulernen, und heute abend habe ich für alle, die der Gemeinschaft länger als zwei Jahre angehören, Behinderte wie auch Betreuer, die Eucharistie gefeiert. Es war interessant, Joe sagen zu hören, der Unterschied zwischen Behinderten und Betreuern würde weniger wichtig als der Unterschied zwischen Dauermitgliedern der Gemeinschaft und Helfern auf Zeit. Joe sagte, diejenigen, die eine echte und dauernde Bindung an die Arche eingegangen wären, seien besonders aufgerufen, Gäste, Betreuer auf Zeit und neue Behinderte heimisch werden zu lassen.

So ist sie denn wirklich eine Gemeinschaft auf dem Wege, die sich dauernd verändert und sich dauernd auf Neuankömmlinge einstellt, immer für Überraschungen offen und immer gewillt ist, zu experimentieren, die aber einen festen Kern engagierter Menschen besitzt, die wissen, was Zugehörigkeit auf Dauer bedeutet.

Erste Bekanntschaft mit Michael

Mittwoch, 2. Oktober

Die Gemeinschaft von Daybreak ist größer, als ich sie mir vorgestellt hatte. Auf dem Bauernhof, etwa dreißig Autominuten vom Stadtkern von Toronto entfernt, befinden sich drei Heime für Behinderte und ihre Betreuer. Auf dem Grundstück stehen auch die Wohnungen des stellvertretenden Leiters, des Gutsverwalters und ihrer Familien. Darüber hinaus gibt es dort ein großes, erst vor kurzem errichtetes Versammlungshaus, eine Schreinerwerkstatt und eine große Scheune. Die Gemeinschaft von Daybreak hat auch noch drei Häuser in dem Städtchen Richmond Hill und zwei in Toronto. Alles in allem zählt die Gemeinschaft – Behinderte, Betreuer und Verwaltung – etwa achtzig Personen.

Ich habe mein Quartier im „Green House" auf dem Hof, einem geräumigen Haus für sechs Behinderte und ihre Betreuer. Es ist ein sehr gutes Gefühl, in ihr tägliches Leben einbezogen zu sein. Wenn die Behinderten tagsüber auch etwas arbeiten, kann man sie dennoch nie sich selbst überlassen. Das hat sich mit dramatischer Deutlichkeit bei Michael gezeigt, einem sehr hübschen Jungen, der an häufigen epileptischen Anfällen leidet. Trotz regelmäßiger ärztlicher Betreuung und auch bei Einnahme aller notwendigen Medikamente fällt er oft in Krämpfe, die zu ernstlichen Verletzungen führen können. Als man ihn heute abend im städtischen Schwimmbad für eine Minute unbeaufsichtigt gelassen hat, hatte er einen Anfall, stürzte und schlug mit dem Kopf auf den Betonboden auf, so daß man ihn ins Krankenhaus bringen mußte. Zum Glück war seine Verletzung nicht sehr schlimm, und bald konnte er wieder nach Hause.

In seinem langsam stotternden Ton hat er mich gebeten, für ihn zu beten. Nachdem wir eine Zeitlang zusammen gebetet hatten, hat er mich fest an sich gedrückt und strahlend angelacht. Dann hat er mir gesagt, er würde mir gern bei der Meßfeier helfen und auch wie ich eine rote Stola tragen. Michael könnte Gott wohl viel näher stehen als ich, und ich werde ihm sicher etwas zu tragen geben, woran er erkennt, wie lieb Gott ihn hat.

Gebet für Rose

Donnerstag, 3. Oktober

Nach dem Abendtisch sind heute einige aus der Gemeinschaft in die Kapelle gegangen, um für Rose zu beten. Rose ist ein junges Mädchen von zweiundzwanzig Jahren, sieht aber wie eine Vierzehnjährige aus, sehr mager, zerbrechlich, mit schlimmen Wunden, doch auffallend schön. Sie kann nicht sprechen und kaum gehen, aber sie ist für alle, die ihr nahestehen, zumal für Mary, die sie tagsüber betreut, eine Quelle der Freude.

Roses Zustand hat sich plötzlich sehr verschlechtert, und man wird sie bald operieren müssen. So haben wir uns denn um eine Kerze und eine rote Rose versammelt. Mary hat uns ein paar reizende Dias von Rose gezeigt, und dann haben wir alle für sie gebetet. Wenn Behinderte für Behinderte beten, ist Gott nicht fern. Bei der Schlichtheit, Unmittelbarkeit und Innigkeit ihres Betens komme ich mir oft vor wie ein skeptischer Zuschauer. Ich empfinde sogar eine gewisse Eifersucht auf ihre besondere Begabung zum Gebet. Doch möchten sie mich nicht eifersüchtig sehen. Nach der kleinen Andacht haben sie mich gedrückt und geküßt, und Michael hat mich an der Hand in die Sakristei geführt, um mir die rote Stola zu zeigen, die er tragen möchte.

Herr, gib mir ein Herz, wie diese Menschen es haben, damit ich zu einem volleren Verständnis deiner tiefen Liebe gelange.

Besser langsam im Verein als schnell allein

Freitag, 4. Oktober

Auf der Sitzung der ständigen Betreuer hat Nick, der mit vier behinderten Männern in der Schreinerei arbeitet, von seinen Freuden und Enttäuschungen berichtet. Er hat dargelegt, wie schwer es ist, gute Arbeit zu leisten, dabei aber vor allem auf die Bedürfnisse der Behinderten bedacht zu sein. Er möchte ein geschickter und tüchtiger Schreiner werden, hat aber begriffen, daß das, was er herstellt, nicht so wichtig ist wie die zunehmende Selbstachtung seiner Gehilfen. Das verlangt viel Geduld und die Bereitschaft, andere langsam tun zu lassen, was man selbst im Handumdrehen tun könnte. Es bedeutet, daß man sich immer für eine Arbeit entscheidet, bei der auch Menschen mittun können, die längst nicht so geschickt sind, wie man selbst ist. Man braucht dazu die Herzensüberzeugung, daß eine mit vereinten Kräften langsam getane Arbeit besser ist als eine im Alleingang schnell verrichtete.

Nick hat uns erzählt, wie lange er gebraucht hat, bis er zu dieser Einsicht gekommen ist. Anfangs ging es ihm in erster Linie darum, von Joe, dem Leiter der Schreinerei, die handwerklichen Fertigkeiten zu erlernen. Er war hellauf begeistert, ein neues Handwerk erlernen zu können. Aber dann wurde ihm klar, daß seine Fertigkeiten nicht einfach der Herstellung von Wandtafeln, Bauklötzchen und Kleiderbügeln für Kindergärten dienen sollten, sondern auch und vor allem dazu, vier Behinderten zu mehr Selbstachtung und Selbstvertrauen zu verhelfen.

Das habe ich auch selbst festgestellt, als ich heute nachmittag mit Janice, Carol, Adam, Rose und ihren Betreuern Äpfel pflücken ging. Ich war darauf aus, die Äpfel gepflückt zu bekommen, in Beutel zu füllen und dann nach Hause zu gehen. Aber ich habe bald gelernt, daß das längst nicht so wichtig war wie Rose zu helfen, einen oder zwei Äpfel zu pflücken, mit Janice auf die Suche nach Äpfeln zu gehen, die tief genug in ihrer Reichweite hingen, Carol dafür zu loben, daß sie einen Blick für gute Äpfel habe, oder auch nur Adam in seinem Rollstuhl unter einem Apfelbaum Gesellschaft zu leisten und ihm das Gefühl der Zugehörigkeit zur Gruppe zu geben.

Schließlich haben wir vier Beutel Äpfel geerntet, aber dazu haben acht Leute länger als eine Stunde gebraucht. Ich hätte das in einer halben Stunde schaffen können. Aber Leistung ist im Wortschatz der „Arche" nicht der wichtigste Begriff, sondern fürsorgliche Liebe.

Gregorys Geschichte

Samstag, 5. Oktober

Heute habe ich die beiden „Arche"-Häuser in der Stadt besucht, das Haus am Wolverleigh Boulevard und das Haus an der Avoca Avenue.

Im Haus am Wolverleigh Boulevard hat Gregory, einer der Behinderten in der Hausgemeinschaft, Dias aus seinem Leben vorgeführt. Es war ganz rührend, einen Dreißigjährigen über den Unterschied zwischen seinem Anstaltsleben und seinem Leben in einer Gemeinschaft sprechen zu hören. Für Gregory war es der Unterschied zwischen Finsternis und Licht, Hölle und Himmel, Selbstmordgedanken und Lebenswillen, zwischen Teilnahmslosigkeit und einem Zuhause.

Man hatte Gregory im Alter von vier Jahren in eine Heil- und Pflegeanstalt in Orillia gebracht. „Ich hatte einen Schlaganfall, der meinen rechten Arm gelähmt hat, so daß meine Eltern mich nach Orillia brachten. Alle drei Wochen haben sie mich besucht, aber ich war immer traurig, weil ich nicht wußte, warum sie mich dorthin gebracht haben." Gregory hat Dias vom Schlafsaal, vom Speisesaal und der Kleiderkammer der Stätte gezeigt, an der er zusammen mit Hunderten anderer geistig Behinderter zwanzig Jahre zugebracht hat. Er sagte: „Wir hatten keine Privatsphäre. Wir hatten nicht einmal unsere eigenen Kleider. Wir haben immer nur Kleider getragen, die zuvor schon andere Insassen getragen hatten. Es war so einsam, so traurig, daß ich oft an Selbstmord gedacht habe."

Dann hat er Dias von seinem Leben am Wolverleigh Boulevard gezeigt, wohin er vor fünf Jahren gekommen war. „Hier bin ich in einem Laden bei meinem ersten Lebensmitteleinkauf. Und hier bin ich in der Küche und mache meinen ersten Kochversuch. Ich war sehr aufgeregt, aber alle haben gesagt, es hätte ihnen gut geschmeckt."

Dann hat er ein Dia mit allen Hausbewohnern gezeigt,

51

die um einen Tisch mit einer Kerze in der Mitte sitzen. Gregory sagte: „Hier sind wir alle zusammen beim Nachtgebet. Das haben wir in der Anstalt nie getan. Hier sind wir eine Familie."

Gregs einfache, aber eingängige Vorführung hat mich mehr über das Charisma der Arche gelehrt als jeder Artikel, den ich gelesen, oder jeder Vortrag, den ich gehört hatte. Die Arche bietet Menschen ein Zuhause und verhilft ihnen wieder zu einem Gefühl von Würde und Selbstachtung. Gregory hat das unmißverständlich und eindringlich demonstriert.

Raymonds Unfall

Sonntag, 6. Oktober

Hier ist jeder mit seinen Gedanken und dem Herzen bei Raymond, der von einem Auto angefahren und schwer verletzt worden ist.

Gestern nachmittag wollten er und Bill mit dem Bus in die Stadt fahren, als Raymond plötzlich die lebhafte Yonge Street überquerte, um zur Bushaltestelle zu gelangen. Da bemerkte Bill, daß Raymond das Herannahen eines Autos übersehen hatte, und versuchte, ihn zurückzurufen. Aber Raymond hat ihn nicht gehört und wurde von dem Auto erfaßt und in die Luft geschleudert. Zunächst schien er nur kleinere Knochenbrüche davongetragen zu haben. Aber die Röntgenaufnahmen zeigten, daß ein Lungenflügel perforiert und viele Rippen gebrochen waren. Jetzt liegt er im St.-Michaels-Hospital in Toronto und schwebt in Lebensgefahr.

Man merkt der ganzen Gesellschaft an, wie ihr das zusetzt, besonders D.J., dem Heimleiter des Hauses, in dem Raymond wohnt, und Bill, vor dessen Augen alles passiert ist. Da ist mir die gewaltige Verantwortung, die man übernimmt, wenn man geistig Behinderte betreut, noch deutlicher geworden. Einerseits möchte man sie möglichst gut behüten, anderseits möchte man ihnen möglichst viel von ihrer Selbständigkeit einräumen. Zwischen diesen beiden „Möchte" bewegt man sich auf einem ganz schmalen Grat.

D. J. ist ein sehr verantwortungsbewußter und liebevoll besorgter Mensch. Seiner Meinung nach konnten Bill und Raymond ohne Begleitung zusammen in die Stadt fahren, wie sie es schon seit langem getan haben. Jetzt fragt er sich natürlich, ob er ihnen zuviel Selbständigkeit eingeräumt hat.

Ich habe Raymond zweimal mit Kathy Judge im St.-Michaels-Hospital besucht. Obgleich er künstlich beamtet und intravenös ernährt wird, konnte er unsere Fragen mit Kopfnicken beantworten. Wir haben mit ihm gebetet und ihn unserer Liebe versichert. Es hat uns so leid getan, daß er bei unseren Besuchen nicht mit uns reden konnte. Ein paarmal hat er versucht, die Atemmaske vom Gesicht zu reißen, um ein paar Worte zu sagen, aber man mußte ihn mit Gewalt daran hindern.

Wenn er die ersten achtundvierzig Stunden übersteht, hat er gute Aussichten, wieder gesund zu werden. Aber sein Zustand ist noch recht kritisch. Bei der Eucharistiefeier heute morgen und beim Nachtgebet in den einzelnen Gruppenhäusern hat man einzig und allein für Raymond gebetet. Diese direkten, von Herzen kommenden und inständigen Gebete zeigten den starken Glauben der Behinderten und ihrer Betreuer. Ich sah mich inmitten einer Bruderschaft der Schwachen. Die laute Straße vor dem Haus klang auf einmal „wie ein brüllender Löwe, der sucht, wen er verschlingen kann" (1 Petr 5, 8).

O Herr, vergiß Raymond nicht, und gib ihm in diesen qualvollen Stunden dein Licht und deine Freude. Sei, bitte, gut zu ihm und zu all den behinderten Menschen in Daybreak.

Bange Stunden für die Eltern

Montag, 7. Oktober

Der Tag hat viel gebracht: Eine innerlich ansprechende und weihevolle Liturgie im Kreise der Betreuer, ein gut orientiertes Referat von Joe Vorstermans, dem Leiter der Schreinerei, über das Arbeiten mit Behinderten, einen anregenden Austausch der neuen Betreuer über ihre Erfahrungen in Daybreak im Laufe der letzten Woche, ein köstliches Abendessen und gute Gespräche mit Gus, dem stellvertretenden Leiter, seiner Frau und seinen Kindern.

Aber unsere Hauptsorge galt Raymond. Sein Zustand hat sich verschlechtert, und es scheint, daß er bald stirbt. Um 7.30 Uhr abends sind Gus, D. J. und ich nach Toronto gefahren, wo sich uns Joe Egan, der Leiter von Daybreak, anschlossen. Als wir ins Krankenhaus kamen, fanden wir Raymond so stark sediert vor, daß er für uns nicht mehr ansprechbar war. Der Arzt und der Pfleger haben uns gesagt, es bestünde noch Hoffnung, aber sie haben uns auch auf eine plötzliche Wendung zum Schlimmeren vorbereitet. Am wichtigsten war das Zusammensein mit Rays Eltern.

Es ist schwer für Eltern, ein Kind leiden zu sehen. Aber zuzuschauen, wie ein behindertes Kind leidet, schmerzt noch viel mehr. Raymond war jahrelang in einer Anstalt gewesen und erst kürzlich nach Daybreak gekommen. Noch war nicht jeder davon überzeugt, daß Daybreak für Raymond der beste Ort war, und der Unfall weckte natürlich nicht nur Schuldgefühle, sondern auch Gefühle der Frustration und des Zornes. Viele Fragen sind uns durch den Kopf gegangen, die die Sicherheit im Straßenverkehr, die Freiheit, die man Behinderten einräumt, Rays Betreuung und die Klugheit früherer Entscheidungen betrafen.

Schuldgefühle trennen, machen aggressiv und entfremden; sie können zu Zorn und Feindseligkeiten reizen. Als wir uns in unserer gemeinsamen Sorge um Raymond zusammenfanden, konnten wir einander nicht nur in Worten zeigen, wie uns zumute war, sondern auch in Gesten der

Liebe, in Gebeten und in Geschichten aus unserem Leben. Bald hatte sich eine neue Gemeinschaft gebildet. Raymonds Vater sagte zu Gus und D. J.: „Sie sind für Raymond ebensosehr Väter wie ich", und würdigte damit unseren Schmerz. Wir konnten verstehen, warum er nicht immer dankbar für das gewesen war, was Daybreak für seinen Sohn getan hatte, und haben uns so vor dem tiefen Kummer gebeugt, der ihn gepackt hielt.

Raymonds Zustand bleibt kritisch. Wir wissen nicht einmal, ob er die Nacht noch überlebt. Aber alle, die ihn lieben, haben sich gefunden und stützen einander in ihrer schweren Prüfung. Nicht Schuld, sondern Liebe bestimmt die Richtung unserer Sorge. Und das ist gewiß ein greifbares Resultat, mit dem Gott unser Beten erhört hat.

Das Dämmern einer neuen Zukunft

Mittwoch, 9. Oktober

Ich schreibe im Flugzeug irgendwo zwischen Toronto und Paris. Heute morgen war ich noch nicht sicher, ob ich heute wieder nach Trosly reisen sollte. Raymonds Zustand war immer noch kritisch. Gestern abend hat Joe Egan gesagt: „Es wäre vielleicht gut, wenn Sie noch ein paar Tage blieben. Falls Raymond diese Krise nicht überlebt, wird Ihre Anwesenheit für uns alle sehr wichtig sein." Ich habe zu bleiben versprochen, wenn die Gemeinschaft mich darum bäte.

Aber etwa um 10 Uhr morgens hat Rays Vater uns mit der guten Nachricht angerufen, Ray ginge es etwas besser. Es bestünde keine unmittelbare Lebensgefahr mehr. So waren alle damit einverstanden, daß ich, wie geplant, wieder nach Trosly reiste. Um 1 Uhr mittags bin ich mit Kathy und D. J. ins Krankenhaus gefahren, um mich von Raymond und seinen Eltern zu verabschieden. Raymond war noch auf der Intensivstation, aber es schien ihm tatsächlich etwas besser zu gehen. Er hat mit Nicken und Händedrücken auf unsere Fragen reagiert, und sein Fieber war sichtlich geringer als gestern. Ich habe Rays Vater gezeigt, wie man

Ray ein Kreuzzeichen auf die Stirn macht. Das hatte er noch nie getan, und ihm kamen die Tränen, als er seinen Sohn mit dem Kreuz bezeichnete im Namen des Vaters und des Sohnes und des Heiligen Geistes. Ein Vatersegen hat große Heilkraft.

Kathy, D.J., Rays Eltern und ich haben noch eine Weile im Wartezimmer gesessen und uns unterhalten. Es ging dabei um Ray, Schuld und Vergebung, Reisen nach Paris, darum, wie gut es sei, einander beizustehen, um Weinen und Lachen und um die Absicht, miteinander in Verbindung zu bleiben und einander wiederzusehen.

Nach dem Verlassen des Krankenhauses haben Kathy und D.J. mich zum Flughafen gebracht; um 6.30 Uhr abends war der Air-France-Flug 832 unterwegs nach Paris.

Während meiner neun Tage in Daybreak ist bei mir das Gefühl entstanden, von Herzen an der ganzen Tiefe von Freud und Leid dieser fürsorgenden Gemeinschaft beteiligt zu sein. Ich empfinde eine tiefe Liebe zu den behinderten Männern und Frauen und ihren Betreuern, die mich alle mit so herzlicher Gastlichkeit aufgenommen haben. Sie haben nichts vor mir versteckt. Sie haben mich ihre Ängste und ihre Liebe sehen lassen. Ich fühle mich tief dankbar dafür, daß ich das alles mitmachen durfte. Ich weiß, daß diese Tage nicht nur für meine Zeit in Frankreich von großer Bedeutung sein werden, sondern auch für meine die kommenden Jahre betreffenden Entscheidungen.

5 Der Vorrang des Herzens

Briefe schreiben

Trosly; Freitag, 11. Oktober

Es ist schön, wieder zu Hause zu sein, wenn ich auch meine, die Post kaum noch bewältigen zu können. Aber heute beim Briefeschreiben, wurde mir klar, daß es sehr viel persönlicher ist, brieflich miteinander zu verkehren als nur anzurufen. Das mag seltsam klingen, aber ich fühle mich Freunden, denen ich schreibe, oft enger verbunden als Freunden, mit denen ich telefoniere.

Wenn ich schreibe, versetze ich mich in meine Freunde hinein, bete ich für sie und sage ihnen, was mich bewegt und was ich empfinde. Ich mache mir Gedanken über unser gegenseitiges Verhältnis und beschäftige mich ganz persönlich mit ihnen. Schon seit ein paar Monaten habe ich immer mehr Geschmack am Briefschreiben gefunden. Anfangs schien es mir eine schwere Last zu sein, aber jetzt ist es die tägliche Entspannung. Es kommt mir vor, als machte ich Pause, um mit einem Freund zu plaudern.

Das Schöne am Briefschreiben liegt darin, daß es Freundschaften vertieft und festigt. Ich habe auch entdeckt, daß das Briefschreiben mich konkreter für meine Freunde beten läßt. Frühmorgens nehme ich mir etwas Zeit, um der Reihe nach für alle zu beten, denen ich geschrieben und mein Gebet versprochen habe.

Heute fühle ich mich von Freunden umgeben, denen ich schreibe und für die ich bete. Unsere gegenseitige Liebe ist sehr konkret und lebenspendend. Dank sei Gott für Briefe, für ihre Absender und für ihre Empfänger.

Das Haus zu hüten, kann auch Nachfolge sein

Sonntag, 13. Oktober

Als Antonius Jesu Worte an den reichen Jüngling hörte: „Geh, verkaufe, was du hast, gib das Geld den Armen, ... dann komm und folge mir nach" (Mk 10,21), erkannte er plötzlich, daß sie ihm galten. Er verkaufte alles, verließ seine Familie und ging in die Wüste. Wir sehen jetzt in ihm den Vater des christlichen Mönchtums. Heute hat Madame Vanier mir erzählt, wie dieselben Worte, die Antonius in die Wüste geführt hatten, für sie Anlaß zum Eintritt in die „Arche" gewesen sind. Nach dem Tod ihres Mannes wohnte sie in Montreal auf einer Etage. Als sie einmal ihren Sohn in Trosly besuchte, meinte einer der Betreuer: „Warum ziehen Sie eigentlich nicht als Mitarbeiterin zu uns?" Sie antwortete schroff: „Kümmern Sie sich um Ihre eigenen Angelegenheiten, junger Mann!" Aber ein Samenkorn war auf guten Boden gefallen. Als sie zu einem späteren Zeitpunkt in jenem Jahr Exerzitien machte, um sich über ihre Zukunft klarzuwerden, las sie dieses Evangelium, und plötzlich fühlte sie, wie ihr die Tränen kamen. Sie hatte erkannt, daß sie dem Wink des „vorlauten" jungen Mannes folgen mußte. Sie gab ihr Leben in den ersten Kreisen der Gesellschaft auf und ist zu ihrem Sohn in die Arche gezogen.

Doch heute besagt die Geschichte vom reichen Jüngling für sie etwas anderes. Ihre Gebrechlichkeit hindert sie am Reisen. Sie war früher regelmäßig Jahr für Jahr einmal nach Kanada zurückgekehrt, um ihre Söhne Benedict und Michel zu besuchen, aber jetzt war sie zum ersten Mal in ihren vierzehn „Arche"-Jahren dazu nicht in der Lage. Ihre Tochter Thérèse hatte sie von England aus besucht, bevor sie eine Vortragsreise durch Kanada antrat. Ursprünglich wollte Madame Vanier Thérèse begleiten, aber jetzt würde Thérèse allein auf die Reise gehen.

Ganz im Sinne der Geschichte aus dem Evangelium wurde es klar, daß das Zu-Hause-Bleiben nun für sie mit ihren siebenundachtzig Jahren ebenso schwer war wie das Verlassen der Heimat mit dreiundsiebzig. Vater, Mutter, Bruder und Schwester zu verlassen, um Jesus nachzufolgen, besagte jetzt, die harte Wirklichkeit zu akzeptieren, nicht mehr imstande zu sein, ihre Kinder in der alten Heimat zu besuchen, und einzusehen, daß es vielleicht nie mehr möglich sein würde.

Dabei wurde mir klar, daß es nicht damit getan ist, wenn man nur ein einziges Mal im Leben verkauft, was man besitzt, seine Familie und Freunde verläßt und Jesus nachfolgt. Man muß es oftmals tun und immer wieder anders. Und es wird mit der Zeit sicher nicht leichter.

Die Suche nach Zuneigung

Donnerstag, 17. Oktober

Um 9 Uhr habe ich heute morgen Père Thomas aufgesucht, um mir geistliche Weisung zu holen. Ich habe die Frage meines Bedürfnisses nach Zuneigung vorgebracht. Ich habe ihm gesagt, daß das Bedürfnis mit zunehmendem Alter nicht abgenommen habe, und daß ich fürchtete, es könnte für mein Wachstum im geistlichen Leben eher hinderlich als förderlich sein. Ich habe ungefähr fünf Minuten gebraucht, mein Problem vorzutragen. Père Thomas hat mir eine zweistündige Antwort gegeben! Sie war Predigt, Vorlesung, Exhorte wie auch ganz persönliches Eingehen auf meine Frage in einem. Nach einer halben Stunde hatte mich der Versuch, den Sinn seiner Ausführungen wie auch sein schwieriges Französisch ganz zu begreifen, so ermüdet, daß ich ihm mit den Worten in die Rede fiel: „Vielen Dank, das reicht für mich noch für eine gute Weile als Betrachtungsstoff." Aber der gute Pater hat mir noch anderthalb Stunden lang tiefe Gedanken und Erkenntnisse vorgetragen, die mich mein Leben lang beschäftigen werden!

Zuerst fühlte ich mich von dieser langen theologischen Darlegung wie erschlagen, aber jetzt sehe ich, daß Père Thomas mir helfen wollte, umzudenken, um mir danach helfen zu können, anders zu empfinden. Ich will einmal versuchen, hier wenigstens einige seiner Gedanken niederzuschreiben.

Eingangs stellte er fest, daß für viele von uns in unserer hochgradig psychologisierten Kultur die Zuneigung zum Hauptanliegen geworden ist. Es ist sogar so weit gekommen, daß wir die Zuneigung, die man uns schenkt oder verweigert, zum Maßstab nehmen, an dem wir uns selbst messen. Die Medien – Fernsehen, Wochenzeitschriften und Reklame – haben die Vorstellung noch kräftig unterstützt, daß das, was wir im Grunde brauchen, menschliche Zuneigung ist. Geliebt, gemocht, geschätzt, gepriesen, anerkannt, gebilligt zu werden usw. – das sind die begehrtesten Auszeichnungen im Leben. Das Fehlen dieser Formen von Zuneigung kann uns in einen Abgrund von Einsamkeit, Niedergeschlagenheit und sogar in den Selbstmord stürzen. Wir haben ausgeklügelte Verfahren zur Bestimmung der vielen Abstufungen unserer Zuneigung entwickelt und einen reichen Wortschatz aufgebaut, der es uns ermöglicht, die Empfindungen auszudrücken, die wir je nach Zeit und Situation über uns selbst und andere verspüren. Psychologisch sind wir zu hochsensiblen Wesen geworden, und die Skala unserer Gemütsregungen und Gefühle im persönlichen wie im zwischenmenschlichen Erleben ist immer umfangreicher geworden.

Ich bin da einer Meinung mit Père Thomas. Während meiner Harvard-Jahre war viel die Rede davon, wie man Liebe in all ihren Ausdrucksformen schenkt, aber auch wie man Liebe durch Zorn, Groll und Verachtung verweigert. Aber das hochdifferenzierte psychologische Vokabular, dessen man sich sogar an der Divinity School bediente, ließ die geistliche und theologische Rede irrelevant, oberflächlich und sogar anstößig klingen.

Doch gerade dieses psychologisch hochgezüchtete Bewußtsein ist es, das uns manchmal daran hindert, zu dem Ort in uns vorzudringen, an dem die Kräfte der Heilung schlummern. Die größte Begabung, die Père Thomas besitzt, ist meines Erachtens seine Fähigkeit, über diesen Ort zu sprechen und die dort ruhenden Talente zu wecken. Er nennt diesen Ort das Herz.

Morgen will ich versuchen, einige seiner Gedanken über das Herz niederzuschreiben.

Das Herz

Freitag, 18. Oktober

Was ist das Herz? Es ist der Sitz des Vertrauens, eines Vertrauens, das man als Glaube, Hoffnung oder Liebe bezeichnen kann, je nachdem wie es sich äußert. Père Thomas sieht im vertrauenden Herzen den wichtigsten Wesenszug der menschlichen Person. Es ist nicht so sehr unsere Fähigkeit zu denken, zu überlegen, zu planen oder etwas herzustellen, die uns von der übrigen Schöpfung unterscheidet, sondern die Fähigkeit zu vertrauen. Es ist das Herz, das uns erst zu wahren Menschen macht.

Diese ganz wesentliche Beobachtung kann auch verdeutlichen, warum wir mit dem Herzen auf unsere Umgebung reagieren, schon lange bevor unser Gewissen entwickelt ist. Unser Gewissen, das uns in die Lage versetzt, zwischen Gut und Böse zu unterscheiden, und uns so eine Grundlage für sittliche Entscheidungen liefert, ist nicht so ausschlaggebend wie unser Herz. Père Thomas ist überzeugt, daß die Krise im heutigen kirchlichen Leben zum großen Teil mit mangelnder Herzenskenntnis zusammenhängt. Im Brennpunkt der kirchlichen Diskussion steht heute häufig die moralische Seite des menschlichen Verhaltens: Vorehelicher Geschlechtsverkehr, Ehescheidung, Homosexualität, Geburtenbeschränkung, Abtreibung usw. Weil man sich damit auseinandersetzt, sind viele Menschen von der Kirche enttäuscht. Wenn man aber alle Aufmerksamkeit auf Fragen des Lebenswandels lenkt, laufen wir Gefahr, den Vorrang des mystischen Lebens zu vergessen, welches inneres Leben, Herzensleben ist.

Recht oft vertritt man die Theorie, ein Leben der Mystik,

ein Leben, in dem wir zur Vereinigung mit Gott gelangen, sei der höchste Preis und die kostbarste Belohnung für einen guten Lebenswandel. Die klassische Dreiteilung in den Weg der Läuterung, den Weg der Erleuchtung und den Weg der Vereinigung als drei aufeinanderfolgende Stufen des geistlichen Fortschritts hat diesen Eindruck noch verstärkt. Dies hat dazu geführt, daß man ein Leben in der Mystik als das Leben jener kleinen Zahl von Glücklichen ansieht, die bis zum Gebet der Ganzhingabe gelangen.

Père Thomas' großartigste Erkenntnis – eine Erkenntnis, in der das Beste seiner Theologie und das Beste seiner seelsorglichen Erfahrung mit geistig Behinderten ineinanderfließen – besagt, daß das mystische Leben am Anfang unseres Daseins liegt und nicht erst an seinem Ende. Wir kommen auf die Welt in inniger Verbundenheit mit Gott, der uns erschaffen hat. Wir gehören Gott seit dem Augenblick unserer Empfängnis. Unser Herz ist das Geschenk Gottes, das uns in die Lage versetzt, nicht nur Gott, sondern auch unserer Mutter, unserem Vater, unseren Angehörigen, uns selbst und der Welt zu vertrauen. Père Thomas ist der Überzeugung, daß ganz kleine Kinder eine tiefe, intuitive Gotteserkenntnis besitzen, eine Herzenserkenntnis, die, leider, von den vielen Denksystemen, die wir allmählich entwickeln, oft verdunkelt und sogar erstickt wird. Geistig Behinderte, deren Lernfähigkeit beschränkt ist, tun sich leicht, ihr Herz sprechen zu lassen und bekunden so ein mystisches Leben, das für viele Gebildete unerreichbar zu sein scheint.

Durch seine Ausführungen über das Herz als tiefsten Quell des geistlichen Lebens, des Lebens von Glaube, Hoffnung und Liebe, wollte Père Thomas mir zeigen, daß menschliche Zuneigung uns nicht dorthin führt, wohin unser Herz uns führen will. Das Herz ist viel weiter und tiefer als unsere Zuneigung. Es liegt einerseits vor den Unterscheidungen zwischen Freud' und Leid, Zorn und Wollust, Furcht und Liebe und reicht andererseits auch über sie hinaus. Es ist der Ort, an dem alles eins ist in Gott, der Ort, an dem wir wahrhaft zu Hause sind, der Ort, von dem wir kommen und nach dem wir immer Heimweh haben.

Jetzt ist mir klar, daß die „einfache" Frage meiner Zuneigungen einer ausführlicheren Antwort bedurft hat, als ich dachte. Ich muß den Ort, der die Mitte der mystischen Erfahrung im Leben des Menschen ist, wiederentdecken.

Die drei Mönche bei Tolstoi

Samstag, 19. Oktober

Heute sind Maria und Louis Tersteeg, Freunde aus Holland, für einen Nachmittag nach Trosly gekommen. Es war eine Freude, die beiden wiederzusehen. Wir haben uns mittags in La Ferme gestärkt, einen Augenblick im Oratoire gebetet, Madame Vanier eine kurze Aufwartung gemacht, uns bei den Leuten in La Forestière den Tee schmecken lassen, sind mit der ganzen Gemeinschaft zur Messe gegangen und haben in „Le Val Fleuri – Blumental", einem der größten und ältesten Heime der „Arche", zu Abend gegessen.

Sowohl Maria wie auch Louis waren von allem, was sie gesehen und gehört hatten, tief beeindruckt. Die „Arche" hat ihnen in vielfacher Hinsicht die Augen geöffnet. Auf dem Rückweg zum Bahnhof Compiègne hat Louis gesagt: „Am besten werde ich mich der drei Ministranten bei der Eucharistiefeier erinnern." Dem hat auch Maria voll zugestimmt. Der Anblick der drei Behinderten in weißen Alben, die zum Altar hintraten, um Père Thomas bei der Gabenbereitung zur Hand zu gehen, hat für sie den Sinn all dessen, was sie im Lauf des Nachmittags gesehen hatten, irgendwie auf einen gemeinsamen Nenner gebracht.

„Sie erinnern mich an die drei Mönche in Tolstois Erzählung", sagte Louis. Im weiteren Verlauf der Unterhaltung wurde die Erzählung wieder lebendig:

Drei russische Mönche lebten in großer Ferne auf einer einsamen Insel. Niemand fuhr je dorthin, aber eines Tages entschloß sich ihr Bischof zu einer oberhirtlichen Visitation bei ihnen. Als er kam, stellte er fest, daß die Mönche nicht einmal das Gebet des Herrn kannten. So verwandte er denn seine ganze Zeit und Kraft darauf, ihnen das Vaterunser beizubringen, und reiste dann, mit seiner Hirtentätigkeit zufrieden, wieder ab.

Aber als sein Schiff von der Insel abgelegt hatte und sich wieder auf offener See befand, bemerkte er plötzlich, wie die drei Einsiedler über das Wasser kamen – ja, sie liefen dem Schiff sogar nach! Als sie es erreichten, riefen sie: „Lieber Vater, wir haben das Gebet, das du uns gelehrt hast, schon wieder vergessen." Der Bischof, überwältigt von dem, was er sah und hörte, sagte: „Aber, liebe Brüder, wie betet ihr denn?" Sie antworteten: „Ja, wir sagen nur: ‚Lieber Gott, wir sind zu dritt, du bist zu dritt, erbarme dich unser!'" Ihre Heiligkeit und ihre Einfalt ließen den Bischof in Ehrfurcht erstarren, so daß er sagte: „Kehrt zurück auf eure Insel und seid unbesorgt."

Als Louis die drei behinderten Meßdiener sah, hat er sich gleich wieder dieser Geschichte erinnert. Wie die drei Mönche bei Tolstoi haben diese Männer vielleicht kein gutes Gedächtnis, aber sie können heilig genug sein, über das Wasser zu schreiten. Und das sagt viel über die „Arche" aus.

6 Es tut weh

Johns Tod

Donnerstag, 24. Oktober

Soeben hat meine liebe Freundin Rose aus Oakland in Kalifornien angerufen, um mir zu sagen, daß ihr Sohn John gestern morgen um 9.30 Uhr gestorben ist. Ihre Stimme war voll Schmerz und Trostlosigkeit. „Es ist so schwer, so schwer, so schwer, bei alledem noch zu glauben", sagte sie. „Ich komme mir so verloren vor, und der Schmerz greift mir noch mehr ans Herz als bei Dans Tod." (Dan war der Name ihres verstorbenen Mannes.) Ich hörte ihr lautes Schluchzen, hörte, wie einsam und verlassen, wie verzweifelt sie sich fühlte.

Doch sie hatte auch Tröstliches zu berichten: „O Henri, die Hospiz-Leute waren so gut, liebevoll und besorgt. Viele von ihnen sind Homosexuelle oder Lesbierinnen, und nur wenige gehören einer Kirche an oder glauben an Gott, aber ihre Liebe zu Johnny war so schön, so tief, so selbstlos. Viele geben sogar ihre Arbeitsstelle auf, um bei ihren sterbenden Brüdern und Schwestern sein zu können. ... Johnny hat Liebe erfahren bis zum Ende ... Das wollte ich Dir auch gesagt haben." Ihre Worte glichen Tropfen der Hoffnung in einem Meer von Verzweiflung, Untertönen von Dankbarkeit mitten in dem Schmerz des Verlustes, der über sie hereingebrochen war, aufblitzendem Licht in tiefer Finsternis.

Ich sagte: „Johnny hat Dich so lieb gehabt, und er hat mir erzählt, was Deine Liebe für ihn bedeutet hat. Halt Dich daran fest. Dein Schmerz ist so tief, weil Du seinen langen

Leidensweg bis zum Tod mit ihm geteilt hast. Du und er wart miteinander so offen. Ihr habt nichts voreinander verheimlicht. Du hast sein Ringen gesehen und gespürt, und er hat das Deine gesehen und gespürt ... Es wird schwer für Dich werden ..., sehr schwer ..., aber ich weiß, Deine Liebe ist stark und herrlich."

Ich habe John eigentlich nur flüchtig gekannt, aber als ich vor ein paar Jahren in San Francisco war, hat Rose mich ihm vorgestellt, und wir haben einige Zeit miteinander verbracht. John hat mir von seiner Homosexualität und seinem Leben in den Kreisen der Homosexuellen von San Francisco erzählt. Er hat nicht versucht, sein Leben zu rechtfertigen oder sich dafür zu entschuldigen. Ich erinnere mich noch an sein starkes Mitgefühl für die Menschen, von denen er sprach, aber auch an seine Kritik am Snobismus und Kapitalismus, der unter den Homosexuellen von San Francisco herrsche. Er selbst war äußerst großherzig. Er hat Menschen in Not viel von seiner Zeit, von seinem Geld und seiner Kraft geschenkt und kaum etwas für sich beansprucht. Ich habe selten jemand getroffen, dem es so darum zu tun war, mir die Dinge zu erklären und mich zu informieren. Er war so sachlich, gefaßt und aufrichtig, daß ich von ihm den Eindruck eines beispielhaft ehrbaren Menschen gewonnen habe.

Im vergangenen Februar hat Rose mich in Cambridge angerufen, um mir mitzuteilen, daß John schwer an AIDS erkrankt war. Ich bin gleich nach San Francisco geflogen und einen Tag bei Rose zu Hause und bei John und seinem Freund Mike im Krankenhaus geblieben. John bat mich, mit ihm Psalm 23 zu lesen. Es ist der Psalm, der ihm noch in Erinnerung war und den sein Vater mit ihm gebetet hatte. Dieser Psalm schenkte ihm Frieden. Wir haben mehrmals gemeinsam gebetet:

Der Herr ist mein Hirte,
nichts wird mir fehlen.
Er läßt mich lagern

66

auf grünen Auen
und führt mich zum Ruheplatz am Wasser.
Er stillt mein Verlangen.

Morgen will ich noch etwas von meinem Besuch bei Rose
und John nachtragen.

Johns Feuerprobe

Freitag, den 25. Oktober

Mein Aufenthalt bei John und Rose hat mir das Zerstö-
rungswerk vor Augen geführt, das AIDS anrichtet. John
konnte kaum eine Minute ruhig bleiben. Wie ein wildes
Tier, das man in einen Käfig gesperrt hat, konnte er keine
Ruhe finden, und sein ganzer Leib wand sich vor Schmerzen. Seinen Qualen zuschauen zu müssen und nichts tun
zu können, zu wissen, daß sein Zustand sich nur verschlim-
mern würde, war schier unerträglich. Aber es war erstaun-
lich, mit welcher Liebe man ihn umsorgte. Viele AIDS-
Kranke werden von ihrer Familie und ihren Freunden
verstoßen. Aber Roses Liebe zu ihrem Sohn wuchs mit jedem Tag seiner Krankheit. Kein Verdammungsurteil, keine
Anklage, keine Verstoßung, sondern Liebe, wie nur eine
Mutter sie schenken kann. Und Mike, Johns Partner, hat
seinem kranken Freund jede Minute seiner Zeit und seine
Kraft bis aufs Letzte geschenkt. Keine Klagen, keine Zeichen von Gereiztheit, einzig treues Aushalten am Kranken-
bett.

Mike wußte, daß John bald sterben würde. Doch das
konnte noch eine Woche, einen Monat, ein Jahr oder noch
länger dauern. Er hatte nur den einen Wunsch: Es sollte
John ein wenig besser gehen und er in der Zeit, die ihm
noch verblieb, beschwerdefrei sein. „Ich glaube nicht an
Gott", sagte Mike, „aber wenn John mit Ihnen beten
möchte, beten Sie, bitte, mit ihm. Tun Sie alles, was John
hilft. Nur darum geht es mir."

Nachdem ich nach Cambridge zurückgekehrt war, stellte

sich bei John eine leichte Besserung ein. Er wurde aus dem Krankenhaus entlassen und fand eine kleine Wohnung, die er mit Mike beziehen konnte. Täglich kamen die Hospiz-Leute, um John zu versorgen, während Mike zur Arbeit ging.

Ich habe John im August wiedergesehen. Er war nicht mehr so unruhig, litt aber unter schrecklichem Schwindelgefühl. „Ich möchte sterben", sagte er. „Ich kann dieses Schwindelgefühl nicht mehr aushalten." Ich habe ihm zugeredet, den Tod hinzunehmen, wenn er käme, sein Kommen aber nicht zu beschleunigen. Wir haben über Roses und Mikes Liebe gesprochen und darüber, wieviel er für sie bedeutete. „Versuche, für sie so lange zu leben, wie Gott es will", habe ich ihm gesagt.

Er bat mich um das Sakrament der Krankensalbung – „die letzte Ölung" nannte er sie. Er sagte: „Ich bin getauft worden und zur Erstkommunion gegangen, und ich möchte auch die letzte Ölung empfangen, bevor ich sterbe. Spenden Sie mir das Sakrament?" Er wollte mit mir allein sein. Wir setzten uns an den Küchentisch und beteten wieder Psalm 23. Ich habe ihn gesegnet, ihm mit geweihtem Öl das Kreuz auf Stirn und Hände gezeichnet und um Gesundung gebetet – aber auch um die Gnade, mit Christus zu sterben. Gemeinsam haben wir gebetet: „Vater unser im Himmel, geheiligt werde dein Name, dein Reich komme, dein Wille geschehe wie im Himmel so auf Erden."

Er sagte: „Ich danke Ihnen sehr", und dann mit der für ihn so bezeichnenden Untertreibung: „Schaden kann das ja sicher nicht." Anschließend habe ich einen Augenblick mit Mike gesprochen. „Ich fürchte, er wird das nächste Jahr nicht mehr erleben", sagte Mike. „Ich kann mir gar nicht vorstellen, welchen Sinn das Leben ohne ihn für mich haben soll." Ich habe Mikes tiefen Schmerz gesehen. Alle kümmerten sich um John, aber Mike brauchte auch Beistand. Rose wußte das und gab ihm, was sie konnte.

Als Rose mich heute anrief, sagte sie: „Mike und ich haben gestern den ganzen Nachmittag geweint. Wir mußten einfach. Ich bin so froh, daß Mike und ich einander beistehen können. Wir vermissen ihn beide sehr."

Heute wird John eingeäschert. Am Dienstag findet ein Gedenk-Gottesdienst statt. Rose wird dasein. Mike wird da sein, und auch die meisten von Johns Geschwistern werden kommen. Ich werde das Zusammensein mit ihnen vermissen. „Kann ich etwas tun?", fragte ich Rose am Telefon. „Wenn Du willst, überweise den Hospiz-Leuten in San Francisco einen Betrag für ihre Arbeit. Als sie kamen, um mir beim Waschen und Einbalsamieren der Leiche Johns zu helfen und sie zu überführen, haben sie uns gesagt, Johnny sei schon der vierte, der an diesem Tag in San Francisco an AIDS gestorben sei. Diese Menschen sind so lieb, so besorgt, so gut ..., sie glauben vielleicht nicht alle an Gott, aber mir helfen sie sehr, es zu tun."

Ich danke Gott, Johns Bekanntschaft gemacht und auf neue Weise erfahren zu haben, wie abgrundtief das Geheimnis menschlichen Leids und menschlicher Liebe ist.

Christus sehen

Samstag, den 26. Oktober

Ich versuche schon die ganze Woche über, eine Betrachtung über die Erlöser-Ikone von Andrej Rubljew zu schreiben. Noch kein Wort habe ich zu Papier bringen können, doch spüre ich, wie mich das immer mehr umtreibt. Ich habe ein paar Bücher über Ikonenmalerei durchgeblättert, einige Artikel über Rubljews Stilmerkmale studiert, Ian Wilsons Buch über das Turiner Leichentuch durchgesehen und mich zu Gedankenverbindungen aller Art anregen lassen, aber es sind mir keine Worte zur schriftlichen Formulierung eingefallen. Ich fühle mich müde, sogar erschöpft, weil ich mich geistig so angestrengt habe, wobei es mir aber nicht gelungen ist, die Anstrengung schöpferisch umzusetzen.

Ich komme langsam darauf, daß meine Hemmungen ihren Grund im direkten Gegenüber mit dem Antlitz Jesu haben. Über Rubljews Dreifaltigkeits-Ikone und die Mutter-gottes-Ikone von Wladimir habe ich schon geschrieben. Aber über die Ikone mit dem heiligen Antlitz Christi zu schreiben, ist ein so erschreckendes Unterfangen, daß ich meine Zweifel habe, ob ich das wohl kann.

Heute nachmittag habe ich diese anscheinend unbe-schreibliche Ikone einfach nur angeschaut. Ich habe die Augen Jesu angeschaut und gesehen, daß seine Augen mich anschauten. Es hat mir den Atem verschlagen, und ich habe die Augen geschlossen und mit den Worten zu beten begonnen: „O mein Gott, wie kann ich über dein Antlitz schreiben? Bitte, gib du mir die Worte ein, damit ich sage, was man sagen kann." Ich habe im Evangelium gelesen und fest-gestellt, wieviel darin geschrieben steht über Sehen und Gesehen-Werden, über Blind-Sein und das Geschenk neuen Augenlichtes und über Augen – Menschenaugen und Gottes Augen.

Ich weiß, daß ich über Rubljews Christus-Ikone schreiben muß, denn sie packt mich mehr als alle anderen Ikonen, die ich je gesehen habe. Ich muß mir über das klarzuwerden versuchen, was in mir vorgeht, wenn ich sie anschaue und vor ihr bete. Eins ist gewiß: Ich habe genug über sie gelesen. Ich muß mich ihr einfach überlassen und beten und hinschauen und beten und warten und beten und vertrauen. Ich hoffe, dann kommen mir die richtigen Worte; denn wenn sie kommen, werden viele mit mir zu sehen beginnen und vom Blick dieser Augen getroffen werden.

Gebet um das Sehen und Gesehen-Werden

Montag, 28. Oktober

O Herr Jesus, ich schaue dich an und halte meinen Blick fest auf deine Augen gerichtet. Der Blick deiner Augen durchdringt das ewige Geheimnis der Gottheit und schaut Gottes Herrlichkeit. Deine Augen sind es auch, die Simon, Andreas, Natanael und Levi gesehen haben, sind die Augen, die auf der blutflüssigen Frau, der Witwe von Nain, den Blinden, den Lahmen, den Aussätzigen und der hungrigen Menschenmenge geruht haben, die Augen, die den betrübten, vornehmen Reichen, die angsterfüllten Jünger auf dem See und die leiderfüllten Frauen am Grab angeschaut haben. Deine Augen, Herr, schauen in einem einzigen Blick die unerschöpfliche Liebe Gottes und die anscheinend endlose Qual aller Menschen, die den Glauben an diese Liebe verloren haben und wie Schafe ohne Hirten sind.

Wenn ich dir so in die Augen schaue, erschrecken sie mich mit ihrem Blick, denn sie durchdringen mein Innerstes wie Feuerflammen; aber sie trösten mich auch, denn Flammen läutern und heilen. Der Blick deiner Augen ist so streng und doch so sanft, so entlarvend und doch so bergend, so durchdringend und doch so zärtlich, so tief und doch so vertraut, so distanziert und doch so einladend.

Langsam wird mir deutlich, daß ich von dir gesehen werden möchte, daß ich unter deinem liebevollen Blick verweilen und zusehends an Festigkeit und Güte gewinnen möchte. Herr, laß mich sehen, was du siehst – die Liebe Gottes und das Leid der Menschen –, auf daß meine Augen immer mehr so werden wie deine, Augen, die wunde Herzen heilen können.

Nicht Milch, sondern feste Speise

Dienstag, 29. Oktober

Jeden Dienstagabend feiere ich die Eucharistie für die englischsprachigen Betreuer in der Gemeinschaft. Wir treffen uns in der kleinen Kapelle von La Forestière. Nicht alle, die Englisch sprechen, können kommen, aber die Kapelle füllt sich schnell, zumal einige der Betreuer einen behinderten Hausgenossen mitbringen.

Ich habe festgestellt, daß diesen Menschen wenig an Gesprächen oder Diskussionen liegt; doch beten, singen und schweigen sie gern miteinander und hören alle gern Gedanken zum Evangelium. Die Betreuer sind oft nach einem langen Tag der Zusammenarbeit mit behinderten Männern und Frauen ermüdet und möchten nun selbst gespeist, gestützt und umsorgt werden.

Ich muß mir eine neue Form der Pastoral aneignen. Nur wenige unter den Teilnehmern der Dienstagsabend-Liturgie braucht man noch zum festen Glauben an die wesentliche Bedeutung des Evangeliums, an die zentrale Stellung Christi oder den Wert der Sakramente zu führen. Die meisten sind über dieses Stadium schon hinaus. Sie haben Christus gefunden; sie haben die Entscheidung getroffen, sich dem Dienst bei den Armen verschrieben; sie haben den engen Pfad gewählt.

Ich verwende noch viel Mühe darauf, sie von Gottes Liebe zu überzeugen, die sie zum Gemeinschaftsleben beruft und ihnen eine Stätte anbietet, an der sie den Frieden Jesu praktisch erfahren können. Solch eine Pastoral ist an einer Universität in der Welt angebracht, an der die Studenten ganz vom Leistungswettbewerb in Anspruch genommen sind. Hier aber herrscht kein Erfolgszwang; hier verwendet man seine ganze Zeit auf Ankleiden, Füttern, Tragen und darauf, einfach für alle da zu sein, die Hilfe brauchen. Es ist eine Tätigkeit, die sehr viel verlangt und sehr ermüdend ist, aber sie ist nicht mit Konkurrenzdenken verbunden, hat keine Promotion zum Ziel, in ihr geht es nicht um Auszeichnung – sondern einzig um treues Dienen.

Ich will die jungen Männer und Frauen in der „Arche" nicht idealisieren. Ich sehe ihr Ringen, ihre Unvollkommenheiten und ihre ungestillten Wünsche nur zu deutlich. Und doch haben sie eine Wahl getroffen, für die sich nur wenige entschieden haben. Sie sind weniger darauf angewiesen, daß man sie von der großen Bedeutung ihrer Wahl überzeugt, als vielmehr darauf, daß man sie zum Weitermachen ermuntert, ihnen neue Perspektiven eröffnet, die sie davor bewahren, in einen geistlichen Trott zu verfallen, und ihnen hilft, der Wahl treu zu bleiben, die sie bereits getroffen haben. Was sie brauchen, ist, um mich der Worte des Apostels Paulus zu bedienen, nicht Milch, sondern feste Speise (vgl. 1 Kor 3,2).

Das ist für mich wieder eine Herausforderung. Sie nötigt mich, mir die Kunst der „geistlichen Partnerschaft" mit diesen Weggefährten anzueignen. Jetzt sehe ich, daß das Johannesevangelium für Männer und Frauen wie sie geschrieben worden ist. Es ist für geistlich reife Menschen geschrieben worden, die nicht über Grundsatzfragen diskutieren, sondern in die Geheimnisse des göttlichen Lebens eingeführt werden wollen. Ich muß wirklich ein Mann des Gebetes sein, wenn ich diesem Verlangen entsprechen will.

Heute abend haben wir besonders für John gebetet. Ich wollte, ich könnte bei den vielen sein, die heute in Kalifornien zum Gedenkgottesdienst kommen, um meine Dankbarkeit dafür zu bekunden, seine Bekanntschaft gemacht zu haben. Möge er jetzt die Liebe finden, die er in seinem kurzen Leben so schmerzlich und qualvoll gesucht hat.

Hilferufe

Donnerstag, 31. Oktober

Die Novembernummer der „Messages des Secours Catholiques", eines von einem katholischen Hilfswerk in Frankreich herausgegebenen Monatsblattes, ist voll von ergreifenden Geschichten, die die menschliche Einsamkeit zum Thema haben. Ihr Titel, den ich auch in vielen Kirchen auf einem Plakat gelesen habe, lautet: „La solitude, ça existe. La solidarité aussi", was heißt: „Einsamkeit, das gibt es, aber auch Solidarität". Es bewegt mich, die Einsamkeit als etwas hingestellt zu sehen, woran nicht nur arme Leute, Gefangene und ältere Menschen leiden, sondern auch junge Akademiker. Die Einsamkeit ist an erster Stelle ein Schrei nach Zuwendung. Die vielen Briefe, die der Verband der Secours Catholiques erhalten hat, sind nicht nur Bitten um Brot, Obdach, Geld oder Arbeit, sondern auch – und das oft mit größerer Dringlichkeit – um Zuwendung.

Ein Briefschreiber äußert sich: „Ich brauche Zuneigung,

Fürsorglichkeit, aber wo gibt es das in dieser gleichgültigen Welt?" Ein anderer: „Ich habe keine Freunde mehr ... Ich bitte um Ihre Hilfe, damit ich wieder unter normalen Menschen leben kann, die ohne Rauschgift oder Alkohol existieren können!" Ein anderer: „Ich brauche jemand, der mir hilft. Ich brauche jemand, der mich liebt ..., sonst habe ich das Gefühl, langsam einzugehen." Und noch einer: „Man hat mir nie einen Blick geschenkt oder mir zugehört. Ich zähle nicht mehr, ich bin nicht mehr da."[1]

Viel Leid rührt heutzutage von dem Bedürfnis nach Zuneigung her. Immer mehr Menschen haben kein Zuhause. Sie fristen einsam ihr Leben in versteckten engen Zimmern irgendwo in der Großstadt. Wenn sie von der Arbeit zurückkommen, ist niemand da, der sie begrüßt, küßt, umarmt und fragt: „Wie war es heute?" Niemand ist da, mit dem sie weinen, lachen, spazierengehen, essen oder auch nur zusammensitzen könnten.

Michel, achtzehn Jahre alt, schreibt: „Lassen Sie mich im Rundfunk oder im Fernsehen auftreten, so daß ich hinausschreien kann, was junge Menschen leiden, die man noch nie geliebt hat, die man von einem Ort zum anderen umhergeschoben hat, die noch nie Liebe im Familienkreis erfahren haben."[2]

Das ist der Ruf nach einem wahren Nächsten, nach jemand, der bereit ist zu engem Kontakt, der nicht nur zu Brot, Obdach oder Arbeit verhilft, sondern das Gefühl vermittelt, geliebt zu sein. Wo sind die Menschen, die ihren vereinsamten Brüdern und Schwestern diese vertraute Nähe bieten können?

Beim Nachdenken über diese Fragen erinnere ich mich lebhaft an die Auffassung, die Père Thomas hinsichtlich des menschlichen Bedürfnisses nach Zuneigung vertreten hat. Ich teile seinen Gesichtspunkt, daß in unserer psychologisierten Kultur die menschliche Zuneigung zu einem Haupt-

---

[1] Messages, Nr. 376, November 1985, Seite 7.
[2] Ebd.

74

anliegen geworden ist. Ich sehe auch deutlicher denn je zuvor, daß das Bewußtsein von Gottes bedingungsloser Liebe wieder neu geweckt werden muß.

Aber wenn ich diese verzweifelten Rufe nach Zuneigung lese, frage ich mich, wie man diese bedingungslose Liebe Gottes in unserer von den Medien beherrschten Welt erfahren kann. Eins wird mir klar: Gott ist für uns Mensch geworden, um uns zu zeigen, daß der Weg zum Herzen Gottes über den Menschen führt, ein Weg, auf dem die begrenzte und stückwerkhafte Zuneigung, die Menschen schenken können, den Zugang zu der grenzenlosen und vollkommenen Liebe ermöglicht, die Gott im Menschenherzen ausgegossen hat. Gottes Liebe kann man nicht außerhalb dieser menschlichen Zuneigung finden, selbst wenn diese menschliche Zuneigung von den Verfallserscheinungen unserer Zeit angekränkelt ist.

Für die Verstorbenen beten

Samstag, 2. November

Heute, an Allerseelen, habe ich viel über die Toten nachgedacht. Irgendwie haben wir die Verbindung zu unseren Toten verloren. Das Tempo unseres Lebens, das den Blicken entzogene Sterben und die vielen Ablenkungen, die das Leben bietet, haben uns das Gespür dafür genommen, daß wir mit denen verbunden sind, die vor uns gelebt haben. Auch heute wieder überrascht es mich, daß wir dahinleben, als wäre unser Leben endlos und robust, während wir doch wissen, daß es kurz und zerbrechlich ist. Diejenigen, deren Sterben uns das Gegenteil verkündet, verdrängen wir aus dem Bewußtsein, als wollten wir ihre Geschichte nicht hören.

Wie oft bete ich für meine vielen Verwandten, Freunde und Bekannten, die schon tot sind? Wie oft besuche ich ihre Gräber? Wie oft komme ich auf sie zu sprechen und erzähle ich von ihnen? Anscheinend finde ich immer ein dringenderes Gebetsanliegen, ein wichtigeres Besuchsziel und ein fesselnderes Gesprächsthema. Doch wie kann ich mein Leben wirklich verstehen, wenn ich mich von denen, die schon tot sind, nicht über seinen Sinn belehren lasse? Wie kann ich mich meiner kurzen Lebensjahre wirklich erfreuen, wenn ich das Schöne, was ich von denen, die vor mir gelebt haben, noch weiß, nicht in diese Freude einfließen lasse? Wir können uns nicht freuen, wenn wir nicht zurückdenken; wahre Freude erstreckt sich weit über die Grenzen meiner eigenen Lebensjahre hinaus. Sie erhält ihre ganze Fülle durch das Leben der vielen, deren Güte in mir weiterleben möchte.

Und ich sehe auch, daß mein Leben ebenfalls im Leben derer, die nach mir kommen, Frucht bringen muß. Hoffe ich nicht oft, daß man an mich denken wird, daß ich im Gebet der Menschen weiterlebe, die mich geliebt haben?

Ich muß wirklich für die Verstorbenen beten und hoffe, daß andere für mich beten, wenn ich mit ihnen vereint werde. Es gibt nicht nur Menschen- und Bürgerrechte, es gibt auch Rechte im Bereich des Glaubenslebens!

7 Kränkung vergeben

Gefühle hintansetzen

Sonntag, 3. November

Heute abend ist Jonas eingetroffen. Er ist direkt aus Cambridge gekommen und will zehn Tage hier bleiben. Die Niedergeschlagenheit, die mich überkam, als er mich während seines Frankreich-Urlaubs im September nicht besuchte, hat sich unter der Oberfläche meines meist frohen Lebens versteckt. Jonas' Besuch ist für mich sehr wichtig. Es wird für mich keine leichte Zeit sein, da ich herausfinden muß, wie ich ihm vergeben und unsere Freundschaft vertiefen kann. Aber ich bin zuversichtlich, daß Gott mir helfen wird, mein durch Ablehnung gekränktes Gefühl hintanzusetzen und zur Aussöhnung zu gelangen.

Gabengemeinschaft

Dienstag, 5. November

Jonas und ich haben den Tag mit Besuchen in den Häusern der Gemeinschaft verbracht. Durch seine vielen Fragen aus der Sicht des Psychologen, habe ich eine Menge über die „Arche" gelernt. Mir ist auch wieder bewußt geworden, daß es vor allem darauf ankommt, „die ‚Arche' zu leben", d. h., in engem Miteinander mit den Behinderten zu leben. Wie andernorts auch, ist die Arbeit wichtig, ist das Einüben von guten Verhaltensformen wichtig, sind Gesundheit und Ausbildung wichtig –, aber das alles ist nicht so wichtig wie das Leben, das man in einer Gemeinschaft der Liebe führt. Es sind Ärzte, Psychologen, Psychiater, Physiotherapeuten und Krankenpflegepersonal vorhanden, aber alle eher in beratender als in leitender Funktion. Die Fachkräfte haben die Aufgabe, den Betreuern zu helfen, mit den Behinderten ein Leben zu führen, das schöpferische Anreize bietet, fördert und heilt.

Es ist auch wichtig, daß die Behinderten so viel körperliche und emotionale Selbständigkeit entwickeln wie möglich, aber nicht auf Kosten des Gemeinschaftslebens. Der Begriff, um den sich hier alles dreht, ist nicht „gleiches Recht für alle", sondern eher „Gabengemeinschaft". Die Behinderten sind anders als ihre Betreuer, aber im beiderseitigen Anderssein liegen Gaben, die man entdecken, anerkennen und miteinander teilen muß. Die Behinderten und die Betreuer brauchen einander, wenn auch oft auf verschiedene Weise. Miteinander versuchen sie eine echte Bruderschaft der Schwachen zu bilden, in der sie Gott immer für die zerbrechliche Gabe des Lebens danken und ihn preisen.

Gute Nachrichten aus Daybreak

Mittwoch, 6. November

Sue Mosteller ist mit guten Nachrichten aus Daybreak eingetroffen: Raymond ist nicht mehr auf der Intensiv-Station, Roses Operation ist glücklich verlaufen, und beide sind auf dem Weg der Besserung. Sie hat auch liebe Grüße von D. J. und von Rays Angehörigen gebracht.

Mit Sue habe ich mich sehr über diesen Sieg über die Macht des Todes gefreut, und ich mußte an das Wort des Propheten Ezechiel denken: „Warum wollt ihr sterben, ihr vom Haus Israel? Ich habe doch kein Gefallen am Tod ... Kehrt um, damit ihr am Leben bleibt" (Ez 18, 31 f).

Echte Amateure

Donnerstag, 7. November

Jonas und ich verbringen miteinander eine Woche, die sich lohnt. Wir sind dauernd unterwegs zu Heimen, Werkstätten und Fachleuten. Mir kommt es vor, als zeige ich einem Fremden meine Heimatstadt und entdecke sie dabei erst selbst! Da Jonas seine Fragen anders stellt, die Vorgänge anders sieht und andere Vergleiche anstellt als ich, hat sich ihm die Arche anders dargestellt, als ich sie bislang gesehen hatte.

Für Jonas, den Psychologen in einer großen Anstalt für geistig Behinderte, ist die Arche eine Stätte, in der die professionelle Distanz, die es ermöglicht, andere zu heilen, ohne selbst in ihre vielen Probleme verwickelt zu werden, weniger in Erscheinung tritt oder sogar völlig fehlt. Einem Fachmann könnte die „Arche" auf den ersten Blick etwas amateurhaft erscheinen. Allerdings ist das Wort „Amateur" ein Wort, das wir wieder zu Ehren bringen müssen; es legt nahe, wie man diese Distanz ihrem Wesen nach verstehen kann. Das Wort kommt von „amare", dem lateinischen Wort für „lieben".

Das Leben in der „Arche" beruht auf Liebe, nicht nur, was selbstverständlich wäre, zu den Behinderten, sondern auf der Liebe zum Gott des Lebens, das uns in Jesus Christus, dem verschmähten Mann aus Nazaret offenbart worden ist. Das ist eine Liebe, die auf der Erkenntnis des Herzens beruht, eine tiefe Überzeugung, daß „weder Tod noch Leben, weder Engel noch Mächte, weder Gegenwärtiges noch Zukünftiges, weder Gewalten der Höhe oder Tiefe noch irgendeine andere Kreatur uns scheiden können von der Liebe Gottes, die in Christus Jesus ist, unserem Herrn" (Röm 8, 38 f). Diese Liebe ist viel mehr als eine Gemütsregung oder ein Gefühl. Sie wurzelt darin, daß Gott uns grenzenlos liebt. Diese Liebe ist es, die uns befähigt, uns ganz mit dem Leid in der Welt zu identifizieren, ohne davon verschlungen zu werden. Diese Liebe ist es, die uns in die Lage versetzt, das Geheul und das Schreien geistig Behinderter anzuhören, ohne von ihnen in Beschlag gehalten zu werden. Diese Liebe ist es, die uns enge Beziehungen pflegen läßt, ohne je die Distanz zu verlieren, die wir brauchen, um ein gesundes, frohes und friedliches Leben zu führen.

Wenn unsere Liebe in Gottes Liebe wurzelt, können wir die Last des Lebens tragen und feststellen, daß sie leicht ist. Jesus ruft uns zu: „Kommt alle zu mir, die ihr euch plagt und schwere Lasten zu tragen habt. Ich werde euch Ruhe verschaffen. Nehmt mein Joch auf euch und lernt von mir; denn ich bin gütig und von Herzen demütig ... Denn mein Joch drückt nicht, und meine Last ist leicht" (Mt 11, 28 ff).

Jesu Last ist die Last allen menschlichen Leides, aber wenn wir diese Last vereint mit ihm auf uns nehmen, erweist sie sich als leicht und nicht drückend. Persönlich glaube ich, daß es unmöglich ist, ein so enges Verhältnis zu geistig Behinderten zu pflegen, wie die Betreuer in der Arche es tun, wenn man nicht auf die Liebe Christi zurückgreift. Ohne diese Liebe brennt man bei solch einem Leben auf die Dauer aus. Ist sie aber tief und stark und wird sie ständig von der Gemeinschaft gespeist, können die Behinderten für uns gleichsam zu Bildscheiben werden und uns die größere Liebe schauen lassen, in deren Händen wir geborgen sind.

So entsteht eine ganz neue Distanz: Keine professionelle Distanz, die uns, dem Leiden der Welt nicht zu nahe kommen läßt, sondern eine geistliche Distanz, die es uns ermöglicht, dieses Leid zu einer leichten Last werden zu lassen.

Im Ringen mit dem Wesen der Freundschaft

Freitag, 8. November

Geistliche Distanz zu wahren, ist etwas viel Persönlicheres, als mir gestern bewußt war. Es ist von entscheidender Bedeutung für das Verständnis und die Praxis wahrer Freundschaft. Jonas und ich versuchen, uns mit unserer Freundschaft auseinanderzusetzen. Anfangs haben wir das Thema nur indirekt berührt, aber in den vergangenen paar Tagen ist es uns gelungen, unser Verhältnis zueinander direkter auszuloten. Über mein Gefühl, abgelehnt oder an der Nase herumgeführt zu werden, mein Bedürfnis nach Bestätigung wie auch nach Abstand, über Unsicherheit und Mißtrauen, Furcht und Liebe zu reden, fällt mir schwer. Aber als ich diesen Gefühlen meine Aufmerksamkeit schenkte, habe ich auch das eigentliche Problem entdeckt: von einem Freund zu erwarten, was nur Christus geben kann.

Ich fürchte immer gleich Ablehnung. Wenn ein Freund nicht kommt, ein Brief nicht geschrieben wird oder man mich nicht einlädt, fange ich an, mich unerwünscht und zurückgesetzt zu fühlen. Ich besitze einen Hang zu trüber

Selbsteinschätzung und bin anfällig für Depressionen. Bin ich aber deprimiert, so neige ich dazu, sogar in harmlosen Gesten den Beweis für die Berechtigung meines selbstgewählten Trübsinns zu sehen, so daß es mir immer schwerer fällt, wieder aus ihm herauszukommen. Diesen selbstquälerischen Teufelskreis einmal aufmerksam zu betrachten und ohne Umschweife mit Jonas darüber zu sprechen, ist ein guter Anfang für eine gegenläufige Entwicklung.

Zweierlei ist geschehen, als Jonas und ich uns aussprachen. Erstens hat er mich gezwungen, meine Person aus dem Mittelpunkt zu nehmen! Auch er hat sein Leben, auch er hat seine Kämpfe zu bestehen, auch er hat unerfüllte Bedürfnisse und Unvollkommenheiten. Als ich versuchte, sein Leben zu verstehen, empfand ich tiefes Mitleid mit ihm und den Wunsch, ihn zu trösten und aufzurichten. Ich habe den Drang, ihn zu verurteilen, weil er sich nicht genügend um mich bemüht hätte, nicht mehr so stark gespürt. Es ist ja so einfach, zu der Überzeugung zu gelangen, man sei selbst derjenige, der alle Fürsorge brauche. Aber sobald man es fertigbringt, den anderen konkret in seiner Lebenssituation zu sehen, kann man etwas Abstand von sich selbst gewinnen und zu der Einsicht kommen, daß in einer echten Freundschaft zum Tanzen immer zwei gehören.

Zweitens habe ich wieder neu gelernt, daß Freundschaft die dauernde Bereitschaft voraussetzt, einander zu vergeben, daß man nicht Christus ist, und die Bereitschaft, Christus selbst zu bitten, die eigentliche Hauptperson zu sein. Wenn Christus in einer Freundschaft nicht die Mittlerrolle spielt, stellt diese Freundschaft leicht Ansprüche, nutzt den Partner aus, unterdrückt ihn und wird zum Tummelplatz für mancherlei Formen von Ablehnung. Eine Freundschaft, in der niemand vermittelt, kann nicht lange währen; man stellt einfach zu hohe Ansprüche an den Partner und kann ihm den Raum nicht bieten, den er zur Entfaltung braucht. Zur Freundschaft gehören Vertrautheit, Zuneigung, gegenseitige Hilfe und Ermunterung, aber auch Distanz, Spielraum zur Entfaltung, die Freiheit, anders zu sein, und

Alleinsein. Um diese beiden Aspekte einer Freundesbeziehung zum Tragen zu bringen, bedürfen wir der Erfahrung einer tieferen und dauerhafteren Bestätigung, als jede menschliche Beziehung sie bieten kann.

Als wir mit dem eigentlichen Wesen unserer Freundschaft rangen, haben Jonas und ich das Pauluswort an die Römer gelesen: „Wir wissen, daß Gott bei denen, die ihn lieben, alles zum Guten führt, bei denen, die nach seinem ewigen Plan berufen sind ... die er berufen hat, hat er auch gerecht gemacht; die er aber gerecht gemacht hat, die hat er auch verherrlicht" (Röm 8, 28 ff).

Wenn wir wirklich Gott lieben und Anteil an seiner Herrlichkeit haben, verlieren unsere Beziehungen den Charakter von Pflichtübungen. Wir versuchen, die Menschen nicht nur an uns zu ziehen, um von ihnen Bestätigung zu erfahren, sondern auch, um sie an der Liebe teilnehmen zu lassen, die uns durch Jesus offenbar geworden ist. So wird wahre Freundschaft zum Ausdruck einer größeren Liebe.

Es ist mühsam, einander dauernd an die Wahrheit zu erinnern, aber es lohnt sich. Dauernde gegenseitige Vergebung und ständiges Offensein für Gottes Liebe sind die Übungen, die uns in der Freundschaft zusammenwachsen lassen.

Die kleinen Verlockungen einer sinnenfrohen Welt

Samstag, 9. November

Heute haben Jonas und ich den Nachmittag und den Abend in Compiègne verbracht. Wir hatten daran gedacht, nach Paris zu fahren, aber wir waren nicht so recht davon überzeugt, daß Bahn- und U-Bahnfahrten, Quartiersuche und Kirchen- und Museumsbesuche den besten Abschluß unserer gemeinsamen Zeit in der „Arche" bilden würden. Wir entschieden uns für Compiègne und wollten dann sehen, ob es uns beide auch noch nach Paris ziehen würde.

In Compiègne war Markt. Tausende waren auf den Straßen unterwegs, gingen von Stand zu Stand, schauten, feilschten und kauften. Ganze Familien, kleine Gruppen von Halbwüchsigen, Einzelgänger und ältere Paare, alle waren sie an diesem Samstag in die Stadt gekommen, um Feiertagseinkäufe zu machen – Montag, den 11. November, ist Waffenstillstandstag –, zur Bank zu gehen oder auch nur zu geselligem Vergnügen.

Sowohl Jonas wie auch mir fiel der krasse Gegensatz zwischen der Ruhe und der frommen Sammlung unserer Woche in Trosly und der Unruhe, dem Lärm, der Geschäftigkeit und dem Gedränge dieses Nachmittags in der Stadt auf. Wir spürten, wie wir abgelenkt, zerstreut, aus unserer Mitte gerissen und in das anonyme Leben Fremder hineingezogen wurden. Nach einer Zeit des Gemeinschaftslebens in Frieden und Freude überkam uns beide eine gewisse Unruhe und Traurigkeit. Es schien, als wollte die Stadt uns mit ihren Sinnenfreuden in Versuchung führen: ihre bunten Farben, der Betrieb, das Warenangebot und der Anblick all der Menschen. Jonas sagte, daß nun nach einer annähernd bedürfnislos unter den Armen und Behinderten verbrachten Zeit das Begehren wieder Einzug halte. Unsere Neugier, die uns vorübergehend verlassen hatte, kehrte mit neuer Kraft zurück. Beide haben wir die Menschen, den Betrieb und die Sehenswürdigkeiten von Compiègne als Versuchung empfunden, uns nicht mehr um das Reich Gottes zu sorgen und vom Verlangen nach „all dem anderen" in dieser Welt wegreißen zu lassen (vgl. Lk 12, 31).

Wir waren froh, daß wir darüber sprechen konnten. Oft bleiben solche Erfahrungen verborgen, was nur zu Scham und Schuldgefühlen führt. Aber durch das gegenseitige Eingeständnis unserer Anfälligkeit für die Verlockungen der Welt haben wir uns erneut zu unserer wirklichen Entscheidung bekannt und die Treue zu dieser Entscheidung ineinander abgesichert. Ich verstehe jetzt viel besser, warum Jesus seine Jünger lieber zu zweit als allein in die Welt entsandt hat. So konnten sie in der Gruppe den Geist des Friedens und der Liebe pflegen, den sie im Umgang mit ihm gefunden hatten, und diese Gaben mit jedem Menschen teilen, dem sie begegnet sind.

Nach vier Stunden in Compiègne haben wir uns zur Rückkehr nach Trosly entschlossen, um dort einen ruhigen, gottgeweihten Sonntag zu verbringen. Für Paris war es noch zu früh!

Wer Vergebung erlangt hat, der vergibt

Montag, 11. November

Oft bin ich nicht auf meine Morgenbetrachtung vorbereitet und sitze dann um 7:00 Uhr in der Kapelle mit allen möglichen Gedanken, nur nicht mit dem Gedanken, den mein Betrachtungsthema mir nahelegt.

Aber ich muß einfach durchhalten, auch wenn es ganz zwecklos zu sein scheint. Heute morgen habe ich über Gottes unbeirrbares Verlangen, mir zu vergeben, meditiert, wie es in den Worten des hundertdritten Psalms zum Ausdruck kommt: „So weit der Aufgang entfernt ist vom Untergang, so weit entfernt er die Schuld von uns" (Ps 103, 12). Mitten in all meinen Abschweifungen war ich gerührt von Gottes Wunsch, mir immer wieder zu vergeben. Wenn ich eine Sünde begangen habe und mit reuigem Herzen zu Gott zurückkehre, ist er immer da, um mich in die Arme zu schließen und wieder neu anfangen zu lassen. „Der Herr ist ein barmherziger und gnädiger Gott, langmütig, reich an Huld und Treue" (Ex 34, 6).

Es fällt mir schwer, jemand zu vergeben, der mich wirklich verletzt hat, besonders wenn das öfter als einmal vorkommt. Ich beginne dann an der Aufrichtigkeit dessen zu zweifeln, der zum zweiten, dritten oder vierten Mal um Vergebung bittet. Aber Gott führt darüber nicht Buch. Gott wartet nur auf unsere Heimkehr, ohne Groll oder Rachgelüste. Gott will, daß wir nach Hause kommen. „Die Huld des Herrn währt ewig."

Vielleicht scheint es mir deshalb schwerzufallen, anderen zu vergeben, weil ich selbst nicht recht glaube, daß mir vergeben ist. Wenn ich mich voll und ganz darein finden könnte, daß mir vergeben ist und ich nicht mit Schuldgefühlen oder Schamröte zu leben brauchte, wäre ich wirklich frei. Meine Freiheit würde es mir gestatten, anderen siebenundsiebzigmal zu vergeben. Wenn ich nicht vergebe, kette ich mich an das Verlangen, Gleiches mit Gleichem zu vergelten, und verliere so meine Freiheit. Wer Vergebung erlangt hat, der vergibt. Das verkünden wir auch, wenn wir beten: „Und vergib uns unsere Schuld, wie auch wir vergeben unseren Schuldigern."

Diese Auseinandersetzung dauert so lange wie das Christenleben und gehört zu seinem innersten Kern.

Vergebung und Freiheit

Dienstag, 12. November

Jonas ist heute morgen abgereist. Ich bin in aller Frühe aufgestanden, habe bei dem Versuch, mich in der Küche zurechtzufinden, zwei Weingläser zerbrochen, Jonas ein Brot für die Reise gemacht und bin dann zu seinem Zimmer gegangen. Wir haben in der Kapelle miteinander gebetet, in Eile gefrühstückt und dann festgestellt, daß Simone ihm auch ein Brot für die Reise gemacht hatte. Barbara hat uns mit einem der Renaults der „Arche" abgeholt und zum Bahnhof gebracht. Der Zug nach Brüssel kam auf die Minute pünktlich. Wir haben einander umarmt, einander alles Gute gewünscht und zum Abschied gewinkt, als der Zug abfuhr. Barbara sagte: „Er ist ein sehr netter Mann. Sein Besuch war gut für uns, hoffentlich auch für ihn selbst".

Heute abend haben wir bei der Eucharistiefeier für die englischsprachigen Betreuer aus Jesu Mund gehört: „Vergib deinem Bruder von ganzem Herzen." Ich habe über die Freiheit gesprochen, die eine Frucht der Vergebung sein kann, und viele haben mir anschließend gesagt, meine Worte seien ihnen sehr zu Herzen gegangen. Da habe ich wieder festgestellt, daß das Allerpersönlichste immer auch Allgemeingültigkeit besitzt. Jonas hatte Abschied genommen, aber sein Abschied war ein guter Abschied gewesen, der schon Früchte trug.

Eucharistisch leben

Mittwoch, 13. November

Das heutige Evangelium handelt von der Dankbarkeit. Nur einer der zehn von Jesus geheilten Aussätzigen ist zurückgekommen, um ihm zu danken. Der eine, der zurückgekommen ist, war ein Fremder, und zu ihm hat Jesus gesagt: „Dein Glaube hat dich heil gemacht" (Lk 17,19).

Die Aussätzigen, die nicht zurückgekommen sind, haben sich der Erfahrung der Radikalität der Therapie Jesu verschlossen. Jesus hat sie nicht nur von ihrem Leiden heilen, sondern ihnen auch ihre totale Abhängigkeit von Gottes Liebe und Barmherzigkeit voll und ganz bewußt machen wollen. Sie wollten geheilt werden, waren aber nicht zur Umkehr bereit. War ihr Aussatz auch verschwunden, so hat ihre Begegnung mit Jesus bei ihnen doch keine tiefe Veränderung bewirkt. Der eine, der zurückkam, war der einzige, der Jesus wirklich begegnet ist und durch seine Heilung erfahren hat, wie total sein Leben von Gott abhing. Im heilenden Wirken Jesu und durch es hat er den Einen gefunden, dem er sich ganz anvertrauen konnte. Deshalb hat Jesus zu ihm gesagt: „Dein Glaube hat dich heil gemacht."

Auch ich neige dazu, nur dann um Hilfe zu bitten, wenn ich in Not bin. Ab und zu habe ich ein „Dankeschön" für Menschen oder für Gott, aber meistens vergesse ich, daß ich im Grunde abhängig bin.

Ein Leben im Glauben ist ein Leben in Dankbarkeit – d. h. ein Leben, in dem ich bereit bin, mich jederzeit ganz und gar von Gott abhängig zu wissen und ihn unaufhörlich für das Geschenk des Lebens dankbar zu preisen. Wirklich eucharistisch zu leben, heißt, Gott immer dankzusagen, Gott immer zu preisen und sich von der Fülle der Liebe und Güte Gottes immer mehr überraschen zu lassen. Wie kann solch ein Leben nicht auch ein frohes Leben sein? Es ist das Leben der wahren Bekehrung, das durch und durch auf Gott ausgerichtet ist. Da ist die Dankbarkeit Freude, und die Freude ist Dankbarkeit, und alles wird unversehens zu einem Zeichen der Gegenwart Gottes.

8 Jesus im Mittelpunkt

Bleiben Sie der Anbetung treu

Freitag, 15. November

Father George Strohmeyer, der Mitbegründer der „Arche"
in Erie, Pennsylvanien, ist für ein paar Wochen hier zu Besuch. Heute morgen hatte ich Gelegenheit, mit ihm über
das Priesteramt in der „Arche" zu sprechen.

Er hat mir von seiner „Bekehrung" bei seinem ersten Besuch in Trosly erzählt. Seine Anbetungsstunden vor dem
Allerheiligsten und seine Kontakte mit Père Thomas waren
die beiden Hauptgründe, die hinter seiner radikaleren Hin-
wendung zu Jesus stehen. Als er mir seine Geschichte erzählte, wurde klar, daß Jesus den Mittelpunkt seines Lebens
bildet. Man könnte meinen, das sei für einen Priester selbstverständlich, doch das ist nicht immer der Fall. George hat
die Bekanntschaft Jesu gemacht wie nur wenige Priester.
Wenn er den Namen Jesu ausspricht, merkt man, daß dies
aus der Tiefe einer ganz persönlichen Begegnung kommt.
Sein Leben ist jetzt einfacher, zurückgezogener, fester ein-
gewurzelt, von größerer Zuversicht erfüllt, offener, dem
Evangelium gemäßer und friedlicher. In der „Arche" Priester zu sein, bedeutet für George, die Menschen – die Behinderten und ihre Betreuer – immer mehr zu Jesus hinzufüh-
ren.

Ich weiß jetzt ganz sicher, daß ich noch einen langen, be-
schwerlichen Weg vor mir habe, der darin besteht, alles um
Jesu willen zu verlassen. Ich weiß jetzt, daß man mit Menschen so zusammen wohnen, beten und leben, so besorgt
sein, essen, trinken, schlafen, lesen und schreiben kann,

daß alles einzig um Jesus kreist. Ich weiß von Jean Vanier, von Père Thomas, von Père André und von den vielen Betreuern, die hier zu Hause sind, daß es möglich ist und ich noch nicht ganz herausgefunden habe, wie man dabei vorgeht.

Wie kann ich das lernen? George hat mir gesagt: „Bleiben Sie der Anbetung treu." Er hat nicht „Gebet", „Betrachtung" oder „Kontemplation" gesagt. Er gebrauchte immer nur das Wort „Anbetung". Das bedeutet ganz klar, daß die ganze Aufmerksamkeit auf Jesus gerichtet sein muß und nicht auf mich. Anbeten heißt, von dem, was mich bewegt, abzulassen und in die Gegenwart Jesu zu treten, mich loszureißen von dem, was ich will, ersehne oder geplant hatte, und mich ganz Jesus und seiner Liebe anheimzustellen.

Das Gespräch mit George läßt in mir so etwas wie Eifersucht aufkeimen. Es hat den Anschein, als befinde er sich am anderen Ufer des Flusses und rufe mir zu, ich solle hineinspringen und schwimmen. Aber ich habe Angst; ich glaube, ich gehe unter. Ich glaube, ich bin noch nicht bereit, alles Gute auf meinem Ufer aus der Hand zu lassen. Dennoch möchte ich auch dort sein, wo er ist; ich ahne die Freiheit, die Freude und den Frieden, die er gefunden hat. Er steht in einem hellen Licht, dessen es mir mangelt, im Licht äußerster Einfachheit, bedingungsloser Hingabe und einer Idee, die nicht auf Lektüre oder Studium fußen, sondern gottgeschenkt sind. Ich bin eifersüchtig, aber auch im Zwiespalt, voller Bedenken und Zweifel. Ich höre in mir eine Stimme flüstern: „Du willst doch kein Fanatiker, Sektierer, Jesusfreak oder engstirniger Schwärmer werden ..., Du willst doch offen bleiben für viele Lebensformen, viele sich bietende Möglichkeiten testen, noch viele Auskünfte einholen ..." Ich weiß, das ist nicht die Stimme, auf die ich hören sollte. Es ist die Stimme, die mich daran hindert, mich ganz Jesus auszuliefern und wirklich zu erkennen, was Gott von mir in der Welt erwartet.

Nicht aus meinem Vermögen, sondern aus meinem Un-

88

vermögen, meiner Bedürftigkeit, zu geben wie die Witwe in Jerusalem, die ihren letzten Heller in den Opferstock geworfen hat, das ist die große Herausforderung des Evangeliums. Wenn ich mein Leben einmal kritisch betrachte, stelle ich fest, daß Freigebigkeit bei mir immer eine Begleiterscheinung großen Reichtums ist. Gott und anderen gebe ich etwas von meinem Geld, meiner Arbeitskraft, meiner Zeit und meinen Gedanken, aber mir bleiben immer noch genug Geld, Zeit, Arbeitskraft und Gedanken zur Sicherung meiner Existenz. So gebe ich eigentlich Gott nie die Chance, mir seine grenzenlose Liebe zu zeigen.

Vielleicht wäre es am besten, Georges Beispiel zu folgen: Täglich Jesus im Altarsakrament anzubeten, mehr auf Père Thomas zu hören und mich konsequent für sein Leben unter den Armen zu entscheiden.

Rückkehr mit unlauterem Herzen

Sonntag, 17. November

Seit drei Tagen habe ich mir die Geschichte vom Verlorenen Sohn als Betrachtungsstoff vorgenommen. Es ist die Geschichte einer Rückkehr. Ich sehe, wie wichtig es ist, immer wieder zurückzukehren. Mein Leben treibt von Gott fort. Ich muß zurückkehren. Mein Herz rückt ab von meiner ersten Liebe. Ich muß zurückkehren. Mein Geist läuft Hirngespinsten nach. Ich muß zurückkehren. Doch die Mühsal der Rückkehr dauert das ganze Leben lang.

Mir fällt auf, daß der davongelaufene Sohn ziemlich egoistische Beweggründe hatte. Er sagte sich: „Wie viele Tagelöhner meines Vaters haben mehr als genug zu essen, und ich komme hier vor Hunger um. Ich will aufbrechen und zu meinem Vater gehen." Er ist nicht zurückgekehrt aus neuerlicher Liebe zu seinem Vater. Nein, er ist nur zurückgekehrt, um zu überleben. Er hatte festgestellt, daß der Weg, den er eingeschlagen hatte, ihn in den Tod führte. Wenn er am Leben bleiben wollte, war die Rückkehr zu seinem Vater unumgänglich. Es ist ihm bewußt geworden, daß er gesündigt hatte, aber diese Erkenntnis ging ihm auf, weil die Sünde ihn bis an den Rand des Todes gebracht hatte.

Ich bin davon bewegt, daß der Vater nicht auf höheren Beweggründen bestanden hat. Seine Liebe war so absolut und uneingeschränkt, daß er einfach seinen Sohn wieder bei sich aufgenommen hat.

Das ist ein sehr tröstlicher Gedanke. Gott verlangt von uns kein lauteres Herz, bevor er uns in die Arme schließt. Selbst wenn wir nur zurückkehren, weil es uns kein Glück gebracht hat, unseren Wünschen nachzulaufen, nimmt Gott uns wieder auf. Selbst wenn wir zurückkehren, weil ein Leben als Christ uns mehr Frieden beschert als ein heidnisches, nimmt Gott uns auf. Selbst wenn wir zurückkehren, weil unsere Sünden uns nicht den Genuß geboten haben, den wir erhofft hatten, nimmt Gott uns wieder auf. Selbst wenn wir zurückkehren, weil wir es allein nicht geschafft haben, nimmt Gott uns auf. Gottes Liebe verlangt von uns keine Begründung, warum wir zurückkehren. Gott ist froh, uns wieder zu Hause zu sehen und will uns geben, was wir nur wünschen, nur weil wir wieder da sind.

Vor meinem inneren Auge sehe ich Rembrandts Gemälde *Die Rückkehr des Verlorenen Sohnes*. Der schwachsichtige alte Vater hält seinen zurückgekehrten Sohn in vorbehaltloser Liebe an seine Brust gedrückt. Seine beiden Hände, die eine grob und männlich, die andere frauenhaft zart, ruhen auf den Schultern des Sohnes. Er schaut seinen Sohn nicht an, sondern fühlt seinen jungen, erschöpften Leib und läßt ihn in seinen Armen ausruhen. Sein weiter roter Umhang gleicht den Flügeln einer Vogelmutter, die ihr zartes Küken schützen will. Er scheint nur eins zu sagen: „Jetzt ist er wieder da, und ich freue mich so, ihn wieder bei mir zu haben."

Warum also noch zögern? Gott steht da mit offenen Armen und wartet darauf, mich an sich zu drücken. Er wird mir keine Fragen über meine Vergangenheit stellen. Sein Wunsch ist nur, mich wieder zu haben.

Eine eifersüchtige Liebe

Montag, 18. November

Ich sehe immer deutlicher, daß Gott mein Leben vollständig will, nicht nur einen Teil davon. Es genügt nicht, Gott nur einen bestimmten Teil meiner Zeit und Aufmerksamkeit zu schenken und den Rest für mich zu behalten. Es genügt nicht, oft und intensiv zu beten und dann zu meinen eigenen Angelegenheiten überzugehen.

Wenn ich zu ergründen versuche, warum ich noch so unruhig, ängstlich beklommen und angespannt bin, kommt mir der Gedanke, daß ich Gott noch nicht alles gegeben habe. Besonders merke ich das an meiner Gier nach Zeit. Ich bin sehr darauf aus, genug Zeit zum Ausarbeiten meiner Pläne, zur Ausführung meiner Vorhaben und zur Befriedigung meiner Wünsche zu haben. So ist mein Leben eigentlich in zwei Teile gespalten, einen Teil für Gott und einen Teil für mich. So gespalten, kann mein Leben nicht friedvoll sein.

Zu Gott zurückkehren, heißt, zu Gott zurückkehren mit allem, was ich bin, und allem, was ich habe. Ich kann nicht mit nur einer Hälfte meines Seins zu Gott zurückkehren. Als ich heute morgen wieder über die Geschichte vom Verlorenen Sohn nachdachte und mich in den Armen des Vaters zu erleben versuchte, habe ich plötzlich gespürt, wie sich etwas in mir dagegen sträubte, so ganz und gar umarmt zu werden. Ich empfand nicht nur den Wunsch, umarmt zu werden, sondern auch die Furcht, meine Selbständigkeit zu verlieren. Da wußte ich, daß Gottes Liebe eine eifersüchtige Liebe ist. Gott will nicht nur einen Teil von mir, sondern er will mich ganz. Nur wenn ich mich völlig Gottes Vaterliebe überlasse, kann ich damit rechnen, von meinen andauernden Zerstreuungen loszukommen, für den Anruf der Liebe bereit und in der Lage zu sein, meine ganz spezielle Berufung zu erkennen.

Bis dahin ist der Weg noch sehr weit. Jedesmal wenn ich bete, spüre ich den Kampf. Es geht darum, Gott Gott sein zu lassen über mein ganzes Sein. Es geht darum, gläubig zu vertrauen, daß sich in der völligen Auslieferung an Gottes Liebe die wahre Freiheit verbirgt.

Wenn man diesen Kampf aufnehmen und wahre Freiheit finden will, muß man Jesus nachfolgen. Das bedeutet Kreuzesnachfolge; und wahre Freiheit ist jene Freiheit, die im Sieg über den Tod enthalten ist. Jesu völliger Gehorsam dem Vater gegenüber hat ihn ans Kreuz geführt und durch das Kreuz in ein Leben, das nicht mehr dem Anspruchsdenken dieser Welt unterworfen ist. Jesus hat sich an nichts geklammert, nicht einmal an religiöse Erfolgserlebnisse. Seine Worte: „Mein Gott, mein Gott, warum hast du mich verlassen?" enthüllen uns für einen Augenblick die völlige Gehorsamshingabe Jesu an den Vater. Nichts war ihm geblieben, woran er sich klammern konnte. In dieser restlosen Auslieferung seiner selbst hat er das völlige Einssein und die völlige Freiheit gefunden.

Zu mir spricht Jesus: „Komm und folge mir nach ... Ich bin gekommen, damit du das Leben hast und es in Fülle hast" (Joh 10, 10).

Auf der Suche nach den rechten Worten

Donnerstag, 28. November

Worte, Worte, Worte! Heute abend beginnen wir mit einem „Besinnungs-Wochenende". Den ganzen Tag habe ich das Wörterbuch gewälzt, um die französischen Ausdrücke für einen geistlichen Vortrag zu finden, den ich morgen den versammelten Betreuern der Gemeinschaft halten muß.

Ich zerbreche mir auch den Kopf, wie ich beim Vortrag in einer Fremdsprache etwas Spontaneität wahren soll. Mein Bestreben, Fehler zu vermeiden, kann mich im freien Ausdruck hemmen. Aber zu viele Fehler wirken ablenkend und lassen die Botschaft nicht beim Hörer ankommen.

Meine Hauptschwierigkeit liegt jedoch viel tiefer. Was soll ich Menschen sagen, die, wie ich sehe, eine größere innere Wandlung vollzogen haben als ich selbst? Man hat mich gebeten, über Hoffnung inmitten einer Welt voller Verzweiflung zu sprechen. Aber was kann ich Menschen, die mit ihrem Leben einen schlagenden Beweis für die Hoffnung liefern, noch über Hoffnung erzählen? Die 250 Betreuer hier in der „Arche" haben Haus und Herd, Karriere und Vermögen aufgegeben, um ein einfaches Leben unter Menschen zu führen, die man in der Welt für unnütz hält. Radikaler kann man kaum seine Hoffnung verkünden.

So komme ich mir denn vor, als brächte ich Kohlen nach Newcastle oder, wie man in Holland sagt, Eulen nach Athen oder, wie die Franzosen sagen, Wasser in den Bach. Aber wie immer man es ausdrückt, es ist schwer, bereits Bekehrten ein gutes Wort zu sagen. Ich weiß, ich muß sprechen, denn man hat mich gebeten zu sprechen, und die Verkündigung der Frohbotschaft ist mein Beruf. In diesem Fall vertraue ich darauf, daß meine Hörer morgen hinter meine lahmen Worte hören können, sich in der Wahl, die sie schon getroffen haben, bestärkt fühlen und mir helfen werden, so fest an meine eigenen Worte zu glauben, daß ich wieder den Mut finde, sie in die Tat umzusetzen. Manchmal besteht die Hauptwirkung einer Rede in der Bekehrung des Redners!

Mit dieser Hoffnung kann ich weitermachen und meine Worte für mich arbeiten lassen.

Wirklich erlebte Kirche

Freitag, 29. November

Das Besinnungs-Wochenende ist in der „Arche" etwas ganz Besonderes, denn es ist die einzige Gelegenheit im Jahr, bei der sich die Betreuer ohne die Behinderten treffen und über ihr Leben in der „Arche" nachdenken. Es ist stille Einkehr, aber auch Fest. Es ist ein Anlaß zu Gebet, Gesang und Besinnung, aber auch zum gegenseitigen Kennenlernen und zum Erleben der Zugehörigkeit zu einem einzigen Leib.

Da die Heime über vier verschiedene Dörfer verstreut liegen und die Betreuer fast immer zu Hause sein müssen, kommt einem nie zu Bewußtsein, wie viele Menschen in der „Arche" und für die „Arche" tätig sind. Aber gestern abend war ich bei der Eröffnung des Besinnungs-Wochenendes überrascht, wie groß die Gemeinschaft wirklich ist. Es haben sich wenigstens 250 Männer und Frauen eingefunden – junge, alte, verheiratete, ledige, die von überallher in der Welt kommen, um mit den Armen im Geiste zusammenzuleben. Es herrschte Feiertagsstimmung; jeder war froh, diese Tage des Zusammenseins zu haben. Die meisten Behinderten sind nach Hause oder zu ihren „Sonderfamilien" gefahren, so daß zur Abwechslung die Betreuer einmal rundum betreut werden können.

Ich stelle immer mehr fest, wie großherzig diese Menschen wirklich sind, die normalerweise im Betrieb ihrer Heime unter ihren siechen Brüdern und Schwestern ein verborgenes Leben führen. Als wir miteinander sprachen, lachten, sangen und beteten, war das für mich erlebte Kirche im besten Sinne des Wortes: eine Volksversammlung, einberufen, um Gott zu preisen und den Armen zu dienen.

Mein Referat ist heute morgen gut angekommen. Viel besser, als ich erwartet hatte. Niemand schien Schwierigkeiten zu haben, mein Französisch zu verstehen, und die meisten waren der Ansicht, daß meine Ausführungen klar und für ihre Diskussionen eine Hilfe waren. Ich habe darüber gesprochen, wie man von der Verzweiflung zur Hoffnung gelangt. Die Verzweiflung habe ich geschildert, wie sie in den zwischenmenschlichen Beziehungen zutage tritt, in der Welt ganz allgemein und in der Kirche, und ich habe dargelegt, wieso Gebet, Widerstand und gemeinsames Leben drei Aspekte sind, die zu einem Leben der Hoffnung inmitten einer verzweifelten Welt gehören.

Ich bin den Betreuern für ihren herzlichen Beifall dankbar. Er stärkt in mir das Gefühl, auch der Gemeinschaft anzugehören, ebenso weckt er in mir den Eindruck, Menschen, denen ich so viel verdanke, einen kleinen Dienst erwiesen zu haben.

9   Wichtiges und Dringendes

Engere Verbindungen knüpfen

Samstag, 30. November

Das wichtigste Tagesereignis war für mich heute die Ankunft meines Mitarbeiters Peter Weiskel. Peter ist heute morgen von Boston nach Brüssel geflogen und um 7:00 Uhr abends mit dem Zug in Compiègne eingetroffen. Es ist schön, ihn für zwei Wochen hier zu wissen. Unsere Zusammenarbeit ist über eine so große Entfernung nicht immer einfach gewesen. Und trotz unserer regelmäßigen Brief- und Telefonverbindung ist unsere Verständigung oft schwierig und manchmal frustrierend. Für Peter ist es schwer, sich in meinen Alltag hier in Frankreich hineinzudenken und ganz in die Situationen einbezogen zu fühlen, die ich in diesem Tagebuch schildere. Ich hoffe, die beiden Wochen hier bei uns geben ihm das Gefühl, der Arche enger verbunden zu sein und mir beim Durchdenken einiger Anliegen, über die ich während meines Hierseins schreibe, besser helfen zu können.

Der erste gotische Bogen

Sonntag, 1. Dezember

Heute waren Peter und ich zur Vesper in der Kirche Unserer Lieben Frau von Morienval. Morienval ist ein kleines Dorf, eine halbe Autostunde von Trosly entfernt.

Auf dieses ungewöhnliche Ereignis waren wir nicht vorbereitet. Eine Gemeinde von etwa dreißig Menschen hat die Vesper vom ersten Adventssonntag gesungen. Die meisten von ihnen waren Ordensleute aus der Umgebung. Der Pfarrer, der den schlichten Gottesdienst organisiert hat, erzählte uns, daß keine Vesper mehr in dieser Kirche gesungen worden war seit 1745, als die Benediktinerinnen, deren Abteikirche sie war, aus der Gegend weggezogen sind.

Es war ergreifend, mit dieser kleinen Schar von Gläubigen zu beten. Wir haben unseren Vorgängern über die Jahrhunderte hinweg die Hand entgegengestreckt und das Gebet wieder aufgenommen, das 240 Jahre lang unterbrochen gewesen war.

Das war an sich schon ungewöhnlich genug. Aber als der Gottesdienst zu Ende war und wir uns etwas umsehen konnten, stellten wir fest, daß wir uns in einem der herrlichsten Meisterwerke der Baukunst in Frankreich befanden. Die um 1050 in gutem romanischen Stil gebaute Kirche ist dreischiffig mit einem Mittelschiff und einem mächtigen Uhrturm. Ihre weiten Querschiffe und der halbrunde Chor sind von zwei eleganten Ziertürmen flankiert. Verglichen mit einer Kathedrale, ist die Kirche klein und anheimelnd. Wir staunten, eine Kirche aus dem 11. Jahrhundert in einem so guten baulichen Zustand zu sehen. Weder die Fehden des Mittelalters, noch die Französische Revolution, noch der Erste und der Zweite Weltkrieg hatten sie beschädigt. Sie ist zweifellos eine der besterhaltenen romanischen Kirchen in Frankreich.

Der Pfarrer der Kirche hat großen Wert darauf gelegt, uns einen Blick in ihre Geschichte tun zu lassen. Er führte uns in die Apsis und zeigte uns, daß einer der Bögen spitz war, im Gegensatz zu den Rundungen der anderen romanischen Bögen. Als würde er uns ein Geheimnis anvertrauen, flüsterte er: „Das ist angeblich der erste gotische Bogen der Welt." Es hat auf mich großen Eindruck gemacht, an der Geburtsstätte der Gotik zu stehen, die die nächstfolgenden Jahrhunderte beherrschen sollte. Aufs Ganze gesehen, war die Kirche noch rundbogig, erdgebunden und schlicht. Aber der Erbauer zeigte schon den Drang, höher hinaus zu gehen und nach dem Himmel zu streben!

Der Pfarrer schaltete die volle Kirchenbeleuchtung ein und ließ die Glocken auf dem Turm läuten. Auf einmal war alles Licht und Klang. Wir haben es als Auszeichnung empfunden, einen Blick auf die Frömmigkeit und den Glauben von Menschen werfen zu dürfen, die neunhundert Jahre vor uns gelebt haben. Sie haben dieselben Psalmen gesungen wie wir und zu demselben Herrn gebetet wie wir. Auch das haben wir als einen erfreulichen Hoffnungsstrahl empfunden, der uns mit der Vergangenheit verbindet.

Als wir die Kirche verließen, überquerte eine Teenager-Gruppe mit dröhnendem Radio-Recorder den Platz und rief uns wieder ins zwanzigste Jahrhundert. Aber als wir noch einmal zur Kirche zurückschauten und sahen, wie schön dieses Haus des Gebetes war, sagten wir beide: „Wir sollten wirklich wiederkommen und hier noch einmal die Vesper beten." Das schien das einzig Richtige zu sein. Die Kirche war zum Beten gebaut worden.

Unser aufgesplittertes Alltagsleben

Montag, 2. Dezember

Heute gibt es nicht viel zu berichten, wenn man von vielen kleinen Enttäuschungen, Störungen und Ablenkungen einmal absieht. Es war einer der Tage, die vorübergehen, ohne einem eigentlich wie ein Tag vorgekommen zu sein. Viele Briefe, Telefonanrufe, kurze Besuche, hier und da ein Gespräch, aber keine wirkliche Arbeit; man spürte nicht, daß es weiterging. Ein Tag, der so aufgesplittert ist, daß er sich überhaupt nicht zu einem Ganzen zusammenzufügen scheint – es sei denn, man schriebe vielleicht über ihn!

Eine der großen Gaben, die das geistliche Leben mit sich bringt, ist das Wissen darum, daß selbst solche Tage nicht vertan sind. Trotz allem war da eine Stunde, die man im Gebet verbracht hat, war da die Eucharistie, waren da Augenblicke der Dankbarkeit für die Gaben, die das Leben schenkt. Und dann bietet sich die Gelegenheit, zu der Erkenntnis zu gelangen, daß solch ein Tag mich mit Tausenden, ja sogar Millionen von Menschen vereint, für die viele Tage so sind, die aber absolut nichts daran ändern können.

97

So viele Männer, Frauen und Kinder träumen von einem schöpferischen Leben; aber da sie ihr Leben nicht selbst gestalten dürfen, können sie ihre Träume nicht verwirklichen. Für sie sollte ich wohl heute abend beten.

Sich für das entscheiden, was wichtig ist

Dienstag, 3. Dezember

Heute morgen habe ich mit Père André über meine Rastlosigkeit gesprochen. Père André ist ein belgischer Jesuit, der einen Teil des Jahres in Trosly verbringt. Er ist der Präfekt der jungen Jesuiten, die in der „Arche" ihr drittes Ordensjahr verbringen. Ich habe ihm erzählt, ich komme mir pausenlos beschäftigt vor, ohne jedoch das Gefühl zu haben, auf dem rechten Weg zu sein. Père André hat darauf geantwortet, ich müsse aufmerksam den Unterschied zwischen dringenden und wichtigen Angelegenheiten im Auge behalten. Wenn ich meinen Tag den vordringlichen Angelegenheiten überlasse, werde ich nie tun, was wirklich wichtig ist, und immer unzufrieden sein. Er sagte: „Sie werden immer von dringenden Angelegenheiten umlagert sein. Das gehört zu Ihrem Charakter und Lebensstil. Sie ziehen von Harvard nach Trosly, um dem vielbeschäftigten Leben aus dem Weg zu gehen, und schon ist Trosly für Sie so geschäftig wie Harvard. Es geht nicht darum, wo Sie sind, sondern darum, wie Sie dort, wo Sie gerade sind, leben. Das heißt für Sie, sich immer für das zu entscheiden, was wichtig ist, und bereitwillig hinzunehmen, daß dringende Angelegenheiten warten oder unerledigt bleiben können."

Ich weiß sowohl, wie richtig dieser Rat ist, als auch, wie schwierig es für mich ist, ihn in die Tat umzusetzen. Ich habe geantwortet: „Wie kann ich wissen, was ich lassen soll? Sollte ich meine Post nicht beantworten, das Buch nicht schreiben, keine Besuche machen oder empfangen, nicht beten, den Behinderten nicht so viel Zeit widmen? Was ist dringend, und was ist wichtig?" Darauf hat er gesagt: „Sie müssen entscheiden, wem Sie gehorchen wollen."

Wir haben uns eine Weile über die Gehorsamsfrage unterhalten. Dann hat er gesagt: „Warum unterstellen Sie sich mir nicht im Gehorsam? Hören Sie eine Zeitlang auf, Bücher und Artikel zu schreiben, beantworten Sie Ihre Post, seien Sie gut zu den Menschen, die zu Ihnen kommen, und bleiben Sie einfach hier in der ,Arche', ohne sich so viele Sorgen zu machen." Als ich nach Hause kam, fühlte ich mich sehr erleichtert. Ich habe angefangen, Briefe zu beantworten, und es war mir ein Vergnügen, damit meine Zeit zu verbringen. Ich konnte mir sogar sagen: „Du darfst nichts anderes tun!" Meine Rastlosigkeit legte sich, als ich mich an meine Arbeit machte.

Herzenswissen

Mittwoch, 4. Dezember

Heute abend war ich zur wöchentlichen Hausbesprechung und zum Essen in die „Oase" eingeladen. Es war ein besonderer Abend, da Daniel, ein Behinderter dieser Heimgemeinschaft, soeben die Nachricht vom Tode seines Vaters erhalten hatte. Es bedarf besonderer Feinfühligkeit und Umsicht, Menschen, die sich nur schwer verständlich machen können, tröstend beizustehen. Die Betreuer in der „Oase" waren unschlüssig, wie sie Daniel durch diese schmerzliche Zeit helfen sollten.

Bei der Hausbesprechung war Daniel für längere Zeit die Hauptperson. Mühsam berichtete er von seiner Großmutter, deren Schmerz über den Tod ihres Sohnes ihn tief ergriffen hatte. Alle haben ihm aufmerksam und liebevoll zugehört. Dann machte Daniel einen überraschenden Vorschlag: Er lud die ganze Hausgemeinschaft zum Gebet in sein Zimmer ein. Das war bemerkenswert, da Daniel nie zum Nachtgebet kam und sehr auf die Wahrung seiner Privatsphäre bedacht war. Man konnte sein Zimmer nicht ohne weiteres betreten. Aber heute abend hat er allen die Tür zu seinem Leben weit geöffnet, damit sie eintreten und seinen Schmerz mit ihm teilen könnten. Auf den Fußboden stellt er ein paar Kerzen und einige kleine Figuren. Pépé, ebenfalls ein Behinderter, brachte ein Bild seiner verstorbenen Mutter und stellte es zu den Kerzen und den Figuren. Ich war tief ergriffen von dieser Geste der Verbundenheit im Schmerz. Pépé konnte nicht viel sagen, aber als er das Foto seiner eigenen Mutter in Daniels Zimmer auf den Fußboden stellte, hat er mehr gesagt, als wir alle mit unseren Beileidsworten sagen konnten.

Wir haben uns zu zwölft in Daniels kleines Schlafzimmer gezwängt und für ihn, seinen Vater, seine Mutter, seine Großmutter und seine Freunde gebetet. Wir haben ihm ein Bild Jesu gezeigt und ihn gefragt, wer das sei. „Das ist Jesus, der Verborgene", hat er geantwortet. Für Daniel war Jesus schwer erreichbar, aber heute abend hat dieser kleine Freundeskreis ihm Jesus näher gebracht als je zuvor.

Als eine der Betreuerinnen mich nach Hause fuhr, sagte sie: „Wir hatten uns schon den Kopf zerbrochen, was wir tun könnten, um Daniel zu helfen. Aber da hat er uns selbst etwas gezeigt, worauf niemand anders je gekommen wäre. Das Herz weiß viel, viel mehr als der Kopf!"

Selig sind die Armen

Donnerstag, 5. Dezember

Am letzten Sonntagmorgen hat Jean Vanier zum Abschluß des Besinnungs-Wochenendes eine kurze Ansprache gehalten. Er hat darin Dinge gesagt, die mich die ganze Woche nicht losgelassen haben. Jetzt stelle ich fest, daß seine Worte für mich besondere Bedeutung besitzen und ich sie nicht einfach als eine schöne Ansprache wie so viele andere an mir vorüberrauschen lassen darf.

Drei Gedanken beschäftigen mich immer noch. Erstens hat Jean gesagt, daß es im Laufe der Zeit nicht leichter wird, mit Behinderten zusammenzuleben. Es wird sogar oftmals schwieriger. Jean hat uns damit anvertraut, was ihm selbst zu schaffen machte. Er sagte: „Oft verliere ich mich in Träume vom gemeinsamen Leben, das ich mit den Armen führen will, aber was die Armen brauchen, sind nicht meine Träume, meine großartigen Ideen, meine tiefen Gedanken, sondern meine handgreifliche Präsenz. Wir sind immer versucht, Präsenz vor Ort durch die Beschäftigung mit schönen Gedanken über unsere Anwesenheit zu ersetzen."

Zweitens hat Jean die Bemerkung gemacht, daß unsere Gefühle zur inneren Überzeugung werden müssen. Solange unsere Beziehung zu Behinderten auf Gefühlen und Emotionen beruht, kann sich keine anhaltende, lebenslängliche Bindung entwickeln. Um bei den Behinderten auch dann noch auszuhalten, wenn es uns nicht danach zumute ist, müssen wir zutiefst davon überzeugt sein, daß Gott uns an die Seite der Armen berufen hat, ob wir uns dabei wohl fühlen oder nicht. Jean hat den Vielen gedankt, die für einen Monat, ein halbes oder ein ganzes Jahr in die „Arche" kommen. Er hat gesagt, das sei wichtig für sie selbst und für die „Arche". Aber an erster Stelle würden Menschen gebraucht, die überzeugt seien, dazu berufen zu sein, für immer bei den Behinderten zu bleiben. Diese Überzeugung ermöglicht einen Bundesschluß, eine bleibende Bindung.

Schließlich hat Jean gesagt, Armut sei weder schön noch angenehm. Niemand möchte wirklich arm sein. Wir alle möchten von der Armut abrücken. Und doch ... Gott liebt die Armen ganz besonders. Jeans Bemerkung: „Jesus hat nicht gesagt: ‚Selig sind die, die den Armen dienen', sondern: ‚Selig sind die Armen'", hat mich sehr getroffen. Arm zu sein ist es, wozu Jesus uns auffordert, und das ist viel, viel schwieriger als den Armen zu dienen. Ein unbeachtetes, unauffälliges Leben in Solidarität mit Menschen, die uns zu keinem Erfolgserlebnis verhelfen können, ist alles andere als verlockend. Es ist der Weg in die Armut, kein leichter Weg, aber Gottes Weg, der Weg des Kreuzes.

Diese drei Punkte haben mich tief berührt. Gott spricht zu mir auf eine Weise, die ich nicht einfach überhören darf. Jeans Gedanken sind für mich viel mehr als nur Gedanken. Es sind wichtige Punkte, die bei meiner eigenen Suche nach einem neuen Weg bedacht sein wollen.

10 Armut und Reichtum

Monastisches Leben

Paris; Freitag, 6. Dezember

Da Peter zum ersten Mal in Europa ist, schien es mir gut, ihm mehr zu zeigen als nur das kleine Dorf Trosly und die umliegenden Dörfer. So haben wir uns entschlossen, anderthalb Tage in Paris zu verbringen, die Schönheit dieser herrlichen Stadt zu genießen und uns mit ihrem geistlichen Leben vertraut zu machen. Heute abend waren wir zur Vesper und zur Messe in St. Gervais, einer Kirche, die zweifellos eins der beachtlichsten Zentren neu aufblühenden Ordenslebens in Frankreich ist.

St. Gervais ist die geistliche Heimat der „Fraternités Monastiques de Jerusalem". Diese Parallelgemeinschaften von Männern und Frauen haben die Stadt zu ihrem Ort des Gebets gewählt, während die großen kontemplativen Orden der Vergangenheit ihre Klöster und Abteien in ländlicher Stille gebaut haben.

Es war für Peter wie auch für mich ein sehr eindrucksvolles Erlebnis, in St. Gervais zu sein und mit den Mönchen und Nonnen und einigen hundert Parisern, die unmittelbar von ihrer Arbeit gekommen waren, zu beten. Die Liturgie war beschwingt und feierlich zugleich, ein Ausdruck echter Frömmigkeit. Die Mönche und Nonnen trugen wallende weiße Gewänder. Der Gesang war von getragener Mehrstimmigkeit und erinnerte an ostkirchliche Gottesdienste. Ikonen, Kerzen und Weihrauch hatten auch ihren Platz. Man saß auf dem Boden oder auf Bänkchen. Die Atmosphäre war sehr ruhig, harmonisch, fromm und friedvoll. Aus dem hektischen Straßenverkehr der Innenstadt in die weite Kirche zu treten und von der feierlich schlichten Liturgie umfangen zu werden, war für uns beide ein Erlebnis ganz eigener Art. Peter hat ein Faltblatt mitgenommen, das die Spiritualität der Brüder und Schwestern von Jerusalem beschreibt. Da lese ich:

> „Das heutige Großstadtleben ist ein Wirrwarr für die unzähligen Männer und Frauen, die sich in ihrer Vereinsamung teils um die Zukunft ängstigen, teils nicht betroffen fühlen, aber einander fremd sind. Die Brüder und Schwestern von Jerusalem möchten, wie immer und wo immer sie sind, solidarisch mit ihnen leben. Sie möchten für sie im Geist des Willkomms und des Miteinander so etwas wie eine Oase schaffen, die allen weit offen steht, eine Stätte der Stille, wo das Gebet pulsiert, wo das wirkliche Leben mehr bedeutet als bloßes Reden oder Handeln, eine Stätte des Friedens, die für alle Menschen, gleich welcher gesellschaftlichen Herkunft, welchen Alters oder welcher Weltanschauung, eine Einladung darstellt, zu kommen und mit uns allen Gott zu suchen."

In St. Gervais haben wir gefunden, was diese Worte zum Ausdruck bringen. Ich habe schon oft die Möglichkeit erwogen, mitten in der Stadt ein wirklich kontemplatives Leben zu führen. Kann man das? Oder ist das nur ein romantischer Traum? In Cambridge hatte ich versucht, unter meinen Studenten so etwas ins Leben zu rufen. Aber meine eigene hektische Betriebsamkeit und innere Anspannung haben gezeigt, daß für mich der Augenblick noch nicht gekommen war. Ich brauchte viel mehr innere Sammlung, als ich an einer Universität mit ihren hohen Anforderungen erreichen konnte. Aber die Brüder und Schwestern von Jerusalem bringen es fertig. In ihrer Selbstdarstellung heißt es weiter:

> „Sie haben sich für Paris als Wohnsitz entschieden, die Riesenstadt, in der zehn Millionen Menschen leben. Aus

eigener Erfahrung mit den Strapazen des Großstadtlebens, seinen entfremdenden Einflüssen, seinen Kämpfen, seiner Arbeit und seinen Beschränkungen kennen sie den Streß, die Lärm- und Abgasbelästigung, die Freuden und Leiden, die Lasterhaftigkeit und die Heiligkeit von Paris. Vereint mit der Bevölkerung von Paris möchten sie ihren Beitrag dazu leisten, sehr bescheiden, aber von ganzem Herzen, auf ,die Zeichen, die das Kommen des Gottesreiches verkünden', hinzuweisen, indem sie zugleich der Welt entsagen und mit ihr vereint leben, Distanz halten und ganz im Austausch mit anderen stehen. Sie haben weder Benediktiner, noch Trappisten, noch Karmeliten, noch Dominikaner sein wollen. Sie sind ,Städter' oder, mit anderen Worten, ,Mönche und Nonnen von Jerusalem'."

Als wir um 7:30 Uhr abends die Kirche verließen und uns ein Lokal zum Essen suchten, sahen wir einige bekannte Gesichter: Menschen, die wir in der „Arche" getroffen hatten. Ich stellte fest, daß diese Kirche für viele ein Zuhause geworden ist, eine Stätte, an der man sich zu stillem Gebet versammeln kann, ein Zentrum, das gemeinschaftsbildend wirkt, und vor allem eine Heimstatt, die es ermöglicht, in Babylon zu leben und doch in Jerusalem zu bleiben.

Paris: reich und arm zugleich

Samstag, 7. Dezember

Als Peter und ich heute zu Fuß durch Paris gingen, waren wir vom Überfluß wie auch von der Armut der Stadt beeindruckt. Die Geschäfte, ob Buchhandlungen oder Lebensmittelläden, bieten hochwertige Waren in einer Reichhaltigkeit an, wie man sie sonst nur noch in wenigen Städten findet. In der Stadt drängen sich die Menschen, schauen sich die Auslagen an, kaufen, sitzen in den Cafés, führen lebhafte Unterhaltungen, lachen, küssen und spielen.

In der Métro kommen Gitarrenspieler und Sänger mit ihren Handmikrofonen und Verstärkern, machen während der Fahrt Rockmusik und bitten um ein Scherflein. Auf einer Fahrt hat man uns Puppentheater mit einem tanzenden Mond, einem sprechenden Bären und beschwingter Musik geboten.

Paris quillt über von Leben, Bewegung, Kunst, Musik und Menschen aller Altersstufen, Rassen und Nationalitäten. Es bietet so viel – oftmals gleichzeitig –, daß man sich dem Gefühl der Überwältigung durch die ungeheure Fülle von Eindrücken kaum entziehen kann. Paris ist vergnüglich, überraschend, hochinteressant und anregend, aber auch sehr strapaziös.

Wir haben auch die Kehrseite der Medaille gesehen: Die vielen armen und hungernden Obdachlosen, die in den U-Bahnstationen nächtigen und auf den Kirchentreppen sitzen und um Geld betteln. Die Zahl der Arbeitslosen, der Alkoholiker, der Rauschgiftsüchtigen, der Menschen mit seelischen und körperlichen Gebrechen ist so hoch, daß alle, die ihnen Obdach, Essen und Beratung bieten wollen, nie das Gefühl haben können, ihren Auftrag erfüllt zu haben. Mitten in der ganzen Schönheit, dem Reichtum und dem Überfluß von Paris gibt es unermeßliches Leid, unleugbare Verlassenheit und unerreichbare menschliche Not. Paris: Jerusalem und Babylon zugleich.

Wo Elend und Erbarmen sich treffen

Trosly; Sonntag, 8. Dezember

Jean Vanier pflegt jeden Sonntag um 5:00 Uhr nachmittags der Gemeinschaft einige seiner Gedanken zum Evangelium mitzuteilen. Aber dieses Jahr haben seine vielen Reisen in alle Welt diesen Akt des Miteinander-Teilens nur gelegentlich zugelassen.

Heute jedoch ist er zu Hause gewesen. Jean saß in der Diele von Les Marronniers auf dem Boden, von etwa vierzig Menschen umgeben, darunter Behinderte, Betreuer und eine ganze Reihe Gäste. Er hat aus dem Lukas-Evangelium vorgelesen und dann laut über die Worte meditiert, die er eben gelesen hatte. Wer in diesem Kreise saß, kam sich vor, als sei er mit hineingenommen in das Beten eines Freundes. Ohne großartige theologische Analysen, ohne schwerverständliche Begriffe, ohne gedankliche Kunststücke – nur mit einem Blick für das Wesentliche des Gotteswortes.

Jean hat vieles gesagt, was mich angesprochen hat. Aber ein Satz ist in mir haftengeblieben und hat immer weiter um sich gegriffen. Er hat gesagt: „Jesus führt uns immer zur Kleinheit. Sie ist der Ort, an dem Elend und Erbarmen sich treffen. Sie ist der Ort, an dem wir Gott begegnen."

Nachdem ich etwas von der Armut in Paris gesehen und Jean am vergangenen Sonntag hatte sagen hören, wir seien dazu berufen, den Armen nicht nur zu dienen, sondern selbst arm zu *sein,* haben seine Worte größten Eindruck bei mir hinterlassen. Sich für die Kleinen unter den Menschen zu entscheiden, die kleinen Freuden, die kleinen Schmerzen, und darauf zu vertrauen, daß Gott uns zur Seite stehen wird – das ist der schwere Weg Jesu. Erneut habe ich ein tiefes Widerstreben verspürt, mich dafür zu entscheiden.

Ich bin gern bereit, für die Kleinen und sogar mit den Kleinen zu arbeiten, aber das sollte dann auch eine Sensation sein! Etwas in mir ist immer darauf bedacht, aus der Handlungsweise Jesu etwas zu machen, das in den Augen der Welt Anerkennung findet. Ich möchte immer, daß der kleine Weg zum großen Weg wird. Aber wenn Jesus den Stätten zustrebt, von denen die Welt abrücken möchte, kann man daraus keine Erfolgsgeschichte machen.

Jedesmal wenn wir meinen, bei der Armut angelangt zu sein, werden wir dahinter noch größere Armut entdecken. Es gibt wirklich kein Zurück mehr zu Reichtum, Wohlstand, Erfolg, Applaus und Siegeslorbeer. Jenseits der materiellen Armut liegt die geistige Armut, jenseits der geistigen Armut liegt die geistliche Armut, und dahinter liegt nichts mehr außer dem sich wehrlos ausliefernden Vertrauen darauf, daß Gott Erbarmen ist.

Das ist kein Weg, den wir allein gehen können. Diesen

Weg können wir nur mit Jesus gehen. Nur mit ihm können wir dorthin gehen, wo es einzig und allein Erbarmen gibt. Von dieser Stätte aus hat Jesus geschrien: „Mein Gott, mein Gott, warum hast du mich verlassen?" Von dieser Stätte aus ist Jesus auch zum neuen Leben auferweckt worden.

Den Weg Jesu kann man nur mit Jesus gehen. Wenn ich es allein versuche, wird daraus ein Gegenheldentum, das ebenso Glücksache ist wie Heldentum sonst auch. Nur Jesus, der Sohn Gottes, kann an die Stätte des absoluten Ausgeliefertseins und Erbarmens gehen. Er warnt uns davor, allein loszuziehen: „Getrennt von mir könnt ihr nichts vollbringen". Aber er verheißt auch: „Wer in mir bleibt, und in wem ich bleibe, der bringt reiche Frucht" (Joh 15, 5).

Ich sehe jetzt wirklich ein, warum Tätigkeit ohne Gebet so unfruchtbar ist. Einzig im Gebet und durch das Gebet können wir uns eng mit Jesus verbinden und die Kraft finden, uns ihm auf seinem Weg anzuschließen.

Sehen und Hören

Montag, 9. Dezember

Seit Peter hier ist, war es mir mehr um das Sehen zu tun als um das Hören. Einer der Gründe, die Peter bewogen haben, zwei Wochen hier zu verbringen, ist eine Bildreportage über das Leben in der Arche von Trosly. So vieles kann man im Bild zeigen, was sich nicht in Worte fassen läßt. So vieles kann ein Gesicht ausdrücken, was Worte nicht sagen können. Unter geistig Behinderten sind Worte sicher nicht das wichtigste Mittel der Verständigung. Oft sagen die Augen mehr als der Mund.

Peter hat Hunderte von Aufnahmen gemacht. Er hat damit begonnen, die Schönheit und den Charme von Häusern, Toren und Skulpturen einzufangen, und ist dann zu der verborgeneren Schönheit und dem Charme miteinander spielender, lachender, essender und betender Menschen gelangt. Es war klug, eine Weile zu warten, bevor er Aufnahmen von den Männern und Frauen machte, die hier zusammenleben. Man muß zueinander Vertrauen fassen, bevor Menschen sich fotografieren lassen.

Es ist auffallend, wieviel leichter man die Erlaubnis zu einer Tonbandaufnahme erhält als zu einer fotografischen Aufnahme. Anscheinend ist das Fotografieren für unser Empfinden indiskreter als eine Tonbandaufnahme. Zum Glück sind die Menschen hier Peters Aufnahmetätigkeit gegenüber immer unbefangener geworden und haben sogar begonnen, ihn zum Fotografieren in ihre Wohnungen und an ihren Arbeitsplatz einzuladen. Seine Liebenswürdigkeit und seine Geduld haben bewirkt, daß man ihn immer weniger als Bedrohung und immer mehr als Freund empfunden hat. Unseren Freunden zeigen wir gern unser Gesicht.

Im Evangelium gehören „sehen" und „hören" zu den häufigsten Wörtern. Jesus sagt zu seinen Jüngern: „Selig seid ihr, denn eure Augen sehen und eure Ohren hören. Amen, ich sage euch: Viele Propheten und Gerechte haben sich danach gesehnt zu sehen, was ihr seht, und haben es nicht gesehen, und zu hören, was ihr hört, und haben es nicht gehört" (Mt 13,16 f). Gott zu sehen und zu hören, ist die größte Gnadengabe, die uns zuteil werden kann. Beides sind Erkenntnisweisen, aber mir kommt es so vor, daß in der ganzen Heiligen Schrift das Sehen Gottes das Intimere und Persönlichere von beiden ist. Das bestätigt meine eigene Erfahrung: Welch ein Beisammensein ist schon ein Telefongespräch, verglichen mit einer Begegnung von Angesicht zu Angesicht! Und sagen wir nicht oft am Telefon: „Ich freue mich schon, Dich bald zu sehen"? Sehen ist besser als Hören. Es verbindet viel enger.

Während ich nach Worten suche, die man hören oder lesen kann, sucht Peter nach Bildern, die man sehen kann. Wenige werden in der „Arche" lesen, was ich schreibe, oder hören, was ich sage, aber viele werden immer wieder die Fotos anschauen, die Peter gemacht hat.

Peters Hiersein ist ein großes Geschenk – nicht nur für mich, sondern für alle, die sehen werden, was er gesehen hat, und an seiner Sicht ihre helle Freude haben werden.

Marientrost

Dienstag, 10. Dezember

Mein Gebetsleben ist in letzter Zeit eine recht schwierige Angelegenheit gewesen. Bei der Morgenbetrachtung denke ich an Tausenderlei, nur nicht an Gott und Gottes Gegenwart in meinem Leben. Ich mache mir Gedanken, brüte vor mich hin und winde mich in Nöten, aber ich bete eigentlich nicht.

Zu meiner eigenen Überraschung ist das einzige Gebet, das mir etwas Frieden und Trost verschafft, das Gebet zu Maria. Meine Betrachtung über die Verkündigung hat mir tatsächlich Frieden und Freude gebracht, während das Nachsinnen über andere Heilsgeheimnisse meine Aufmerksamkeit nicht fesseln konnte. Als ich versuchte, mich einfach in Marias Gegenwart zu versetzen und sie sagen zu hören: „Siehe, ich bin die Magd des Herrn, mir geschehe nach deinem Wort" (Lk 1, 38), empfand ich plötzlich tiefen Frieden. Statt über diese Worte nachzudenken und mich um ihr Verständnis zu bemühen, habe ich nur zugehört, wie sie für mich gesprochen wurden.

Maria ist so offen, so frei und so arglos. Sie ist vollkommen bereit, Worten Gehör zu schenken, die ihr Begreifen weit übersteigen. Sie weiß, daß die Worte, die der Engel zu ihr spricht, von Gott kommen. Sie bittet um nähere Erläuterung, aber sie zweifelt ihre Echtheit nicht an. Sie spürt, daß Gabriels Botschaft ihr Leben völlig aus der Bahn werfen wird, und sie hat Angst, aber sie zieht sich nicht zurück. Als ihr gesagt wird: „Du wirst einen Sohn gebären ..., er wird Sohn des Höchsten genannt werden", fragt sie: „Wie soll das geschehen, da ich keinen Mann erkenne?" Dann hört sie, was noch kein anderer Mensch je vernommen hat: „Der Heilige Geist wird über dich kommen, und die Kraft des Höchsten wird dich überschatten." Sie hat mit der vollständigen Preisgabe ihrer selbst geantwortet und ist so nicht nur Jesu Mutter geworden, sondern auch die Mutter aller, die

an ihn glauben. „... es geschehe, wie du es gesagt hast" (Lk
1, 34 f. 38).

Wenn ich diese Worte höre, sind sie für mich immer die
Quintessenz der tiefsten Antwort, die man auf das Eingreifen der göttlichen Liebe in uns geben kann. Gott möchte
den Heiligen Geist mit der Leitung unseres Lebens be-
trauen, aber sind wir bereit, darin einzuwilligen? Schon allein bei Maria und dem Engel zu weilen und ihre Worte zu
hören – Worte, die den Lauf der Geschichte geändert haben
–, bringt mir Frieden und Ruhe.

Das habe ich heute morgen Père André anvertraut. Er hat
gesagt: „Bleiben Sie nur da. Bleiben Sie bei Maria. Vertrauen
Sie darauf, daß sie Ihnen den Weg zeigt. Gehen Sie nicht
weiter, solange Sie bei ihr Frieden und Ruhe finden. Es ist
klar, daß sie Sie auf etwas aufmerksam machen will. Schenken Sie ihr Ihre Aufmerksamkeit, und Sie werden bald sehen, warum Sie so abgelenkt werden."

Ein einfacher, guter, tröstlicher Rat. Ich brauche nicht
schneller zu gehen, als ich kann. Ich besitze die Erlaubnis,
dort zu bleiben, wo ich Trost empfinde, an der Stätte, an
der Maria zu Gottes Liebe „Ja" sagt.

Tun und Sein

Donnerstag, 12. Dezember

Heute ist Peter wieder abgereist. Er hat sich immer mehr in
seinem Element gefühlt, je länger er die Gemeinschaft
kannte. Ich wünschte, er hätte länger bleiben können. Es
schien, als hätten die zwölf Tage, die er hier verbracht hat,
nicht gereicht, mit der Arbeit ganz zu Rande zu kommen,
alle Menschen kennenzulernen und alle Sehenswürdigkeiten zu sehen. Aber ich bin dankbar, daß er gekommen ist.
Jetzt hat er eine Vorstellung vom Leben in der „Arche" hier
in Trosly. Das wird sicher im kommenden Jahr unsere Zusammenarbeit sehr erleichtern. Er kann sich jetzt in die
Lage versetzen, in der ich lebe, die Namen der Menschen
wiedererkennen, über die ich schreibe, und seinen Besu-

chern in Cambridge schildern, wie die „Arche" in Frankreich lebt und funktioniert. Die über sechshundert Fotografien, die er während seines Aufenthaltes hier gemacht hat, werden ihm sicher bei seinem Bericht zustatten kommen.

Es tut mir etwas leid, daß wir nur so wenig Zeit miteinander verbringen konnten. Es hatte immer den Anschein, als sei etwas zu erledigen. Sogar hier, in dem stillen und verschlafenen Nest, scheint die Zeit dahinzufliegen. Die Gabe der Freundschaft ist etwas so Heiliges, aber wir beachten das so wenig. Es ist so leicht, dem, was man tun muß, den Vorrang über das einzuräumen, was man sein muß. Die Freundschaft ist wichtiger als die gemeinsame Aufgabe, an der wir arbeiten. Sowohl Peter wie auch ich wissen und empfinden das, aber wir verwirklichen es existentiell noch nicht sehr gut.

Als der Zug aus dem Bahnhof rollte, habe ich gedacht: „Er sollte bald wiederkommen und länger bleiben und mehr Zeit zum Gebet, zum Gespräch und auch zur Muße haben." Aber ich weiß, daß ich auch ein anderer werden muß, damit das eintreten kann.

Gewiß hat die Zeit unseres Zusammenseins unsere Verbundenheit vertieft und unsere gegenseitige Liebe gefestigt, eine Liebe, die wächst, wenn man einander immer wieder vergibt, noch nicht der zu sein, der wir füreinander sein wollen.

11 Ein klarer Ruf

Der Ruf

Freitag, 13. Dezember

Gestern war auch der Tag, an dem ich aus Daybreak in Kanada einen langen Brief mit der Einladung erhalten habe, mich der dortigen Gemeinschaft anzuschließen.

Daß der Brief gerade an Peters Abreisetag eingetroffen ist, hat für mich tiefe symbolische Bedeutung. Am 15. August wird Peter aufhören, für mich zu arbeiten, und sein Geologiestudium beginnen; Joe Egan hat mich eingeladen, am 29. August mein Leben mit der Gemeinschaft von Daybreak aufzunehmen. Etwas geht zu Ende, etwas Neues beginnt. Mir wird klar, daß der Cambridge-Abschnitt meines Lebens zu Ende geht und daß es jetzt gilt, eine neue Richtung einzuschlagen.

Joe schreibt: „Diesen Brief erhalten Sie vom Gemeinschaftsrat von Daybreak, und wir bitten Sie, eine Übersiedlung zu uns, der Gemeinschaft von Daybreak, in Erwägung zu ziehen ... Wir sind fest davon überzeugt, daß Ihr Kommen für uns eine Bereicherung sein wird. Außerdem haben wir das Gefühl, daß Daybreak auch für Sie ein guter Wohnort wäre. Es würde unser Bestreben sein, Sie in Ihrer wichtigen Tätigkeit als Schriftsteller und Lehrer zu unterstützen und Ihnen ein Heim und eine Gemeinschaft zu bieten, die Sie schätzen und zu weiterem Wachsen anhalten wird."

Ich bin von diesem Brief tief gerührt. Damit ist zum ersten Mal in meinem Leben ein ausdrücklicher Ruf an mich ergangen. Meine ganze priesterliche Tätigkeit seit meiner

Weihe war von meiner eigenen Initiative getragen. Meine Tätigkeit an der Menninger Clinic, an den Universitäten von Notre Dame, Yale und Harvard und in Lateinamerika bestand aus Aufgaben, die ich mir selbst ausgesucht hatte. Meistens waren es Tätigkeiten, die mich sehr befriedigten, aber immer waren es Tätigkeiten meiner eigenen Wahl. Obgleich ich Kardinal Alfrink und Kardinal Willebrands persönlich verantwortlich war und jetzt Kardinal Simonis persönlich verantwortlich bin, hat keiner von ihnen mich je zur Übernahme einer speziellen Aufgabe berufen. Sie sind immer mit dem, was ich mir ausgesucht hatte, einverstanden gewesen und haben es unterstützt.

Aber jetzt sagt eine Gemeinschaft: „Wir rufen Sie in unsere Mitte, damit Sie uns etwas geben und von uns etwas empfangen." Ich weiß, daß Joes Einladung kein Stellenangebot, sondern ein echter Ruf ist, zu kommen und mitten unter den Armen zu leben. Sie können keinen Anreiz bieten durch Geld, eine einladende Wohnung oder Prestige. Das ist etwas ganz Neues, ein konkreter Ruf, Christus nachzufolgen, die Welt des Erfolgs, der Leistung und der Ehren aufzugeben und sich auf Jesus zu verlassen, ganz allein auf ihn.

Man hat in Daybreak sowohl die Betreuer wie auch die Behinderten befragt – der Ruf ergeht im Namen der ganzen Gemeinschaft, und zwar nach langem Beten und reiflichem Überlegen. Wenn ich je durch ein konkretes Zeichen erfahren wollte, was Jesus mit mir vorhat, hier ist es.

Ich fühle viele Bedenken in mir aufsteigen. In einem neuen Land mit Behinderten zu leben, ist nicht gleich verlockend. Und doch sagt mir eine Stimme, daß Joes Brief kein Brief ist wie so viele, die mich um einen Gefallen bitten. Er beantwortet mein Gebet an Jesus, in dem ich ihn gefragt habe, wohin ich gehen solle. So oft habe ich gebetet: „Herr, zeig mir, was du willst, und ich will es tun." Hier ist jetzt die Antwort, konkreter und detaillierter, als ich je zu hoffen gewagt hatte.

In den kommenden Monaten werde ich in eine verläßliche Antwort hineinwachsen müssen. Ich muß mit Kardinal

Simonis in Holland sprechen und ihn um Erlaubnis bitten, Joes Ruf anzunehmen. Ich muß um Kraft und Mut beten, Jesus aufrichtig zu gehorchen, selbst wenn er mich irgendwohin ruft, wohin ich lieber nicht ginge.

Ganz im Jetzt gegenwärtig

Mittwoch, 18. Dezember

Nur eine Woche, nachdem ich mir ein paar Ansichtskarten von Cézanne-Gemälden gekauft hatte, kamen Rainer Maria Rilkes *„Briefe über Cézanne"* als Weihnachtsgeschenk mit der Post. Das ist ein glücklicher Zufall. Schon seit ich die *„Briefe an einen jungen Dichter"* gelesen habe, fühle ich mich mit Rilke seelenverwandt. Jetzt will er mich mit Cézanne bekanntmachen, dessen Gemälde mir gefallen, die ich aber noch nicht ganz richtig gesehen habe. Rilke wird mir dabei helfen.

Als Rilke seiner Frau Clara über Cézannes Sainte-Victoire Bergmassiv schrieb, bemerkte er, seit Moses Zeiten habe niemand mehr einen Berg so großartig gesehen ..., nur ein Heiliger könnte so eins sein mit seinem Gott wie Cézanne mit seinem Werk. Für Rilke war Cézanne wirklich ein Mystiker, der uns geholfen hat, die Wirklichkeit auf neue Weise zu sehen. Er schreibt über Cézanne als einen Maler, der „so unbestechlich Seiendes auf seinen Farbinhalt zusammenzog, daß es in einem Jenseits von Farbe eine neue Existenz, ohne frühere Erinnerungen, anfing."[1]

In den Augen Rilkes konnte Cézanne im Jetzt voll und ganz gegenwärtig sein und daher die Wirklichkeit sehen, wie sie ist. Danach hat sich auch Rilke gesehnt. Er hat an seiner Unfähigkeit gelitten, voll und ganz im Jetzt gegenwärtig zu sein und so einen klaren Blick zu haben. Er schreibt: „So schlecht lebt man doch, weil man in die Gegenwart immer unfertig kommt, unfähig und zu allem zerstreut. Ich kann an keine Zeit meines Lebens zurückdenken

---

[1] Rainer Maria Rilke, Briefe über Cézanne, insel taschenbuch 672, 49f.

ohne solche Vorwürfe und noch größere. Nur die zehn Tage nach Ruths Geburt (Rilkes Tochter), glaub ich, hab ich ohne Verlust gelebt; die Wirklichkeit so unbeschreiblich findend, bis ins Kleinste hinein, wie sie ja wahrscheinlich immer ist."[2]

Cézannes Gemälde haben Rilke einen Menschen offenbart, der „ohne Verlust" leben konnte, voll und ganz im Jetzt gegenwärtig und wahrhaft sehend. Das war auch das Ziel, das Rilke selbst verfolgt hat.

Ich bin sehr glücklich über diese Begegnung mit Rilke und Cézanne, denn beide bringen mich näher dorthin, wo wahres Leben und wahres Sehen ein und dasselbe sind.

Wahre Herrlichkeit und eitler Ruhm

Donnerstag, 19. Dezember

In der „Arche" gibt es viele kleine Studiengruppen. Es gibt Gruppen, die sich mit Friedensfragen, Konfliktbewältigung oder medizinischen Fragen, Gruppen, die sich mit Spiritualität, Politik und wirtschaftlichen Fragen beschäftigen. Jean Vanier hat mich gebeten, eine Gruppe zu leiten, die das Johannes-Evangelium studiert. Heute hatten wir unsere dritte Zusammenkunft.

Wir haben über das Wort „Herrlichkeit" gesprochen. Mir ist allmählich die zentrale Bedeutung aufgegangen, die dieses Wort im Johannes-Evangelium besitzt. Da gibt es Gottes Herrlichkeit, die wahre Herrlichkeit, die zum Leben führt. Und es gibt die menschliche Herrlichkeit, den eitlen Ruhm, der zum Tode führt. Johannes zeigt allenthalben in seinem Evangelium, wie wir versucht sind, den eitlen Ruhm über die Herrlichkeit zu stellen, die von Gott kommt.

Der Gedanke hat mich nicht sehr berührt, bis ich auf einmal sah, daß menschlicher Ruhm immer irgendwie mit Wettbewerb zusammenhängt. Menschlicher Ruhm ergibt

---

[2] Ebd. 15 f.

sich daraus, daß man für besser, schneller, schöner, mächtiger oder erfolgreicher gehalten wird als andere. Der Ruhm, den man von Menschen erlangt, beruht darauf, daß man im Vergleich mit anderen vorteilhaft abschneidet. Je höher unser Punktestand in der Tabelle des Lebens, um so mehr Ruhm erlangen wir. Dieser Ruhm stellt sich ein, wenn man aufsteigt. Je höher wir es auf der Leiter des Erfolgs bringen, um so mehr Ruhm ernten wir. Aber eben dieser Ruhm hat für uns auch seine Schattenseiten. Menschlicher Ruhm, der auf Wettbewerb beruht, führt zu Nebenbuhlerschaft; Nebenbuhlerschaft trägt den Keim der Gewalttätigkeit in sich; und Gewalttätigkeit führt zum Tode. So erweist sich der menschliche Ruhm als eitler Ruhm, als trügerischer Ruhm und als tödlicher Ruhm.

Was ermöglicht es uns denn, Gottes Herrlichkeit zu schauen und zu erlangen? Johannes zeigt in seinem Evangelium, daß Gott es vorgezogen hat, uns seine Herrlichkeit in seiner Erniedrigung zu offenbaren. Das ist die frohe, aber auch die beunruhigende Botschaft. Gott hat es in seiner unendlichen Weisheit vorgezogen, uns seine Gottheit nicht im Wettstreit mit uns, sondern im Mitleid, d. h. im Leiden mit uns zu offenbaren. Gott hat sich für den Abstieg entschieden. Immer wenn Jesus davon spricht, verherrlicht zu werden und zu verherrlichen, spielt er auf seine Erniedrigung und seinen Tod an. Das Kreuz ist der Weg, auf dem Jesus Gott verherrlicht, von Gott verherrlicht wird und uns Gottes Herrlichkeit offenbart. Die Herrlichkeit der Auferstehung kann man nie von der Herrlichkeit des Kreuzes trennen. Der auferstandene Herr zeigt uns immer seine Wundmale.

So bildet Gottes Herrlichkeit den Gegensatz zur Menschenherrlichkeit. Die Menschen suchen Herrlichkeit im Aufstieg. Gott offenbart seine Herrlichkeit im Abstieg. Wenn wir wirklich Gottes Herrlichkeit schauen wollen, müssen wir mit Jesus hinuntersteigen. Das ist der tiefste Grund, solidarisch mit Armen, Unterdrückten und Behinderten zusammenzuleben. Sie sind es, durch die Gottes

Herrlichkeit sich uns enthüllen kann. Sie zeigen uns den Weg zu Gott, den Weg zum Heil.

Das ist es, was die „Arche" mir beizubringen beginnt.

Freundschaft schließen

Samstag, 21. Dezember

Nathan und ich freunden uns mit der Zeit immer mehr an. Es ist herrlich, die Geburt einer neuen Freundschaft zu erleben. In der Freundschaft habe ich immer eine der großen Gaben gesehen, die Gott mir verliehen hat. Sie ist eine Lebenspenderin wie keine andere Gabe, die ich mir vorstellen kann. Seit meiner Ankunft in Trosly habe ich viele großartige, liebe und fürsorgliche Menschen kennengelernt. Sie sind für mich ein Quell großer Freude gewesen. Ich weiß, daß wir in Dankbarkeit und großer Zuneigung aneinander denken werden, wenn ich wieder abreise, daß es uns aber auch schwerfallen wird, dauerhafte Beziehungen gegenseitiger Liebe und Unterstützung zu unterhalten. Es ist daher wunderbar, zu sehen, wie aus der Menge jemand hervortritt, der mir zum Freund, zum Lebensgefährten, zu einer neuen Gegenwart wird, die an meiner Seite bleibt, wohin ich auch gehe.

Nathan ist Kanadier. Seine Eltern, die Baptisten sind, führen in der Nähe von Calgary ein kleines Exerzitienhaus. Vor zwei Jahren ist Nathan katholisch geworden; bald darauf ist er nach Trosly in die „Arche" gekommen, um mit Behinderten zusammenzuleben und zu arbeiten. Er ist ein Mensch von tiefem Mitgefühl. Wenn ich ihn bei seinen Freunden im Heim sehe, bin ich bewegt von der großen Herzlichkeit, die er Männern und Frauen erweist, die tief gebrochen sind. Sie ist die Frucht der Betreuung seines eigenen behinderten Bruders, der von ein paar Jahren gestorben ist.

Während der letzten paar Monate haben wir uns immer besser kennengelernt. Ich hatte nicht gemerkt, wie wichtig unsere Beziehung für mich geworden war, bis er für einen

Monat zu seinen Angehörigen und Freunden nach Kanada reiste. Ich habe ihn sehr vermißt.

Vor zwei Tagen ist er wiedergekommen, und heute abend sind wir zusammen essen gegangen. Ich fühlte mich gedrängt, ihm zu erklären, wie sehr ich ihn vermißt hätte. Ich habe ihm gesagt, daß seine Abwesenheit mir das Vorhandensein einer Zuneigung zu ihm bewußtgemacht hatte, die noch größer geworden war, seit wir uns näher kennengelernt hatten. Er hat sich darauf seinerseits ausdrücklich zu unserer Freundschaft bekannt. Im Laufe unseres Austausches über unsere Vorgeschichte und unsere Zukunftspläne hat sich herausgestellt, daß Gott uns aus einem bestimmten Grund einander zugeführt hatte. Nathan hat vor, im September in Toronto mit dem Theologiestudium zu beginnen, und möchte für die Zeit seines Studiums in Daybreak wohnen. Ich bin voller Dankbarkeit und Freude, daß Gott mich nicht nur in ein neues Land und eine neue Gemeinschaft beruft, sondern mir auch noch eine Freundschaft anbietet, damit es leichter wird, seinem Ruf zu folgen.

Gemeinsam hören

Sonntag, 22. Dezember

Heute liest die Kirche als Weihnachtsvorbereitung das Evangelium von Mariä Heimsuchung. Schon seit einigen Monaten ist mir die Schilderung des Besuches Marias bei ihrer Verwandten Elisabet sehr ans Herz gewachsen.

Maria vernimmt die große und erschreckende Kunde, daß sie Mutter des „Sohnes des Höchsten" werden wird. Diese Botschaft ist so unverständlich und greift so radikal in Marias stilles Leben ein, daß sie sich ganz auf sich allein angewiesen sieht. Wie können Josef oder jemand aus ihrem Verwandten- oder Freundeskreis ihre Lage verstehen? Wen kann sie in dieses ganz intime Geheimnis einweihen, das sogar ihr selbst unerklärlich bleibt?

Gott will nicht, daß sie mit dem ihr anvertrauten neuen Leben allein bleibt. Der Engel sagt: „Auch Elisabet, deine

Verwandte, hat noch in ihrem Alter einen Sohn empfangen; obwohl sie als unfruchtbar galt, ist sie jetzt schon im sechsten Monat. Denn für Gott ist nichts unmöglich" (Lk 1, 36 f).

Gott bietet Maria eine vertraute, menschliche Freundin an, der sie anvertrauen kann, was sich jeder Mitteilung zu entziehen scheint. Elisabet hat wie Maria das Eingreifen Gottes und die Berufung zu einer Antwort aus dem Glauben erfahren. Sie kann wie wohl niemand sonst Marias Vertraute sein.

Daher ist es nur verständlich, daß „Maria sich nach einigen Tagen auf den Weg machte und in eine Stadt im Bergland von Judäa eilte" (Lk 1, 39), um Elisabet zu besuchen.

Ich bin tief gerührt von dieser schlichten und geheimnisvollen Begegnung. Mitten in einer ungläubigen, zweifelnden, pragmatischen und zynischen Welt begegnen sich zwei Frauen und bejahen ineinander gegenseitig die Verheißung, die an sie ergangen ist. Ihnen ist das Menschenunmögliche widerfahren. Gott ist zu ihnen gekommen, um mit dem Erlösungswerk zu beginnen, das seit Urzeiten verheißen ist. Es ist Gottes Ratschluß gewesen, durch diese beiden Frauen den Gang der Geschichte zu ändern. Wer könnte das je verstehen? Wer könnte das je glauben? Wer könnte das je geschehen lassen? Aber Maria spricht: „Mir geschehe es," und sie sieht sofort, daß nur Elisabet in der Lage sein wird, sie in ihrem „Ja" zu bestätigen. Drei Monate leben Maria und Elisabet unter einem Dach zusammen und ermutigen einander, die ihnen verliehene Mutterschaft restlos zu akzeptieren. Marias Anwesenheit macht Elisabet noch mehr damit vertraut, daß sie die Mutter des „Propheten des Höchsten" (Lk 1, 76) wird, und Elisabets Anwesenheit hilft Maria, in die Erkenntnis hineinzuwachsen, daß sie die Mutter des „Sohnes des Höchsten" (Lk 1, 32) wird.

Weder Maria noch Elisabet mußten in einsamer Abgeschiedenheit warten. Sie konnten miteinander warten und so gegenseitig ihren Glauben an Gott, für den nichts unmöglich ist, vertiefen. So hat man auf Gottes radikalsten

119

Eingriff in die Geschichte vereint gehört und ihm gemeinsam zugestimmt.

Der Bericht von der Heimsuchung lehrt mich, was Freundschaft und Gemeinschaft bedeuten. Wie kann ich je Gottes Gnade in meinem Leben voll zur Auswirkung kommen lassen, wenn ich nicht in einer Gemeinschaft lebe, die sie bejahen, vertiefen und festigen kann? Wir können dieses neue Leben nicht für uns allein führen. Gott will uns nicht durch seine Gnade isolieren. Vielmehr will er, daß wir neue Freundschaften schließen und eine neue Gemeinschaft bilden – heilige Stätten, an denen seine Gnade ausreifen und Frucht bringen kann.

So oft bricht in der Kirche infolge einer Begegnung neues Leben auf. Dorothy Day hat nie die alleinige Urheberschaft der Catholic-Worker-Bewegung beansprucht. Sie hat sie immer als Frucht ihrer Begegnung mit Peter Maurin bezeichnet. Jean Vanier behauptet nie, er habe die „Arche" ganz allein gegründet. Er verweist immer auf seine Begegnung mit Père Thomas als die eigentliche Geburtsstunde der „Arche". Bei solchen Begegnungen können zwei oder mehr Menschen einander in ihren Begabungen bestätigen und ermutigen, „es geschehen zu lassen". So wird der Welt wieder Hoffnung geschenkt.

Elisabet hat Maria geholfen, Gottesmutter zu werden. Maria hat Elisabet geholfen, die Mutter Johannes des Täufers, des Propheten ihres Sohnes, zu werden. Gott mag uns einzeln erwählen, aber er will immer, daß wir eine Gemeinschaft bilden, damit die Wahl, die er getroffen hat, ausreifen kann.

Ein Weihnachtsgebet

Montag, 23. Dezember

Herr, wie schwer ist es, dein Vorgehen zu akzeptieren. Du kommst zu mir als kleines, ohnmächtiges, in der Fremde geborenes Kind. Du führst für mich in deinem eigenen Land das Leben eines Fremden. Du stirbst für mich als Verbrecher außerhalb der Stadtmauern, verstoßen von deinem eigenen Volk, verkannt von deinen Freunden und von deinem Gott verlassen.

Bei meinen Vorbereitungen für das Fest deiner Geburt möchte ich mich geliebt, angenommen und in dieser Welt zu Hause wissen, und ich versuche, das Gefühl der Entfremdung und der Vereinzelung, das mich dauernd befällt, zu überwinden. Aber jetzt frage ich mich, ob mich das tiefe Gefühl der Heimatlosigkeit dir nicht näher bringt als mein gelegentliches Gefühl von Geborgenheit. Wo kann ich deine Geburt richtig feiern: in einem trauten Heim oder in einem fremden Haus, unter lieben Freunden oder unter wildfremden Menschen, mit dem Gefühl der Behaglichkeit oder mit dem Gefühl der Einsamkeit?

Ich brauche vor diesen Empfindungen, die den deinen am nächsten kommen, nicht wegzulaufen. Wie du nicht von dieser Welt bist, so bin auch ich nicht von dieser Welt. Jedesmal wenn mir so zumute ist, habe ich Anlaß, dankbar zu sein, dich fester zu umfangen und deine Freude und deinen Frieden tiefer zu verkosten.

Komm, Herr Jesus, und steh mir bei, wo ich mich am elendesten fühle. Ich bin sicher, das ist die Stätte, wo du deine Krippe findest und dein Licht erstrahlen läßt. Komm, Herr Jesus, komm. Amen.

Bereitet euch

Dienstag, 24. Dezember

Père Thomas sagt uns immer wieder in seinen Predigten, die Tage vor Weihnachten müßten Tage intensiven Betens sein zur Vorbereitung unserer Herzen auf die Ankunft Christi. Wir müssen wirklich bereit sein, ihn zu empfangen. Christus will in uns geboren werden, aber wir müssen offen, einverstanden, aufnahmebereit und wirklich gastfrei sein. Um das zu werden, haben wir den Advent und besonders die letzten Tage vor Weihnachten.

Oft, wenn nicht gar täglich, sage ich mir: „Heute will ich

mehr Zeit als sonst nur für das Gebet verwenden, auf die Erwartung, und nur still dasitzen." Aber immer wird der Tag von tausend Kleinigkeiten aufgezehrt, die meine Aufmerksamkeit erheischen. Ist er dann vorbei, fühle ich mich frustriert, zornig und enttäuscht über mich selbst.

Besonders heute! Heute morgen habe ich gedacht, der Tag sei frei und stünde dem Gebet zur Verfügung. Jetzt ist es Abend, und ich weiß nicht, wo die Zeit geblieben ist. Irgendwie haben die Äußerlichkeiten des Weihnachtsfestes – Geschenke, Festschmuck und kurze Besuche – das Kommando übernommen, und der Tag ist versickert wie Wasser durch einen schlecht gebauten Damm. Wie schwer ist es, Père Andrés Worte über den Unterschied zwischen Dringendem und Wichtigem zu beherzigen!

Oft denke ich: „Das Leben ist wie ein Tag; es vergeht so schnell. Wenn ich mit meinen Tagen so sorglos umgehe, wie kann ich dann mit meinem Leben sorgsam sein?" Ich weiß, daß ich irgendwie noch nicht ganz zu glauben gelernt habe, daß dringende Angelegenheiten warten können, während ich mich um das wirklich Wichtige kümmere. Letztlich läuft es darauf hinaus, ob man tief und fest von etwas überzeugt ist. Bin ich erst wirklich davon überzeugt, daß es wichtiger ist, sein Herz vorzubereiten als den Christbaum zu schmücken, so werde ich mir am Ende des Tages weit weniger frustriert vorkommen.

Ich wollte, ich hätte am Heiligen Abend Besseres zu schreiben. Aber man schreibt besser, was wahr, als das, was fromm ist. Gott kommt. Er kommt in ein ruheloses, etwas ängstliches Herz. Ich biete ihm meine Frustration und meine Ratlosigkeit an und bin sicher, daß er etwas daraus macht.

Ein „trockenes" Weihnachten

Mittwoch, 25. Dezember

Jetzt ist wieder Weihnachten. Die Messe in der Nacht war festlich mit viel Tannengrün, roten Kerzen und weißgekleideten Ministranten. Die Kirche war voll bis auf den letzten Platz, die Lieder gingen zu Herzen, und die Predigt von Père Thomas hat die Menschen gerührt. Die Messe beim Morgengrauen, die ich in Madame Vaniers Eßzimmer auf Englisch gefeiert habe, war schlicht und still. Das Tageshochamt um 11 Uhr morgens war voller Jubel und reich bedacht mit vielen guten Worten aus dem Mund des lieben Père.

Père Thomas hat ausgeführt, das Weihnachtsgeheimnis sei so tief, daß die Kirche drei Messen brauche, um sich verständlich zu machen. Es ist ein Geschehen, das uns selbst zutiefst berührt, unser Familien- und Gemeinschaftsleben und die ganze Schöpfungsordnung.

Nach dem Tageshochamt war ein großes Festmahl, und wir haben einander beschenkt. Am Nachmittag habe ich etwas geschlafen, ein wenig mit Madame Vanier und Jo Cork geplaudert, die gerade aus Daybreak in Kanada gekommen war, und ein wenig geschrieben.

Es war alles vorhanden, was zu einem strahlenden Weihnachtsfest gehört. Nur ich war nicht ganz da. Ich kam mir vor wie ein wohlwollender Zuschauer und konnte mich nicht in eine andere Stimmung hineinzwingen. Es schien einfach, als gehörte ich nicht dazu. Hin und wieder habe ich mich sogar dabei ertappt, daß ich alles wie ein Ungläubiger betrachtete, der sich fragt, worin der Sinn all dieses Betriebs und dieser Begeisterung liege. Für das innere Leben ist das eine gefährliche Haltung, die zu einem gewissen Sarkasmus, Zynismus und zur Depression führt. Aber ich hatte sie nicht beabsichtigt oder sie mir ausgesucht. Ich habe mich einfach in einer Verfassung befunden, die ich aus eigener Kraft nicht abschütteln konnte.

Und doch habe ich mitten darin erkannt – allerdings nicht gespürt –, daß dieser Tag sich dennoch als eine Gnade erweisen könnte. Auf eine unerklärliche Weise wurde mir deutlich, daß Lieder, Musik, gute Gefühle, herrliche Gottesdienste, schöne Geschenke, Festtafeln und viele liebe Worte noch kein Weihnachtsfest sind. Weihnachten heißt, ja sagen zu etwas, das jenseits aller Gemütsregungen und Stimmungen liegt. Weihnachten heißt, ja sagen zu einer Hoffnung, zu der Gott den Anstoß gegeben hat und die unabhängig ist von allem, was ich denke oder fühle. Weihnachten heißt, glauben, daß die Erlösung der Welt Gottes und nicht mein Werk ist. Es wird nie so aussehen, und man wird nie das Gefühl haben, als sei alles völlig in Ordnung. Wenn dem so wäre, würde irgendwer lügen. Die Welt ist nicht heil, und heute habe ich das an meiner eigenen Traurigkeit festgestellt. Aber in eben diese gebrochene Welt ist ein Kind geboren, das man Sohn des Höchsten, Friedensfürst und Heiland nennt.

Ich schaue es an und bete: „Ich danke dir, Herr, daß du ohne Rücksicht auf meine Empfindungen und Gedanken gekommen bist. Dein Herz ist größer als das meine." Vielleicht bringt mich ein „trockenes" Weihnachten, ein Weihnachten, bei dem es nicht viel zu empfinden und zu denken gibt, dem eigentlichen Geheimnis des „Gottes-mit-uns" näher. Was er verlangt, ist reiner, nackter Glaube.

12 Heimreise

Unbehagen

Niederlande; Donnerstag, 26. Dezember

Nach der Eucharistiefeier mit Madame Vanier und Jo Cork hat Barbara mich nach Compiègne zum Bahnhof gefahren, wo ich den Zug in meine Heimat genommen habe.

Reisen zu meinen Verwandten und Freunden in Holland erfüllen mich mit Unbehagen und gewissen Befürchtungen. Die meisten meiner Jugendfreunde haben sich von der Kirche abgewandt und mit auch nur entfernt religiösen Belangen kaum etwas zu tun. Mit gläubigen Menschen über Dinge des geistlichen Lebens zu sprechen, ist ganz einfach. Aber mit Menschen, für die Worte wie „Gott" oft mit peinlichen Erinnerungen verbunden sind, über Gott und Gottes Gegenwart in unseren Herzen, unseren Familien und unserem Alltag zu sprechen, scheint fast unmöglich zu sein.

Da reise ich denn in meinem Heimatland umher. Ich kenne jedes Wort, aber verfüge ich über eine Sprache, in der ich sagen kann, was ich eigentlich sagen möchte? Auf der Fahrt von Rosendaal nach Breda und weiter nach Eindhoven und Helmond bete ich den Rosenkranz. Die Ave-Marias lassen mich zu der Erkenntnis kommen, daß ich sehr ruhig, sehr einfach und vielleicht sehr still sein muß.

Ein überraschender Besuch

Freitag, 27. Dezember

Mein erster Tag zu Hause ist gut und überraschend verlaufen. Gut, weil mein dreiundachtzigjähriger Vater mich ganz herzlich aufgenommen hat. Er ist gesund und geistig wach, interessiert sich lebhaft für Innen- und Außenpolitik und kommt mit Vorliebe darauf zu sprechen. Obgleich er eben erst seine große rechtswissenschaftliche Bibliothek verkauft hatte, war sein Lesesessel von vielen Neuerscheinungen über Literatur, Geschichte und Kunst umgeben. Immer wieder sagte er: „Hast Du das gelesen ... und das da ... und dieses hier ..., es ist sehr interessant." Es ist schön, wieder zu Hause zu sein, in einem Zuhause, das so angefüllt ist mit den Erinnerungen eines langen und geglückten Lebens.

Es war aber auch ein überraschender Tag, da der Bürgermeister von Eindhoven, der Stadt, in der der Philips-Konzern seine größten Fabriken hat, anrief und mich persönlich sprechen wollte. Ein paar Stunden später war er da. Ich hatte keine Ahnung, warum der Bürgermeister von Eindhoven mich so dringend sprechen wollte. Noch nie hatte ich von ihm gehört und wußte nicht, daß er von mir gehört hatte. Aber er hatte eins meiner Bücher gelesen und bei meinem Vater angefragt, wann ich zu Hause sein würde.

Gilles Borrie entpuppte sich als großartiger, warmherziger und sehr liebenswürdiger Mensch, der sich einfach mit mir über die „Dinge Gottes" unterhalten wollte. Das war ein oftmals herzliches Gespräch, bei dem es um die Kirche in Holland, um das Leben im Trappistenorden, um das Gebet und um unsere ständige Suche nach Gott ging. Mitten in unser Gespräch hinein kam ein Anruf von Gilles' Frau mit der Nachricht, seine Mutter habe soeben einen Schlaganfall erlitten und liege im Sterben. Sie war neunzig und bis zur Stunde kerngesund und lebhaft gewesen. Sofort hat unsere Beziehung an Tiefe gewonnen. Wir sind in einem Augenblick der Erschütterung und des Schmerzes Freunde geworden, haben miteinander gebetet und diesen entscheidenden Augenblick in Gilles' Leben bedacht. Dann hat er sich mit dem festen Versprechen verabschiedet, mit mir in Verbindung zu bleiben.

Es hat mich bewegt, daß ich ganz ohne mein Zutun oder Planen mit einem Gottsucher in Kontakt gebracht und aufgerufen worden war, ihm in seinem Schmerz Weggefährte zu sein. Es kam mir vor, als hätte Gott mich wieder in der Heimat begrüßen und mir sagen wollen: „Nur nicht so viel

Aufregung, ob Du das richtige Wort findest oder den richtigen Ton triffst, verlaß Dich nur darauf, daß mein Geist aus Dir sprechen wird, auch wenn Du völlig unvorbereitet bist."

Schlau, aber zerstreut

Samstag, 28. Dezember

Was in Holland am meisten auffällt, ist sein Wohlstand. Anders als in Frankreich, England oder den Vereinigten Staaten, gibt es hier fast keine Armen. Wohin man auch kommt, sehen die Leute wohlgenährt, gut gekleidet und gut versorgt aus. Besonders an diesem Weihnachtsfest hatte man den Eindruck, daß jeder kaufen konnte, was er wollte, essen konnte, was ihm schmeckte, und reisen konnte, wohin er wollte. Viele Holländer sind zum Skilaufen in die Schweiz oder nach Österreich gefahren; andere sind zu Hause geblieben, haben gegessen, getrunken und vor dem Fernseher gesessen, wieder andere haben wohlvorbereitete und sorgfältig gestaltete Gottesdienste besucht. Das Land ist von sich recht überzeugt, rundum satt und zufrieden. Da bleibt kaum Platz für ein Verweilen bei Gott und allein bei Gott.

Es ist schwer zu erklären, warum Holland sich innerhalb einer Generation von einem sehr frommen zu einem sehr weltlichen Land gewandelt hat. Dafür gibt es viele Gründe. Aber schon wenn ich mich umsehe und mit den Leuten ins Gespräch komme, scheint mir, daß ihr bestechender Wohlstand einer der offenkundigsten Gründe ist. Man ist eben in Anspruch genommen mit Essen, Trinken und Verreisen.

Paul van Vliet, ein prominenter holländischer Kabarettist, hat die Feststellung: „Wir sind schlau, aber sehr zerstreut", zu einem Thema seines Weihnachtsfernsehprogramms gemacht. Wir wissen tatsächlich ganz genau, was wir am dringendsten brauchen, aber wir kommen einfach nicht dazu, weil wir mit unseren Spielsachen so beschäftigt sind. Wir haben viel zuviel Spielsachen! Uns fehlt einfach

die Zeit, erwachsen zu werden und zu tun, was nötig ist:
„Gott und einander lieben".

Die Holländer sind ein Volk von Zerstreuten geworden –
sehr gut, freundlich und gutmütig, aber sie haben alles und
hängen an zu vielem davon.

Die Bitte um Aussendung

Montag, 30. Dezember

Heute morgen um 10 Uhr bin ich zu einer persönlichen
Unterredung bei meinem Bischof, Kardinal Simonis von
Utrecht, gewesen. Ich habe ihm dargelegt, was es mit dem
Ruf seitens der Gemeinschaft von Daybreak auf sich hatte,
und ihn gefragt, ob er wohl gewillt sein würde, mich dort-
hin zu entsenden.

Es ist für mich immer wichtiger geworden, dorthin zu gehen, wohin man mich nicht nur beruft, sondern auch ent-
sendet. Nach Kanada berufen zu werden, um dort zu leben
und zu arbeiten, ist sicher ganz gut, aber wenn der Ruf sich
nicht auf eine Sendung durch die Kirche stützen kann, wird
er sich, wie ich glaube, nicht sehr segensreich auswirken.

Es ist etwas ganz anderes, zu wissen, daß man sich seinen
Aufenthaltsort und seine Arbeit nicht einfach selbst ausgesucht hat, sondern daß beides zu einer Sendung gehört.
Wenn Schwierigkeiten auftreten, wird das Wissen um
meine Sendung mir die Kraft geben, nicht wegzulaufen,
sondern durchzuhalten. Wenn die Arbeit sich als aufrei-
bend, die Anlagen sich als unzureichend und die menschlichen Beziehungen sich als unbefriedigend erweisen, kann
ich sagen: „Diese Unbilden sind kein Grund, zu gehen, sondern eine Gelegenheit zur Läuterung meines Herzens."

Kardinal Simonis hat mich gefragt, ob ich in dem Ruf
nach Kanada eine Erhörung meiner Gebete sähe. Das
konnte ich ehrlich bejahen. Ich habe oft gebetet: „Herr,
zeige mir den Weg, und ich will dir folgen." Jean Vaniers
Einladung zum Kennenlernen der „Arche" und der Ruf aus
Daybreak, der sich aus dieser ursprünglichen Einladung er-

geben hat, sind eine deutliche Antwort auf mein Gebet gewesen. Doch da ich Priester bin und durch die Weihe im Dienst meines Bischofs stehe, ist die Zustimmung der Kirche von ausschlaggebender Bedeutung. Es genügt nicht, sich berufen zu fühlen. Man braucht auch die Sendung.

Der Bischof beendete unser Gespräch mit den Worten: „Zunächst würde ich sagen, ich glaube, Sie sollten dorthin gehen, aber lassen Sie mir ein paar Tage Zeit und rufen Sie mich am Samstagmittag an. Das gibt mir die Chance, den Brief, den Sie aus Daybreak erhalten haben, zu lesen und etwas darüber nachzudenken."

Es war ein gutes Gespräch. Im Vergleich zu meinen Gesprächen mit Jean Vanier, Père Thomas und Père André war es distanzierter und sachbezogener – schon sehr bald ging es um Fragen wie finanzielle Regelung, Altersversorgung und Versicherung –, aber ich bin ja nicht in Frankreich, sondern in Holland, und bitte nicht um geistliche Weisung oder moralischen Rückhalt, sondern um eine Neubeauftragung. Kardinal Simonis ist mein Bischof, der für mich die Vollmacht der Kirche verkörpert. Wenn er sich für meinen Ruf ausspricht, hoffe ich, daß er mir nicht nur seine Erlaubnis gibt, sondern mich wirklich zu dieser neuen Seelsorgsaufgabe aussendet.

Ein einsamer Silvestertag

Dienstag, 31. Dezember

Irgendwie war heute für mich ein schwerer Tag. Frühmorgens bin ich durch Utrecht gegangen auf der Suche nach einer Kirche, in der ich beten könnte. Aber die beiden Kirchen, zu denen ich kam, waren geschlossen, und auf mein Klingeln an der Tür des Pfarrhauses hat sich niemand gerührt. Als ich bei meinem Gang durch die Stadt den Rosenkranz betete, bin ich mir in meinem eigenen Volk wie ein Fremder vorgekommen.

Später habe ich den Zug nach Amsterdam genommen, um einen Freund zu besuchen; von dort bin ich nach Rotterdam gefahren, um in der Familie meines Bruders Silvester zu feiern. Um 7 Uhr abends habe ich in der nahegelegenen Pfarrkirche zelebriert. Meine kleine, sechsjährige Nichte hat sich mir angeschlossen, während alle anderen es vorzogen, zu Hause zu bleiben. Außer dem Küster, der kleinen Sarah und mir war niemand in der großen, alten Kirche. Ich habe mich einsam gefühlt, zumal ich das, was Gott mir geschenkt hat, nicht mit denen teilen konnte, die mir am nächsten stehen. Meine tiefsten Gedanken und Gefühle sind ihnen fremd geworden.

Was dann folgte, war fröhlich und gemütlich mit einem großartigen Essen, angeregter Unterhaltung und Sekt zur Begrüßung des Neuen Jahres. Keine Gebete oder Schriftlesungen mehr wie früher. Ich frage mich immer wieder, wie eine so fromme Familie in nur einer Generation ihre Verbindung mit Gott und Gottes Kirche so sehr verlieren konnte. Mir fällt es schwer, mit Leib und Seele zu feiern, wenn es nur so wenig zu feiern gibt. Ich fühle mich einsam, während ich meinen Lieben doch so nahe bin.

Drei Generationen

Mittwoch, 1. Januar 1986

Es ist fast Tradition geworden, daß ich am Neujahrstag im Kreis der Familie Van Campen in Lieshout bei Eindhoven die Eucharistie feiere. Im Oktober 1978, dem Monat, in dem meine Mutter gestorben ist, hat Phillip Van Campen im Alter von achtundsechzig Jahren einen schweren Schlaganfall erlitten. Seither ist er gelähmt. Früher ein erfolgreicher Bankier und Geschäftsmann, lebt er jetzt als Invalide und völlig auf seine Frau und die Pfleger angewiesen, die ihn betreuen. An seinem Geburtstag, dem 1. Januar, lädt seine Frau die sechs Kinder und ihre Familien zur Eucharistiefeier und zum Essen ins Elternhaus ein.

Für mich ist das eine alljährlich wiederkehrende Konfrontation mit der Tragödie des holländischen Katholizismus. Phillip und Puck, seine Frau, sind beide tief gläubig.

Die Eucharistie ist der Mittelpunkt ihres Lebens. Puck, deren Tage ganz der Betreuung ihres hilflosen Mannes gewidmet sind, findet immer noch Hoffnung und Kraft in Jesus, der seinen Platz in ihrem Leben hat. Aber für die Kinder sind die Worte „Gott" und „Kirche" immer zweideutiger geworden und rufen oft kritische und manchmal sogar feindselige Gedanken wach. Die beiden älteren Söhne und ihre Familien sind noch regelmäßige Kirchgänger. Sie legen Wert auf ein Leben in Christus, wenngleich sie sich oft fragen, ob die Gottesdienste, die sie besuchen, wirklich noch Nahrung für ihr geistliches Leben sind. Die jüngeren Kinder haben aber zum Glauben eine viel größere Distanz. Für sie ist die Kirche belanglos. Für die meisten von ihnen spielt die Bibel keine Rolle mehr, sind die Sakramente zu unbekannten Größen geworden, gibt es kein Gebet, und sind Gedanken an ein größeres Leben als das gegenwärtige recht utopisch.

Die Enkel scheinen sich mit Sakramenten und Gottesdienst am schwersten zu tun. Sechs von ihnen sind ungetauft und schauen mich in Albe und Stola an wie einen Bühnenkünstler, der nicht sehr unterhaltsam ist.

Es war schon eine Erfahrung, umgeben von einer großen Familie zu beten und zu zelebrieren, in der die Eltern durch und durch überzeugte Christen sind, die Kinder sich immer weniger in der Kirche zu Hause fühlen, und die meisten Enkel mit der Geschichte von Gottes Liebe nichts mehr anzufangen wissen.

Sie alle, Männer und Frauen, sind sehr gute, aufmerksame und verantwortungsbewußte Menschen. Ihre Freundschaft bedeutet mir viel und ist mir eine Freude. Und doch ist es mir eine wirkliche Sorge, daß der Glaube, der das Leben der Eltern so sehr trägt, nicht mehr das Leben all der Kinder und Enkel prägt.

Wer ist daran schuld? Ich frage mich oft, wo ich wohl heute wäre, wenn ich an den großen Unruhen beteiligt gewesen wäre, die die holländische Kirche in den letzten Jahrzehnten geschüttelt haben. Es geht hier nicht um Schuldzuweisung, vielmehr kommt es darauf an, im Herzen der Menschen die vom Zorn ausgesparten Stellen zu finden, wo Gottes Liebe noch vernehmlich und man für sie empfänglich war.

Nach dem Evangelium habe ich über die Liebe gesprochen, mit der Gott uns „zuerst" geliebt hat und die uns befähigt, einander zu vergeben, daß wir einander nicht alle Liebe schenken können, nach der wir uns sehnen. Mir ist nicht entgangen, daß die, die in der Familie Schwierigkeiten gehabt hatten – und wer von uns hat die nicht? –, aufmerkten und Bezüge herstellten. Sie haben ja gesagt zu dem Schmerz, den ich beschrieben habe, aber noch nicht alle schienen bereit zu sein, zu dem Einen ja zu sagen, der gekommen ist, um diesen Schmerz zu heilen. Ich frage mich, ob die Dreißig- bis Fünfzigjährigen, für die die Kirche keine Kraftquelle mehr ist, je dahin kommen werden, Jesus ihre Wunden heilen zu lassen. Aber vielleicht werden ihre Kinder ihnen eines Tages wieder die alte Frage stellen: „Ist Jesus der Messias, oder müssen wir auf einen anderen warten?"

Auf der Suche nach Sinn

Donnerstag, 2. Januar

Den größten Teil des Nachmittags habe ich bei einem meiner besten Freunde in Holland und seiner Familie verbracht. Wir begegneten uns zum ersten Mal in den frühen sechziger Jahren, als wir im Sanitätsdienst der holländischen Armee als Psychologen tätig waren. Er doziert jetzt an der Universität Utrecht klinische Psychologie und hat sich als Autorität für Fragen der Psychohygiene einen Namen gemacht. Wir sind miteinander in Verbindung geblieben, und mit den Jahren hat unsere Freundschaft sich vertieft, obwohl wir uns nur einmal im Jahr treffen. ·

Unser Gespräch war bald bei ganz persönlichen Fragen angelangt. Wir kamen auf die existentielle Einsamkeit zu sprechen, die wir in unserem jetzigen Lebensabschnitt empfinden. Diese Einsamkeit hat ihren Grund nicht in einem

Mangel an Freunden, in Problemen mit Ehepartnern oder Kindern oder in fehlender Anerkennung durch die Fachwelt. Keiner von uns kann in diesen Bereichen ernstlich klagen. Und doch ... hinter allem Behagen, mit dem wir an unsere Freunde, unsere Familie und unsere Arbeit denken, lauert die Frage: „Was tue ich überhaupt, und warum?" Wim ist auf Anwandlungen von „Realitätsschwund" zu sprechen gekommen, die „sich einer psychologischen Erklärung entziehen". Da wir beide über fünfzig sind, haben wir entdeckt, daß wir bisweilen mit einer seltsamen inneren Frage unsere Welt anschauen: „Was tue ich hier? Ist das wirklich unsere Welt, unser Volk, unsere Existenz? Was soll denn all die Hektik?"

Diese Frage steigt in uns aus einer Region auf, die noch tiefer liegt als unsere Emotionen, Gefühle und Leidenschaften. Es ist die Frage nach dem Sinn des Daseins, die nicht nur einfach vom Intellekt aufgeworfen wird, sondern auch von einem suchenden Herzen, eine Frage, die in uns das Gefühl weckt, als seien wir fremd in unserem eigenen Milieu. Die Menschen nehmen roboterhafte Züge an. Sie gehen vielen Beschäftigungen nach, scheinen aber kein Innenleben zu besitzen. Eine fremde Macht scheint sie „aufzuziehen" und sie all ihre Verrichtungen erledigen zu lassen. Dieses Erleben eines „Realitätsschwundes" tut sehr weh, aber es kann auch zu einem elementareren Bezug führen.

Wim und ich haben uns über diesen elementareren Bezug unterhalten. Ohne ein tief verwurzeltes Zugehörigkeitsgefühl gerät das ganze Leben leicht in Gefahr, kalt, distanziert und schmerzlich monoton zu werden. Dieser elementarere Bezug ist der Bezug auf den Einen, dessen Name Liebe ist, und führt wiederum zu einer Entdeckung, zu der Entdeckung, daß wir aus der Liebe geboren sind und immer wieder zu dieser Liebe heimgerufen werden. Er führt zu der neuen Entdeckung, daß Gott der Gott des Lebens ist und uns auch dann noch das Leben anbietet, wann und wo immer der Tod uns droht. Letztlich führt er zum Gebet. Und auf Grund unseres Mensch-, Kind-, Bruder- oder

Schwester-, Vater- oder Mutter-, Großvater- oder Großmutterseins erleben wir auf einmal, daß wir in der Hand eines liebenden Gottes geborgen sind.

Vernommen, aber nicht angenommen

Samstag, 4. Januar

Heute hat mein Vater seinen dreiundachtzigsten Geburtstag gefeiert. Er hatte all seine Kinder und seine Brüder und Schwestern samt ihren Ehepartnern dazu eingeladen. Wir sind aus dem ganzen Land angereist und waren insgesamt neunundzwanzig. Um 12:30 Uhr mittags gingen wir gemeinsam in die Dorfkirche zur Eucharistiefeier.

Ich hatte Stühle in den Chorraum gestellt, so daß alle sich um den Altar versammeln konnten. Wenn auch die meisten in der Familie noch „praktizierende Katholiken" waren, habe ich doch etwas Abstand empfunden. In der Predigt sprach ich über Jesus, der auf unserem Lebensweg mitgeht und uns zeigt, daß unser Ringen und unser Schmerz uns helfen können, durch Niedergeschlagenheit und Bitterkeit hindurch auf dem Grund das Vorhandensein einer heilenden Kraft zu entdecken. Meine Worte wurden vernommen, aber nicht angenommen. Nach dem Gottesdienst war nur von kalten Füßen und der Rutschgefahr auf dem Heimweg die Rede. Einer meiner Onkel hat gesagt: „Du bist ja wohl von dem überzeugt, was Du sagst. Aber ich denke da anders."

Ich hatte gehofft, eine hoffnungsfrohe, lebenspendende Botschaft vortragen zu können, aber irgendwie hatte ich nicht die richtigen Worte gefunden. Mein Bruder hat vor Tisch eine sehr launige und ansprechende Laudatio gehalten und sich zur Charakterisierung meines Vaters eines Astrologiebuches bedient. Seine Worte fanden Aufmerksamkeit und großen Beifall. Er kannte seine Gemeinde besser als ich.

Den ganzen Tag über hatte ich das Empfinden, in meiner eigenen Familie so etwas wie ein Fremdkörper geworden zu sein. Viele in der festlichen Runde hatte ich über zehn Jahre nicht mehr gesehen. Unser Treffen hat mir bewußt gemacht, wieviel sich inzwischen in ihrem und in meinem Leben ereignet hatte, und mir zu der traurigen Erkenntnis verholfen, daß ich den gemeinsamen Boden nicht mehr kannte, auf dem wir stehen.

Mein Vater war indes rüstig, guter Dinge und überschwenglich. Für ihn ist die hauptsächliche Frage, wie man jung bleiben könne, während es mir vor allem um das rechte Älterwerden geht. Meine Sorge um eine gute Vorbereitung auf die entscheidende Begegnung mit dem Herrn hat man nicht geteilt.

Während all des Feierns rief ich Kardinal Simonis an, um zu erfahren, was er in Sachen Daybreak beschlossen habe. Er hat gesagt: „Gehen Sie hin." Er hatte meine Frage mit seinen Mitarbeitern erörtert und war zu dem Schluß gekommen, daß es ein guter Gedanke sei. Doch sagte er auch: „Gehen Sie für drei Jahre, und vielleicht liegt Ihnen dann etwas an einer Rückkehr in Ihre Heimat. Diese Option sollte wohl offengehalten werden."

Ich war sehr froh, den Segen des Kardinals für meine Zukunft zu haben. In meiner Freude teilte ich es gleich meinem Vater und der übrigen Familie mit. Doch sie waren mit ihren Gedanken anderswo. Was für mich ein wichtiger Wendepunkt in meinem Leben war, war für sie nur wieder eine Neuigkeit für Bekannte, die immer auf dem laufenden bleiben wollten. Es mag eine belanglose Neuigkeit sein, für mich ist es aber eine Frohbotschaft.

13 Die Mühsal des Betens

Vom rechten Beten

Trosly, Frankreich; Freitag, 10. Januar

Das Beten fällt mir immer noch sehr schwer. Wenn ich jedoch jeden Morgen bei einem Gang durch den Garten von La Ferme den Rosenkranz bete und eine Stunde im Oratorium einfach in Gottes Gegenwart verbringe, weiß ich, daß ich keine Zeit vertue. Obgleich ich schrecklich zerstreut bin, weiß ich, daß Gottes Geist in mir am Werk ist. Obgleich ich keine tiefen frommen Erkenntnisse und Gefühle habe, weiß ich um den Frieden, der alles Denken und alles Fühlen übersteigt. Obgleich mein Beten am frühen Morgen mich nicht weiterzubringen scheint, freue ich mich immer darauf und lege großen Wert auf die dafür reservierte Zeit.

Ein kurzes Zitat des englischen Benediktinerabtes John Chapman über das Beten, abgedruckt am 14. Dezember 1985 im „Tablet", hat mir große Hoffnung gemacht. Es stammt aus einem seiner Briefe zur Seelenführung („an Laien", Nr. 12). Er schreibt da:

„Beten, als Vereinigung mit Gott verstanden, ist die größte Marter. Man muß es Gott zuliebe tun; aber es führt einen zu keiner Befriedigung, etwa zu dem Gefühl: ‚Beten ist meine Stärke. Ich beherrsche eine Methode, die nie versagt.' Das wäre katastrophal, denn das, worin wir uns einüben müssen, ist ja gerade unsere eigene Schwäche, unser Unvermögen, unsere Unwürdigkeit. Auch dürfte man nicht mit ‚einem Gespür für die Wirklichkeit des Übernatürlichen' rechnen, worum es hier geht. Und man sollte sich keine Gebetsgnade wünschen, es sei denn einzig und allein die Gnade des Gebetes, die Gott uns gewährt – eines Gebetes, das wahrscheinlich zerstreut und völlig unbefriedigend sein wird.

Anderseits ist der einzige Weg, der zum Beten führt, das Gebet; und der Weg, der zum guten Beten führt, ist häufiges Gebet. Hat man dafür nicht die Zeit, muß man wenigstens regelmäßig beten. Aber je weniger man betet, um so schlechter geht es. Und wenn die Umstände nicht einmal die Regelmäßigkeit gestatten, muß man sich damit abfinden, daß man, wenn man wirklich zu beten versucht, einfach nicht beten kann – und unser Beten besteht dann wahrscheinlich darin, daß wir dies Gott erzählen.

Ob man immer wieder von vorn beginnen oder dort weitermachen sollte, wo man aufgehört hat: glauben Sie nicht, sie könnten sich das aussuchen. Sie müssen einfach da beginnen, wo Sie sich gerade befinden. Setzen Sie Akte, soviel Sie setzen wollen und setzen zu müssen meinen, aber zwingen Sie keinerlei *Gefühle* herbei.

Es ist nur natürlich, daß Sie sagen, Sie wüßten nicht, was Sie tun sollten, wenn Sie eine Viertelstunde für sich in einer Kirche hätten. Ja, ich möchte annehmen, das Einzige, was Sie tun können, ist, von der Kirche und allem anderen abzusehen und sich einfach Gott zu überlassen und ihn zu bitten, Ihnen gnädig zu sein, und ihm all Ihre Zerstreutheit anzubieten."

Am besten gefällt mir der Satz: „... der einzige Weg, der zum Beten führt, ist das Gebet; und der Weg, der zum guten Beten führt, ist häufiges Gebet". Chapmans erprobte Weisheit ist mir wirklich eine Hilfe, auf keinen Fall ein unsinniger Rat und sehr wahr. Es läuft alles auf sein Hauptanliegen hinaus: Wir dürfen nicht in erster Linie beten, weil uns das guttut oder hilft, sondern wir müssen es, weil Gott uns liebt und unsere Aufmerksamkeit wünscht.

Den Weg der Demut wählen

Sonntag, 12. Januar

Heute ist das Fest der Taufe des Herrn. Ich habe gestern und heute viel über dieses Fest nachgedacht. Jesus, der ohne Sünde ist, stellt sich in die Reihe der Sünder, die darauf warten, von Johannes getauft zu werden. Zu Beginn seines öffentlichen Wirkens hat es Jesus gefallen, sich mit der sündigen Menschheit zu solidarisieren. „Johannes aber wollte es nicht zulassen und sagte zu ihm: Ich müßte von dir getauft werden, und du kommst zu mir? Jesus antwortet ihm: Laß es nur zu! Denn nur so können wir die Gerechtigkeit ganz erfüllen" (Mt 3, 14 f).

Hier sehen wir, wie Jesus eindeutig den Weg der Demut wählt. Er tritt nicht mit Fanfarengeschmetter als mächtiger Erlöser auf, der eine neue Ordnung ausruft. Vielmehr kommt er still und reiht sich unter die vielen Sünder ein, die die Bußtaufe empfangen. Seine Wahl findet die Billigung der Stimme vom Himmel: „Das ist mein geliebter Sohn, an dem ich Gefallen gefunden habe" (Mt 3, 17).

Wie radikal die getroffene Wahl ist, zeigt sich in den Versuchungen, die darauf folgen. Der Teufel rät zu einer anderen Wahl: „Sei wer, tu etwas Spektakuläres, tritt die Macht über die Welt an!" So würde die Welt handeln. Jesus lehnt diese Wahl ab und wählt den Weg Gottes, einen Weg der Demut, der sich mehr und mehr als Weg des Kreuzes erweist.

Es fällt uns schwer zu glauben, daß Gott uns seine göttliche Gegenwart in dem Weg der Selbstentäußerung und der Demut des Mannes aus Nazaret offenbaren würde. So vieles in mir strebt nach Einfluß, Macht, Erfolg und Beliebtheit. Aber Jesu Weg ist der Weg des Verborgenseins, der Ohnmacht und der Kleinheit. Es scheint kein sehr einladender Weg zu sein. Doch wenn ich mich Jesus wirklich und von ganzem Herzen anschließe, werde ich entdecken, daß dieser kleine Weg es ist, der wirklich zum Frieden und zur Freude führt.

Am diesjährigen Fest der Taufe des Herrn bete ich um den Mut, den kleinen Weg zu wählen und bei meiner Wahl zu bleiben. Die „Arche" wird mir sicher dabei helfen.

Heilendes Gebet

Dienstag, 14. Januar

In der ersten Lesung der heutigen Tagesmesse wird berichtet, wie Hanna im ersten Buch Samuel gebetet hat. Hanna war tief niedergeschlagen, weil Jahwe ihr den Schoß verschlossen hatte. Als sie zum Tempel ging, betete sie inständig, Jahwe möge ihr doch einen Sohn schenken und so die Schmach von ihr nehmen. Sie hat mit solcher Inbrunst gebetet, daß der Priester Eli sie für betrunken hielt. Doch sie sagte zu ihm: „Nein, Herr! Ich bin eine unglückliche Frau. Ich habe weder Wein getrunken noch Bier; ich habe nur dem Herrn mein Herz ausgeschüttet. Halte deine Magd nicht für eine nichtsnutzige Frau; denn nur aus großem Kummer und aus Traurigkeit habe ich so lange geredet" (1 Sam 1, 15 f).

Da hat Eli sie gesegnet, und als sie nach Hause kam, ist die Niedergeschlagenheit von ihr gewichen, und „sie aß wieder und hatte kein trauriges Gesicht mehr" (1 Sam 1, 18). Später hat sie empfangen und einen Sohn geboren, den sie Samuel genannt hat.

Was mich in dieser Geschichte am tröstlichsten berührt, ist, daß die Niedergeschlagenheit nach ihrem Gebet von Hanna gewichen ist. Das war aber lange, bevor Jahwe ihr Gebet mit dem Geschenk eines Sohnes beantwortet hat. Ihr verzweifeltes Beten hat all ihre Gefühle der Erniedrigung, des Verstoßenseins und der Erbitterung vor Gott gebracht und so die Finsternis aus ihrem Herzen genommen. Elkana, ihr Mann, hatte sie nicht trösten können, nicht einmal mit den Worten: „Hanna, warum weinst du, warum ißt du nichts, warum ist dein Herz betrübt? Bin ich dir nicht mehr wert als zehn Söhne?" (1 Sam 1, 8). Aber als sie die ganze Verzweiflung ihres Herzens (1 Sam 1, 10) vor Gott ausgegossen und sich von ihm hatte berühren lassen, wurde sie eine neue Frau und wußte, daß Gott ihr Gebet erhören würde.

Beten heilt. Nicht nur die Erhörung eines Gebetes. Wenn wir aufhören, Gott den Platz streitig zu machen, und Gott rückhaltlos auch den letzten Winkel unseres Herzens anbieten, werden wir Gottes Liebe zu uns kennenlernen und feststellen, wie geborgen wir in seinen Armen sind. Sobald wir wieder wissen, daß Gott uns nicht verstoßen hat, sondern uns immer an sein Herz drückt, können wir wieder Freude am Leben finden, wenn Gott vielleicht auch unser Leben in eine Richtung lenkt, die nicht unseren Wünschen entspricht.

Beten ist so wichtig. Es ist eine Einladung an uns, in immer engerer Gemeinschaft mit dem Einen zu leben, der uns mehr liebt, als Menschen je vermögen. Als sie gebetet hatte, wußte Hanna wieder, daß sie in Gottes Liebe stand. Betend hat sie wieder ganz zu sich gefunden. Ihr Glück hing nicht mehr davon ab, daß sie ein Kind hätte, sondern nur von der totalen und grenzenlosen Liebe Gottes. So konnte sie denn ihre Tränen trocknen, wieder essen und ihre Niedergeschlagenheit schwinden sehen. Als Gott ihr in seiner Liebe einen Sohn geschenkt hat, war sie wirklich dankbar. Denn Gottes Güte, nicht ihre eigene, war die eigentliche Quelle ihrer Freude.

Ein Gebet der vollständigen Hingabe

Mittwoch, 15. Januar

Heute morgen habe ich in meiner Stunde des Gebets versucht, eine gewisse Stufe der Selbsthingabe an meinen Vater im Himmel zu erreichen. Es hat viel Mühe gekostet, da so vieles in mir meinen Willen tun, meine Absichten verwirklichen, meine Zukunft entwerfen und meine Entscheidungen treffen will. Doch weiß ich, daß es der Ursprung wahrer Freude ist, wenn ich es Gott überlasse, mich so zu lieben, wie Gott will, ob durch Krankheit oder Gesundheit, durch Versagen oder Erfolg, durch Armut oder Reichtum, durch

Ablehnung oder Lob. Es fällt mir schwer, zu sagen: „Ich werde dankbar alles annehmen, Herr, was dir gefällt. Dein Wille geschehe." Ich weiß aber, daß es immer leichter wird, diese Worte von ganzem Herzen zu sprechen, wenn ich wirklich glaube, daß mein Vater durch und durch Liebe ist.

Charles de Foucauld schrieb ein Gebet der vollständigen Hingabe, das die Seelenhaltung, die ich gern besäße, großartig zum Ausdruck bringt. Ich bete es immer noch, wenn auch die Worte mir noch nicht ganz von Herzen kommen. Ich will sie hier wiedergeben:

> Vater, ich gebe mich in deine Hand;
> mach mit mir, was du willst.
> Was immer du tust, ich danke dir.
> Zu allem bin ich bereit. Alles nehme ich hin;
> wenn nur dein Wille geschieht in mir
> und in all deinen Geschöpfen.
>
> In deine Hände empfehle ich meinen Geist;
> ich biete ihn dir an mit aller Liebe
> meines Herzens.
>
> Denn ich liebe dich, Herr, und es ist mir ein Bedürfnis,
> mich zu verschenken und in deine Hände zu legen
> ohne Einschränkung und mit grenzenlosem Vertrauen;
> denn du bist mein Vater.

Es scheint mir gut, dieses Gebet oft zu sprechen. Es sind Worte eines heiligen Menschen, und sie zeigen den Weg, den ich gehen muß. Ich weiß wohl, daß ich dieses Gebet niemals aus eigener Kraft verwirklichen kann. Aber der Geist Jesu, den ich empfangen habe, kann mir helfen, es zu sprechen und zu wachsen, bis ich es erfülle. Ich weiß, daß der Friede meines Herzens davon abhängt, ob ich gewillt bin, mir dieses Gebet zu eigen zu machen.

14 Tiefe Wurzeln

Eine Einladung

Donnerstag, 16. Januar

Am Sonntag, dem 19. Januar, begeht der Verleger Hermann Herder seinen sechzigsten Geburtstag. Ich bin zur Geburtstagsfeier eingeladen und werde also morgen nach Freiburg im Breisgau reisen. Auf dem Programm stehen ein Festmahl, ein Orgelkonzert, ein Empfang und ein Vortrag des Bibeltheologen Rudolf Schnackenburg. Ich freue mich, daß ich alles miterleben kann.

Ich habe mich entschlossen, diese Gelegenheit zu einem sechswöchigen Aufenthalt in Deutschland zu nutzen, um eng mit meinem deutschen Lektor zusammenzuarbeiten und ein Buch über drei russische Ikonen fertigzustellen.

Schönheit und Ordnung

Freiburg; Freitag, 17. Januar

Eine andere Sprache, ein anderer Stil, ein anderer „Ton". Immer wieder bin ich überrascht, wie klein Europa ist und wie groß die Unterschiede zwischen den Menschen sind, die so dicht nebeneinander wohnen.

Ich bin mit der Bahn von Paris nach Straßburg gefahren. Dort hat mich mein Freund und Lektor, Franz Johna vom Verlag Herder, abgeholt. Mit dem Wagen fuhren wir bei Kehl über die Grenze nach Freiburg. Eine wunderbare, reizende, anheimelnde Stadt; rings um das herrliche Münster – die Bischofskirche – erbaut, liegt Freiburg wie ein kostbares Juwel in der Ebene zwischen dem Rhein und den ersten

Höhen des Schwarzwalds. Es ist eine Universitätsstadt mit nur wenig Industrie. Der Stadtkern ist für den Autoverkehr gesperrt. Den Fußgängern gehört auch die Fahrbahn der Straßen, die an vielen Stellen von munter fließenden Bächlein gesäumt sind. Es gibt hier viele schöne Kirchen, zwei Stadttore, Gäßchen, die an das Mittelalter erinnern, und kleine Plätze mit modernen Skulpturen. Es ist eine neue Stadt, nach dem Zweiten Weltkrieg ganz wiederaufgebaut. Und doch ist es eine sehr alte Stadt, neu errichtet im Stil und mit der Atmosphäre vergangener Jahrhunderte. Man hat den Eindruck, daß es den Leuten hier gut geht. Die Geschäfte sind voll von Waren: Bekleidung, Lebensmittel, Bücher, moderne Haushaltsgeräte, kunstgewerbliche Gegenstände usw. Es herrscht eine gewisse Fülle.

Um 11 Uhr nachts hat Franz mich in mein Quartier gebracht; es ist das Mutterhaus der Barmherzigen Schwestern vom heiligen Vinzenz in der Habsburger Straße. Die Schwestern haben mich sehr freundlich und herzlich aufgenommen und mir für die Zeit meines Aufenthaltes ein großes Zimmer gegeben. Ich bin sehr froh, hier zu sein. Ich war noch nicht oft in Deutschland, und dann immer nur für sehr kurze Zeit. Die Besetzung Hollands im Zweiten Weltkrieg hat uns den Weg nach Deutschland schwer gemacht. Irgendwie war ich ganz nach Westen ausgerichtet. Aber jetzt kann ich ein neues Land, ein neues Volk und eine neue Form des Gotteslobes kennenlernen.

Menschen und Puppen

Samstag, 18. Januar

Am Nachmittag wurde ich im Auto zur Geburtstagsfeier nach Buchenbach gebracht, wo Hermann und Mechtild Herder wohnen. Dort angekommen, stellte ich fest, daß ich unter den Anwesenden einer der wenigen war, die nicht zur Familie gehörten. Hermann Herder begrüßte mich ausdrücklich und sagte mir: „Sie sind heute abend in diesem Kreise gewissermaßen der Vertreter unserer Autoren."

Nach dem Begrüßungstrunk haben Gwendolin, Raimund, Manuel und Silvia Herder ein ganz reizendes Puppenspiel, „Don Juan oder der steinerne Gast", aufgeführt, eine Bearbeitung des bekannten Themas in tragikomischer Art aus dem 19. Jahrhundert. Es war eine künstlerische Leistung im wahren Sinne des Wortes, die Frucht intensiver Proben. Man hatte sich für „Don Juan" entschieden, weil Hermann Spanien sehr liebt, lange dort gelebt hat und diese mythische Gestalt sein besonderes Interesse besitzt. Nach dem Puppenspiel gab es zum Essen köstlichen Wein der Region.

Ich konnte viel über die Familie und ihre Freunde erfahren. Frau B., eine der Gäste, berichtete mir von ihrem geistig behinderten Sohn Mario. Infolge einer Hirnschädigung bei der Geburt geistig zurückgeblieben, sei er doch ein recht fröhlicher Mensch; er habe gerade eine Stelle in einer beschützenden Werkstätte gefunden. Als ich ihr von der „Arche" erzählte, zeigte sie sich sehr interessiert und bestrebt, Verbindung aufzunehmen. Die „Arche" war ihr trotz der zwanzig Jahre, die sie mit ihrem behinderten Kind gelebt hatte, völlig unbekannt. Ich bin sehr froh, daß ich ihr über die „Arche", ihre Geschichte, ihre Geisteswelt und ihre Betreuungsmethoden berichten konnte. Für ihre Ohren war das eine frohe Kunde. Ich hoffe, daß sich aus unserem Gespräch etwas Gutes entwickelt.

Mitternacht war längst vorbei, als ich wieder in mein Zimmer in Freiburg kam. Das war ein unvergeßlicher Abend mit vielen dankbaren Erinnerungen an die Vergangenheit und hoffnungsvollen Ausblicken in die Zukunft.

Die Vaterunser-Kapelle

Sonntag, 19. Januar

Der Vater von Hermann und Senior der Familie, Theophil Herder-Dorneich, war Teilnehmer zweier Weltkriege, zuletzt Offizier der deutschen Luftwaffe. Es hat ihn immer berührt, daß es gerade die Worte des Vaterunsers waren, die als einziges, die Konfessionen verbindendes Gebet am offenen Grab gefallener Soldaten gesprochen wurden. Aus Dankbarkeit und im Wissen um die einende Kraft dieses Gebetes hat er nach dem Kriegsende in der Nähe seines Hauses im Ibental die „Vaterunser-Kapelle" erbaut, deren Form und Inhalt er in lebenslanger Meditation durchdacht hatte.

Sie ist eine schöne, intime, sechseckige Kapelle, in der die sieben Vaterunser-Bitten und die sieben Schöpfungstage an den sechs Seitenwänden und am Altar graphisch und bildhauerisch miteinander verbunden sind.

Heute nachmittag waren Hermann Herders Geburtstagsgäste zu einem Orgelkonzert in die Vaterunser-Kapelle geladen. An der Orgel spielte Georges Athanasiades, der berühmte Organist aus der Abtei St.-Maurice in der Schweiz. Er hat auf der kleinen Orgel der Kapelle ein herrliches Programm mit Werken von Henry Purcell, Johann Sebastian Bach, Joseph Haydn, Franz Liszt und Johannes Brahms dargeboten. Die etwa sechzig Gäste saßen in den Chorstallen rings um den großen Mittelaltar. Kerzen waren die einzige Beleuchtung. Draußen war es dunkel, und das dumpfe Tosen von Windstößen vermischte sich mit den Klängen der Orgel. In einer der Stallen hatte der siebenundachtzigjährige Theophil Platz genommen. Trotz seiner schweren Schüttellähmung hatte er bei diesem Festkonzert zu Ehren seines sechzigjährigen Sohnes anwesend sein wollen. Als er, von einer Krankenschwester geführt, schleppenden Schrittes und tief gebeugt in seinem weiten, grünen Umhang aus der Kapelle ging, kam es mir vor, als sähe ich sowohl das Leid wie auch den Glauben unseres Jahrhunderts. Auf meine Begrüßung hat er mit schwacher, kaum vernehmbarer Stimme geflüstert: „Vielen Dank, vielen Dank für Ihr Kommen." Beim Verlassen der Kapelle habe ich mich mehr denn je als Europäer gefühlt. Theophil Herder-Dorneich, die Vaterunser-Kapelle, die Musik aus dem 17., 18. und späten 19. Jahrhundert, die Erinnerung an zwei Weltkriege und das Festhalten am Glauben an Gott, den Vater, der immer wieder unsere Schuld vergibt, haben mir das reiche und schmerzliche Erbe eindringlich bewußt gemacht, das auch das meine ist.

Geist schafft Leben

Montag, 20. Januar

Der Verlag Herder ist einer der wenigen großen Verlage, die sich noch in Familienhand befinden. Er ist vor 180 Jahren von Bartholomä Herder gegründet worden und immer im Familienbesitz geblieben. Im Jahre 1944 brannten die Verlagsgebäude bei einem Luftangriff vollständig aus. Schon bald nach dem Zweiten Weltkrieg hat Theophil Herder-Dorneich die Verlagsgebäude mit dem ursprünglichen roten Mauerwerk wieder aufgebaut, einen großen Komplex, der um zwei Innenhöfe angelegt ist. Alles, was zur Veröffentlichung von Büchern gehört, ist hier unter einem Dach: Planung, Redaktion, Druck, Einbinden, Versand und Werbung. Ich kenne nur wenige Verlage, bei denen das ähnlich ist.

Heute vormittag fand noch ein gut besuchter Geburtstagsempfang zu Ehren Hermann Herders statt. Dabei habe ich eine Vorstellung vom breiten Spektrum der Veröffentlichungen des Verlags gewonnen. In der großen Empfangshalle war eine Ausstellung von Nachschlagewerken, Kunstbüchern, theologischer Literatur, religiösen Büchern für ein breiteres Publikum, Taschenbüchern mit wichtigen Schriften zur Spiritualität, Kinderbüchern und Bildbänden zu den verschiedensten Themen. Einer der Mitarbeiter sagte mir, der Verlag veröffentliche an die 300 Neuerscheinungen im Jahr.

Zweifellos ist der Einfluß dieses Verlages auf die Durchführung der Beschlüsse des Zweiten Vatikanischen Konzils in Deutschland beträchtlich gewesen. Viele, wenn nicht sogar die meisten der Bücher, die in den Seminarien, Pfarrhäusern, Pfarreien und katholischen Schulen Verwendung finden, werden hier verlegt. Der Erzbischof von Freiburg, einer der Redner beim heutigen Empfang, hat auch gesagt, daß die meisten Bücher, die er benutzt – ob im Gottesdienst oder bei der Predigtvorbereitung – aus dem Verlag Herder kommen.

Für Hermann Herder und die meisten seiner Mitarbeiter ist der Buchverlag weit mehr als ein Geschäft. Sie sehen in ihm einen wichtigen Dienst und haben so den Gedanken wachgehalten, unter dem der Verleger angetreten ist. Sie verkörpern das Wort, das über dem Haupteingang steht: „Geist schafft Leben".

Die entscheidende Frage

Dienstag, 21. Januar

Die Gespräche, die ich beim Frühstück und beim Mittagstisch mit den Geistlichen geführt habe, die im Mutterhaus der Vinzentinerinnen wohnen, haben mir zu einer Vorstellung von den Problemen verholfen, mit denen die Kirche in Deutschland zu ringen hat. Daß es sich dabei nicht um Kleinigkeiten handelt, konnte ich schon daraus entnehmen, daß meine priesterlichen Mitbrüder untereinander über die meisten Themen, die zur Sprache kamen, geteilter Meinung waren. Ich habe zu meiner Überraschung oft hitzige Diskussionen mitbekommen, bei denen es sowohl um den leiblichen Bereich als auch um den geistigen ging.

Gleichwohl ist man sich in einem Punkt einig: Alle Fragen, die man über Geburtenregelung, Abtreibung, Sterbehilfe, aber auch über den Papst, über Bischofsernennungen, Priesterkleidung, Gottesdienstformen usw. diskutiert, sind letztlich nur Symptome, hinter denen sich eine ganz entscheidende Frage verbirgt: „Glauben wir eigentlich an Gott?" Die Deutschen haben, nicht weniger als die Franzosen und die Holländer, den Schritt in eine neue Zeit getan. Die Existenz Gottes, die Gottheit Christi und die geistliche Autorität der Kirche gehören nicht mehr zu den Grundlagen der westeuropäischen Gesellschaft. Während die Gesellschaft des siebzehnten, achtzehnten und neunzehnten Jahrhunderts noch auf eine Wertordnung bauen konnte, die im Kern ein Werk der christlichen Überlieferung war, findet das ausgehende zwanzigste Jahrhundert kaum noch einen allgemeinverbindlichen Wert vor. Wenn Gesetze in so entscheidenden gesellschaftlichen Fragen wie Zeugung und Tötung zur Beratung anstehen, gibt es keinen gemeinsamen Orientierungspunkt mehr, der für alle als unantastbar gilt. Der entscheidende christliche Standpunkt, daß das Leben ein Geschenk Gottes ist, das man hegen und pflegen und um jeden Preis achten muß, ist nicht mehr für die Beschlüsse der Parlamente ausschlaggebend. So zeigt sich bei Gesetzen, Erlassen und Vorschriften mehr und mehr der Zug zum Funktionellen und Pragmatischen. Dann gilt die Frage: „Was scheint zur Zeit für die Mehrheit der Bevölkerung am besten zu sein?"

Unterdessen wenden viele führende Kirchenmänner kostbare Kraft – und das oft vergebens – für Debatten auf, die eher dazu dienen, uns abzulenken, als das Bewußtsein für unsere Sendung zu vertiefen. Progressive und Konservative tragen innerhalb der Kirche ihre Kämpfe aus, aber beide riskieren sie dabei dauernd, für die Kräfte, die unsere moderne Gesellschaft formen, jegliche Bedeutung zu verlieren.

Gibt es einen Gott, dem etwas an uns liegt? Gibt es Zeichen, die darauf deuten, daß die Geschichte von einer gütigen Hand gelenkt wird? Gibt es Beziehungen, die sich über den interpersonellen, interkommunalen und internationalen Bereich hinaus erstrecken? Ist das Leben mehr als das, was Psychologen, Soziologen, Biologen und Chemiker definieren können? Haben wir noch etwas zu erhoffen, nachdem wir zu Staub zurückgekehrt sind? Diese Fragen sind alles andere als rein spekulativ. Sie berühren den Kern unserer Zivilisation. Ist die Kirche so weit, daß sie sich damit nicht nur auf theoretischer Ebene auseinandersetzen kann, sondern auch auf der Ebene des Alltags? Viele Deutsche, die noch zur Kirche gehen, glauben nicht mehr an ein Leben nach dem Tode. Sie kommen aus ganz anderen Gründen, als die Texte, die sie in der Kirche lesen oder hören, glauben machen. Ich frage mich, ob sie noch sehr lange kommen.

Die nächsten Wochen werden mir reichlich Gelegenheit bieten, über all dies nachzudenken. Ich bin froh, hier priesterliche Mitbrüder zu haben, die mir beim Artikulieren meiner Fragen und bei ihrer Erwägung helfen können. Das zwingt mich dazu, in das Herz des christlichen Glaubens vorzustoßen, vor allem bei mir selbst.

Verläßlichkeit: Tugend und Belastung

Mittwoch, 22. Januar

Bei einem längeren Aufenthalt in einem Land, in dem nur wenig oder gar kein Spielraum für Unvorhergesehenes oder Überraschendes bleibt, sind die Lesungen von Davids Erwählung durch Samuel und von seinem Sieg über Goliat für mich regelrechte Warnsignale. Ich muß gestehen, daß ich Ordnung und Pünktlichkeit schätze, die hier zum Lebensstil gehören. Wenn jemand mir sagt, er holt mich um 4 Uhr nachmittags ab, ist er keine Minute früher oder später da. Wenn das Konzert um 5 Uhr nachmittags beginnen soll, erklingen die ersten Orgeltöne gleich nach dem Stundenschlag. Wenn es heißt, das Abendessen werde um 6:15 Uhr aufgetragen, ist es um 6:15 Uhr auf dem Tisch. So genau die Zeiten eingehalten werden, so gründlich werden die Zimmer aufgeräumt. Wenn ich nach dem Frühstück wieder auf mein Zimmer komme, finde ich alles dort wieder, wo es gelegen hat, bevor ich die Hand danach ausgestreckt habe.

Das Einhalten dieser bemerkenswerten Ordnung und Pünktlichkeit ist für mich sehr beruhigend. Da es nichts Unvorhergesehenes gibt, kann ich ungestört an der Arbeit bleiben, die ich mir vorgenommen hatte. Und doch war David der König, den man am wenigsten erwartet, und sein Sieg über Goliat der Ausgang der Philisterschlacht, mit dem man am wenigsten gerechnet hatte. Und erst Jesus, „Davids Sohn?" Von ihm sagt Natanael: „Aus Nazaret? Kann von dort etwas Gutes kommen?" (Joh 1, 46). Und viele von denen, die Jesus nachgefolgt sind, haben ein Leben geführt, das so reich an Überraschungen war wie das ihres Meisters. Man kann das Leben so einrichten, daß für das Unvorhersehbare kein Platz mehr bleibt. Das erklärt vielleicht, warum viele junge Männer und junge Mädchen aus Deutschland trotz langer Mitarbeit in der „Arche" in Frankreich noch keine „Arche"-Gemeinschaft in ihrem eigenen Land aufbauen konnten. Die Pflege der geistig Behinderten ist in Deutschland so gut organisiert, daß der eher unbekümmerte, etwas lockere Stil der „Arche" wenig Anklang findet. Aber kann man den Geist Gottes anbinden? Jesus sagt? „Der Wind weht, wo er will ... So ist es mit jedem, der aus dem Geist geboren ist" (Joh 3, 8). Und Paulus schreibt: „Löscht den Geist nicht aus!" (1 Thess 5, 19).

Wenn ich mit meiner Arbeit fertig werden will, ist Deutschland wahrscheinlich der beste Aufenthaltsort. Aber wenn ich dem Wirken des Geistes in mir eine echte Chance geben will, würde ich besser etwas von dem französischen „laissez-faire" in mir lebendig halten.

Den Reichtum Christi verkündigen

Freitag, 24. Januar

Heute, an meinem vierundfünfzigsten Geburtstag, faßt die erste Lesung der Eigenmesse zu Ehren des heiligen Franz von Sales knapp zusammen, wie mir zumute ist. Paulus schreibt den Ephesern: „Mir, dem Geringsten unter allen Heiligen, wurde diese Gnade geschenkt: Ich soll den Heiden als Evangelium den unergründlichen Reichtum Christi verkündigen und enthüllen, wie jenes Geheimnis Wirklichkeit geworden ist, das von Ewigkeit her in Gott, dem Schöpfer des Alls, verborgen war" (Eph 3, 8 f).

Wenn ich heute mein Leben überdenke, komme ich mir tatsächlich wie der letzte unter Gottes Heiligen vor. Im Rückblick stelle ich fest, daß ich immer noch mit denselben Schwierigkeiten ringe wie vor neunundzwanzig Jahren am Tag meiner Priesterweihe. Trotz all meines Betens, meiner wochenlangen Exerzitien, der Ratschläge vieler Freunde, Berater und Beichtväter hat sich sehr wenig, wenn überhaupt etwas, hinsichtlich meiner Suche nach innerer Einheit und Frieden geändert. Ich bin immer noch der rastlose, nervöse, leicht aufgeregte, zerstreute und impulsive Mensch, der ich war, als ich diese geistliche Reise angetreten habe. Manchmal bedrückt mich dieser Mangel an innerer Reife, da ich doch schon in die „reiferen" Jahre komme.

Aber eins tröstet mich: Mehr denn je verspüre ich das Verlangen, „den unergründlichen Reichtum Christi zu verkündigen" und „zu enthüllen, wie jenes Geheimnis Wirklichkeit geworden ist, das von Ewigkeit her in Gott verborgen war". Dieses Verlangen hat zugenommen an Stärke und Dringlichkeit. Ich möchte noch mehr über die Reichtümer Christi reden als 1957, dem Jahr meiner Priesterweihe. Kardinal Alfrink, der mich zum Priester geweiht hat, führte in seinem Wappen den Spruch: „Evangelizare Divitias Christi – Die Reichtümer Christi verkündigen". Wenn ich bei der heutigen Meßfeier diesen Worten begegne, stelle ich fest, daß ich sie mir immer mehr zu eigen gemacht habe. Ich möchte wirklich laut und deutlich über die großen Reichtümer Christi reden. Ich möchte es einfach, unmittelbar, verständlich und mit tiefer persönlicher Überzeugung tun. Was das angeht, glaube ich, daß etwas in mir gewachsen ist. Was das angeht, spüre ich, daß ich nicht mehr derjenige bin, der ich vor neunundzwanzig Jahren war.

Vielleicht wird das zunehmende Bewußtsein meiner Sündhaftigkeit wie auch das wachsende Verlangen, die unergründlichen Reichtümer Christi zu verkünden, mich davor bewahren, stolz, selbstgerecht, arglistig und rücksichtslos zu werden. Ich bete heute, daß meine Sünden mich demütig machen und meine Berufung zum Zeugnis für Christus mir Mut gibt. Wenn ich heute Gott für mein Leben danke und ihn um Treue in dem mir übertragenen Dienst bitte, könnte ich kein besseres Vorbild als Franz von Sales haben.

„Himmel in Stein"

Sonntag, 26. Januar

Heute hat Robert Johna mich in der Stadt zum Abendessen
ausgeführt. Es hatte fast den ganzen Tag geschneit. Wir sind
zum Münsterplatz, dem Herzen Freiburgs, gegangen. Als
wir ins Freie hinaustraten, war ich überwältigt von der
Schönheit des Münsters, das mitten auf dem kleinen Platz
steht. (Das Wort „Münster" kommt vom lateinischen „mo-
nasterium", d. h. Mönchskloster. In Süddeutschland nennt
man alle großen gotischen Dome so.)

Nur wenige Menschen waren unterwegs. Der Schnee hat
den Platz in eine romantische Stimmung getaucht. Als ich
zum Turm aufschaute, entdeckte ich, daß er in all seiner
Schönheit nicht nur von Außenscheinwerfern angestrahlt
wurde, sondern auch im Inneren des offenen Turmhelms
große gelbe Leuchten hatte. Der herrliche Anblick dieses
einzigartigen Turmes hat mich so begeistert, daß ich gut
verstehen konnte, warum Kunsthistoriker ihn den „schönsten Turm der Christenheit" nennen. Sein quadratisches
Untergeschoß ist zwischen 1247 und 1280 erbaut worden.
Zwischen 1280 und 1320 hat man eine achteckige „La-
terne" daraufgesetzt und mit dem ersten durchbrochenen
Turmhelm bekrönt, der je gebaut worden ist. Das offene
Filigran des Helmes besteht aus einem kunstvoll verschlun-
genen Geflecht aus steinernen Ornamenten. Das warme
Licht aus seinem Inneren läßt den Turm sogar noch schwe-
reloser und kostbarer erscheinen.

Welch eine Gnade, daß der Turm noch steht! Im Lauf der
Jahrhunderte haben hier viele Kriege gewütet, aber das
Münster ist nie zerstört worden. Während der Bombardie-
rung von Freiburg am 27. November 1944 ist die Stadt zum
größten Teil zerstört worden. Doch das Münster ist stehen-
geblieben. Das Leitflugzeug der Angreifer hat zum Schutz
ein grünes Leuchtsignal über dem Platz abgesetzt, um den
anderen Flugzeugen zu bedeuten, dort keine Bomben abzu-

werfen. Ein Einwohner von Freiburg hat beim Anblick der Zerstörung, die die Flugzeuge zurückgelassen haben, gesagt: „Die Stadt ist nicht verloren, das Münster steht noch!" Freiburg und das Münster gehören wirklich zusammen. Heute ist die Stadt wieder aufgebaut und besitzt im Münster einen großartigen Mittelpunkt.

Robert und ich haben nur geschaut, als wir schweigend dieses herrliche Denkmal des Glaubens, der Zuversicht, des Bürgerstolzes und des Durchhaltens umschritten. Heute ist es die Bischofskirche der Erzdiözese. Ursprünglich ist das Münster jedoch als Pfarrkirche des Städtchens Freiburg erbaut worden, das im Jahre 1120 von Konrad von Zähringen gegründet worden ist. Das erklärt auch, warum die Fassade des Freiburger Münsters nur einen Turm hat im Gegensatz zu den beiden Fassadentürmen der großen Kathedralen. Wenn der Turm auch im Jahre 1320 vollendet wurde, sind große Teile der Kirche samt zwei kleinen Türmen erst viel später gebaut worden. Die Kirche ist erst 1530 fertig geworden. So hat man über dreihundert Jahre gebraucht, um das zu bauen, was wir jetzt im vollen Glanz bewundern können. Robert hat mir auch die romanischen Bauteile aus den ersten Jahrzehnten des 13. Jahrhunderts gezeigt. Nach 1250 hat sich der gotische Stil durchgesetzt und der Kirche ihr jetziges Gepräge verliehen.

Ich bin einfach froh und dankbar, daß ich einen Monat im Schatten des Freiburger Münsters verbringen darf. Ich weiß, daß ich oft dorthin gehen muß, um zu schauen, zu beten und von denen zu lernen, die wenigstens zwölf Generationen lang an der Vollendung dieses „Himmels in Stein" gearbeitet haben.

Eine mittelalterliche Lektion in Demut

Montag, 27. Januar

Im Münster, der herrlichen Kathedrale von Freiburg, versucht eines der Steinreliefs eines romanischen Portals etwa aus dem Jahr 1210 den Kirchgänger auf hintergründig humorvolle Weise zur Demut zu bewegen: Ein König sitzt in einem kleinen Korb, der an einem Seil hängt, das sich zwei großen Vögeln um den Hals schlingt. Der König hält in jeder Hand einen langen Speer mit einem aufgespießten Hasen. Bei dem Versuch der hungrigen Vögel, die Hasen mit dem Schnabel zu erreichen, heben sie den König hoch in die Luft.

Dieses Relief stellt Alexander den Großen dar, der nach der Eroberung der ganzen Welt auch noch versucht, den Himmel zu erreichen. Es gibt zwar unterschiedliche Fassungen dieser Geschichte, doch eine davon berichtet, daß Alexander beim Anblick der Erde, die wie ein kleiner Hut unter ihm in einem riesigen Meer schwamm, erkannte, wie klein die Welt eigentlich ist und wie lächerlich es gewesen war, sein Leben auf ihre Eroberung zu verwenden. So wird Alexander dem frommen Kirchenbesucher als Beispiel für dummen Stolz vorgeführt.

Konrad Kunze, der Autor des geistlichen Münsterführers „Himmel in Stein", faßt eine Predigt, die Berthold von Regensburg etwa um 1260 gehalten hat, zusammen: „Auch Alexander, dem die Welt zu klein war, blieben am Ende nur sieben Fuß Erde wie dem allerärmsten Mann, der je auf die Welt kam; Alexander glaubte, er könnte die allerhöchsten Sterne vom Himmel herunternehmen mit der Hand. Wie er, so möchtest auch du gerne in die Luft fahren, wenn du nur könntest. Aber Alexanders Geschichte zeigt, wohin solche Hochfahrt (= Hoffart!) führt, und sie beweist, daß der große Alexander einer der größten Dummköpfe war, die die Welt je gesehen hat."[3]

Ohne hier nun Haarspaltereien treiben zu wollen, wäre es doch interessant zu wissen, was Berthold wohl von Jumbo-Jets gehalten hätte. Allerdings ... könnte auch das Münster mit seinen hochstrebenden gotischen Spitzbogen in den Augen Gottes ebensosehr ein Ausdruck von Bürger-

---

[3] Konrad Kunze, Himmel in Stein. Das Freiburger Münster, Freiburg 1980, 84 f.

stolz wie von Demut sein. Die Beweggründe der Menschen sind immer gemischt gewesen! Gott, sei uns gnädig.

Gebet und Tragödie

Mittwoch, 29. Januar

Einige meiner Freunde hier gehören einer kleinen Gebetsgruppe an, die sich jeden Mittwochabend in der Vaterunser-Kapelle im Ibental zur Vesper und zur gemeinsamen Besinnung auf die Schriftlesung des Tages trifft. Heute abend hatte man mich eingeladen, mit diesem Kreis Eucharistie zu feiern.

Es war ein sehr schöner, von Gebet erfüllter und persönlicher Abend. Im Gegensatz zu den meisten anderen Gottesdiensten, die ich seit meiner Ankunft in Deutschland mitgefeiert habe, haben die Mitglieder dieser Gebetsgruppe sich aktiv an der Liturgie beteiligt. Nachdem ich ein paar Worte zum Evangelium gesagt hatte, haben mehrere Anwesende ihre eigenen Gedanken vorgebracht, Fragen gestellt oder etwas aus ihrem persönlichen Erleben beigetragen. Sie haben auch spontan meine eigenen Gebete fortgeführt und versammelten sich beim Meßkanon um den Altar

Es war eine echte „communio", ein Miteinander im Geist. Ich habe spüren können, daß diese Menschen durch gemeinsames Beten und gemeinsame Schriftlesung miteinander tief vertraut geworden waren. Sie waren in der Gottesliebe zusammengewachsen und haben diese Liebe auf den Fremdling in ihrer Mitte ausstrahlen lassen.

Der heutige Abend ist für mich wichtig gewesen. Er hat mir geholfen, das Vorurteil zu überwinden, eine spontane, etwas freiere Eucharistiefeier vertrage sich nicht mit der Mentalität der einheimischen Bevölkerung.

Heute bete ich für die sieben Astronauten, die gestern an Bord der Raumfähre „Challenger" ums Leben gekommen sind. Das Sterben dieser fünf Männer und zwei Frauen ist wahrscheinlich öffentlicher gewesen als jeder andere Tod in der Geschichte. Vor den Augen ihrer Angehörigen und

Freunde, die den Start auf Kap Canaveral miterlebt, und denen der Millionen, die das Geschehen im Fernsehen verfolgt haben, hat sich ein verheißungsvoller Start in eine Tragödie ohnegleichen verwandelt. Die Begeisterung ist plötzlich in Entsetzen umgeschlagen, das Entsetzen wandelte sich in Unglauben, und aus dem Unglauben wurde bitteres Leid. Hier haben sich die Extreme in jeder Hinsicht berührt. Die größte Errungenschaft der Technik ist zum größten Versager geworden, die größte Ehre zur tiefsten Verdemütigung, die größte Freude zum tiefsten Leid. Der ganze Stolz einer Nation ist umgeschlagen in tiefste Trauer.

Am meisten sind mir die Kinder im Sinn, die zugeschaut haben, wie ihre Lehrerin, Christa McAuliffe, die erste Zivilistin auf einem Raumflug, stolz an Bord der Raumfähre ging, unter gewaltigem Beifall abhob und dann vor ihren Augen hoch am Himmel zu Asche verbrannt ist. Die Bilder dieser Minuten werden sich ihrem Gedächtnis für den Rest ihres Lebens einprägen. Ich hoffe und bete, daß ihr Schmerz sie zu demütigen Menschen macht. Ich bete, daß die Liebe zu ihrer Lehrerin, die als erste Zivilistin für eine Weltraumexpedition ausersehen worden war, sich in Liebe zu den Vielen wandelt, die auf dieser Erde noch keinen Raum der Geborgenheit gefunden haben.

Vielleicht macht die Niederschrift dieser moralistischen Zeilen mich zu einem zweiten Berthold von Regensburg; aber ist denn diese große menschliche Tragödie nicht etwa die moderne Fassung der mittelalterlichen Erzählung von Alexander dem Großen?

Menschenleid

Donnerstag, 30. Januar

Alle Zeitungen melden in Schlagzeilen den tragischen Tod von sieben Astronauten. Die Vereinigten Staaten sind in tiefer Trauer. Millionen von Fernsehzuschauern des Ereignisses stehen noch unter Schock, am meisten aber die Kinder, die gekommen waren, um einer ihrer Lehrerinnen bei der Teilnahme am großen Abenteuer der Weltraumerforschung zuzuschauen. Sie hatten menschliche Größe zu sehen gehofft und waren Zeugen menschlicher Ohnmacht geworden.

Viele machen sich Sorgen über die bleibenden Folgen dieser Tragödie für die Kinder, vor deren Augen sie sich ereignet hat. In den Vereinigten Staaten ist das Sterben fast unsichtbar geworden. Und nun wird es plötzlich so sichtbar, daß man kaum noch fassen kann, was da passiert. Wie können wir von Leid erfüllt sein und anderen helfen, ihr Leid zu tragen? Sind wir leiderfüllt angesichts des Versagens unserer menschlichen Fähigkeit zur Weltraumeroberung? Sind wir leiderfüllt angesichts des Heldentodes derer, die ihr Leben im Dienst des menschlichen Fortschritts aufs Spiel gesetzt haben? Sind wir leiderfüllt, um wieder zu Kräften zu kommen und das mit soviel Selbstsicherheit begonnene Werk fortsetzen zu können?

Wenn ich darüber nachdenke, daß das Weltraumprogramm der Vereinigten Staaten eng mit ihrem Verteidigungsprogramm zusammenhängt, und daß diese Tragödie wenigstens zum Teil auf einen internationalen Wettlauf um Vormachtstellung und Weltherrschaft zurückzuführen ist, kann ich mich nur fragen, ob das Leid zum Frieden oder zu noch entschiedenerer Kriegsvorbereitung führen wird. Schließlich dient das Raumfährenprogramm auch der Vorbereitung des Raketenabwehrsystems im Weltraum.

Wenn das Leid, das wir als Menschen tragen, echt ist, können wir die Illusion der Unsterblichkeit in uns begraben. Wenn diejenigen, die wir mit einer „unendlichen Liebe" lieben, sterben, muß auch in uns etwas sterben. Wenn wir uns dagegen sperren, verlieren wir den Kontakt mit der Wirklichkeit, wird unser Leben immer gekünstelter und verlieren wir die Fähigkeit, als Menschen Leid mitzutragen.

Der landesweite Schmerz um den Tod der sieben Astronauten wird Früchte tragen, wenn er uns hilft, unserer Prahlerei und dem Verlangen zu ersterben, um jeden Preis die beste und die mächtigste Nation zu sein, und wenn er uns anspornt, nach einer friedlichen Existenzweise zu suchen, die nicht auf militärische Überlegenheit angewiesen ist. Die Lehrerin Christa McAuliffe hat die Raumfähre „Challenger" (= Herausforderer) in der Hoffnung bestiegen, ihren Schülern etwas Neues über das Weltall beibringen zu können, dessen Kinder sie sind. Die eigentliche Herausforderung wird jetzt darin liegen, diesen Mädchen und Jungen zu helfen, furchtlos zu verstehen und zu akzeptieren, daß ihre Eltern, ihre Lehrer, ihre Helden und sie selbst gebrochene und sterbliche Menschen sind. Wenn diese Tragödie ihnen mit der Zeit hilft, sich selbst und die Erwachsenen zu lieben, die ihnen als kostbaren, äußerst verwundbaren sterblichen Menschen den Weg zeigen, können sie vielleicht einmal Friedensstifter werden, denen die Begabung zur Solidarität und zum Mittragen von Leid mehr bedeutet als technisches Genie und Herrschertalent.

Ein gestrenger Fremdenführer

Dienstag, 4. Februar

Heute nachmittag war ich in der Stadt, um noch einmal das Münster zu besuchen. Mit einer Frau in mittleren Jahren habe ich mich einer Führung angeschlossen. Es war großartig. Der Fremdenführer, ein pensionierter Beamter, hat uns nicht nur die Geschichte des Münsters unter namentlicher Nennung der Baumeister und Künstler erzählt und die Statuen und Gemälde erklärt, er hat die Führung auch als eine Gelegenheit zur Predigt wahrgenommen. Er sah es als seine Aufgabe an, uns zu bekehren und zum Beten zu bringen.

Als er uns das prachtvolle Portal mit den anschaulichen Darstellungen der Seligen und der Verdammten zu beiden Seiten zeigte, fügte er hinzu: „Laßt uns beten, daß wir auf die richtige Seite kommen." Als er uns einen großen Melchisedek-Gobelin zeigte, erzählte er uns ausführlich die alttestamentliche Begebenheit und ihre eucharistische Deutung. Als er die neutestamentlichen Szenen in Stein, Glas

158

oder auf Gemälden erklärte, zitierte er ganze Abschnitte aus den Evangelien auswendig. Mitten unter den Kunstschätzen wies er uns auf die häßlichen modernen Beichtstühle aus Holz hin mit ihren Lichtern, die anzeigen, ob sie frei oder besetzt sind, und hielt uns an, wenigstens alle vierzehn Tage beichten zu gehen.

Hin und wieder ließ er auch seine politischen Vorlieben durchblicken und sagte in den beiden „Kaiserkapellen" mit prächtigen Glasfenstern, die die mächtigen Habsburger Maximilian I., Philipp I., Karl V. und Ferdinand I. darstellen: „Heutzutage erzählt man den Kindern in der Schule nichts von diesen großen Männern. Jetzt erzählt man ihnen nur von Marx und Lenin. Wir sollten uns aber lieber an diese Christen halten."

Als wir durch das hohe Mittelschiff gingen, erspähte unser Führer einen jungen Mann mit einer Mütze auf dem Kopf und gab ihm unumwunden zu verstehen, daß dies ein Gotteshaus sei und er entweder die Mütze abzunehmen oder zu verschwinden habe. Der junge Mann ist gegangen, ziemlich verblüfft über die Begegnung. Mich hat dieser ebenso fromme wie gestrenge Fremdenführer schockiert, der aber vielleicht doch zum Münster paßt, das in seiner Großartigkeit auch mittelalterlich-strenge Züge aufweist. Und der zurechtgewiesene junge Mann? Würde er jemals wiederkommen und die gütige, all-vergebende Liebe Gottes entdecken können?

Ich habe dem Fremdenführer ein paar Hefte abgekauft und versprochen, wiederzukommen. Er bringt mir den Geist derer näher, die dieses Gotteshaus gebaut und bis zu seiner Vollendung mehr als dreihundert Jahre gebraucht haben. Doch zugleich veranlaßt er mich zu ein paar peinlichen Fragen über die Seelsorge an denen, die mit dem mächtigen Gott des Mittelalters wenig anfangen können und nach einem liebevollen, barmherzigen Gott suchen, der die Wunden ihres Herzens heilen kann.

15 Das Leben wählen

Ein Plädoyer für das Nachdenken

Mittwoch, 5. Februar

Freiburg ist die Stadt Martin Heideggers (1889–1976). Kurz nachdem ich hier eingetroffen war, hat Franz Johna mich am Hause Rötebuckweg 47 vorbeigefahren, wo Heidegger gewohnt und viele seiner philosophischen Werke geschrieben hat.

Nur wenige Philosophen haben mein Denken so sehr bestimmt wie Martin Heidegger. Wenn ich Heidegger auch nie direkt studiert habe, so waren doch viele der Philosophen, Psychologen und Theologen, die meinem Denken die Richtung gewiesen haben, wesentlich von ihm beeinflußt. Walgrave, Binswanger und Karl Rahner kann man ohne Heideggers Existenzphilosophie nicht ganz verstehen.

Heute habe ich eine Gedenkrede gelesen, die Heidegger 1955 in Meßkirch, seinem Geburtsort, zu Ehren des Komponisten Conradin Kreutzer gehalten hat, der ebenfalls aus Meßkirch stammte. Sie trägt den Titel „Gelassenheit".

Heidegger stellt fest, die größte Gefahr unserer Zeit liege darin, daß das mit der technischen Revolution verbundene, bloß rechnerische Denken die vorherrschende und einzige Denkweise bleiben könnte. Warum ist das so gefährlich? Heidegger sagt: Weil „dann mit dem höchsten und erfolgreichsten Scharfsinn des rechnenden Planens und Erfindens – die Gleichgültigkeit gegen das Nachdenken, die totale Gedankenlosigkeit zusammenginge ... Dann hätte der Mensch sein Eigenstes, daß er nämlich ein nachdenkendes

160

Wesen ist, verleugnet und weggeworfen. Darum gilt es, das Nachdenken wachzuhalten."[4]

Heidegger fordert eine Haltung, in der wir zu modernen technischen Entwicklungen ja sagen, insofern sie unserem täglichen Leben dienen, und nein, wenn sie unser ganzes Sein beanspruchen. Er fordert *die Gelassenheit zu den Dingen* (die Wirklichkeit sprechen lassen) und eine Offenheit für das Geheimnis der Dinge. Diese Gelassenheit und Offenheit, sagt Heidegger, werden uns ein neues Verwurzeltsein, eine neue Bodenständigkeit und ein neues Zugehörigkeitsgefühl geben. So können wir nachdenkende Menschen bleiben und uns davor schützen, einer „rechnenden" Existenz zu verfallen.

Es ist klar, wie wichtig Heideggers Gedanken auch heute noch sind. Wir müssen unser Nachdenken mehr denn je absichern. Indirekt berührt Heidegger damit auch die Notwendigkeit einer neuen Spiritualität, eines neuen In-der-Welt-Seins, ohne von der Welt zu sein.

Gemeinschaft im Geiste Gottes

Donnerstag, 6. Februar

Als ich vor einigen Jahren zu Vorlesungen in der Grace Cathedral bei William Sloane Coffin jr. in San Francisco war, habe ich Wunibald Müller kennengelernt, der damals seine pastoraltheologische Dissertation fertiggestellt hat. Er arbeitet jetzt als Laientheologe am Institut für pastorale Bildung der Erzdiözese Freiburg.

Heute abend hatte Wunibald mich zu einer Diskussion mit einer Gruppe von Priestern und Seelsorgshelfern eingeladen. Es war dabei seine Absicht, mir einen Einblick in das kirchliche Leben in der Erzdiözese Freiburg zu geben und festzustellen, ob ich wohl einen Beitrag zur Arbeit des Instituts leisten könnte.

Es war ein sehr instruktiver Abend, bei dem ich Josef

---

[4] Martin Heidegger, Gelassenheit, Pfullingen 1959, 27.

Sauer, den Institutsleiter, den Studentenpfarrer und geistlichen Betreuer der Seelsorgshelfer, Eugen Maier, Anselm Grün, einen Benediktiner aus Münsterschwarzach, Karl Ludwig, einen Krankenhaus-Seelsorger aus Mainz, und Werner Rück, den Herausgeber der Zeitschrift „Lebendige Seelsorge", kennenlernen konnte. Wir haben zwei Stunden lang Gedanken ausgetauscht, miteinander Eucharistie gefeiert, eine Tafelrunde gebildet und zum Abschluß einige Vorschläge formuliert und miteinander gebetet.

Als wichtigste Frage hat sich dabei ergeben, wie man von einem eher einzelgängerischen und routinemäßigen Vorgehen in der Seelsorge zu einem mehr von der Gemeinschaft und vom Geist getragenen Handeln gelangen könne. Viele Pfarrer leben und arbeiten allein und empfinden oft ihre vielen Aufgaben und Verpflichtungen als eine Last. Könnten sie sich wohl mehr als Glieder einer Gemeinschaft im Glauben erleben und bei ihren Entscheidungen mehr von geistlichen Gesichtspunkten ausgehen?

Ich komme immer mehr zu der Einsicht, daß Seelsorge in erster Linie Glaubenszeugnis einer Gemeinschaft ist. Wenn wir als Christen so leben, daß die Freude und der Friede Christi sichtbar werden, verliert die Seelsorge mehr und mehr an Mühsal und wird zur brüderlichen Teilhabe an der Fülle der göttlichen Liebe. Wenn wir, die wir als Priester oder Laien im Seelsorgsdienst stehen, von Gottes Liebe erfüllt sind, können wir nicht umhin, seelsorglich zu wirken; denn Gottes Liebe reicht immer weit über die Grenzen der Gemeinschaft hinaus, in der man sie am höchsten schätzt und feiert.

Wir haben uns eingehend darüber unterhalten, wie wichtig es ist, den Glauben in Gemeinschaft miteinander zu leben. Solch eine Gemeinschaft ist eine Herausforderung an uns, einander unser Gebrochensein zu gestehen, Leid miteinander zu teilen, in Freude miteinander zu jubeln, unsere Einheit zu feiern und die vergebende und versöhnende Gegenwart Gottes in allen Dingen zu bekunden. Solch eine Gemeinschaft ist eine Gilde der Schwachen, in der man

Gottes Macht spüren und verkünden kann. Sie ist ein Ort, von dem man ausziehen und zu dem man zurückkehren kann. Sie braucht keine äußere Einrichtung zu sein: ein Haus, ein Kloster oder eine Kirche. Sie ist vor allem ein tiefes Einander-verpflichtet-Sein im Geist, in der Seelsorge gemeinsam zu wirken und so als Gemeinschaft in dieser Welt ein Zeichen der Hoffnung zu sein.

Es war uns allen natürlich klar, daß wir von diesem Seelsorgsstil noch weit entfernt sind. Wir sind sogar von solchen Gedankengängen noch weit entfernt. Trotzdem könnten wir, wenn solch eine Vorstellung unter uns Boden gewänne, zu überlegen beginnen, wie man die ersten Schritte in diese Richtung tun sollte.

Ich habe den Abend sehr genossen. Man hatte in der Runde das Gefühl echter Herzlichkeit. Ich staune, daß wir, die wir einander doch nur flüchtig oder überhaupt nicht kannten, so schnell zueinander finden, unser tiefstes Anliegen miteinander teilen und wie aus einem Munde beten konnten. Ja, es gibt in der Kirche viel Einzelgängertum und viel Routine, aber dieser Abend hat bewiesen, daß wir auch in hohem Maß die Fähigkeit besitzen, uns zur Gemeinschaft zusammenzufinden und Gottes richtungweisende Gegenwart zu erleben. Schon dieser Abend hat etwas Neues signalisiert.

Sich beschützt fühlen

Freitag, 7. Februar

Allmählich entdecke ich in meinem Gebetsleben eine neue Dimension. Sie ist schwer zu beschreiben, aber ich empfinde sie wie eine Anwesenheit Gottes, Marias, der Engel und der Heiligen zu meinem Schutz auch bei allen Zerstreuungen, Ängsten, Versuchungen und meiner inneren Verwirrung.

War mein Beten auch nicht inständig oder tief, so habe ich mich diese Woche doch danach gesehnt, für längere Zeit zu beten. Es war schön, einfach im Halbdunkel der an das Mutterhaus der Vinzentinerinnen angebauten Kirche zu sitzen. Ich fühlte mich umgeben von Wohlwollen, Milde, Güte und Angenommensein. Es kam mir vor, als würden Engelsflügel mich beschirmen: eine bergende Wolke, die mich bedeckte und dort festhielt. Wenn dieses neue Erleben auch sehr schwer in Worte zu fassen ist, so spürt man sich vor den Gefahren einer verführerischen Welt beschützt. Aber dieser Schutz ist sehr sanft, behutsam und umsorgend. Keine Schutzmauer oder Sperre aus Metall. Er ist eher wie eine Hand auf meiner Schulter oder ein Kuß auf meiner Stirn. Aber mag ich auch noch so abgesichert sein, ich werde nicht aus der Gefahrenzone genommen. Ich werde der verführerischen Welt nicht entrückt, werde dem Zugriff von Gewalt, Haß, Gelüsten und Begierden nicht entzogen. Ich spüre sie sogar mitten in meinem Sein, wo sie schrill meine ganze Beachtung fordern. Sie sind rastlos und laut. Dennoch sind diese Hand, diese Lippen und diese Augen da, und ich weiß, daß ich geborgen bin, liebevoll gehalten und umsorgt, und von den guten Geistern des Himmels beschützt werde.

So bete ich denn, während ich nicht weiß, wie man in rechter Weise beten soll. Ich bin still, während ich meine Rastlosigkeit spüre, in Frieden trotz der Anfechtung, geborgen trotz aller Sorgen, umgeben von einer lichten Wolke trotz der noch andauernden Finsternis, ein Liebender trotz meiner noch andauernden Zweifel.

Es ist wirklich eine Gnade, daß ich die Zeit habe, tagsüber ganz nach Belieben aufzustehen und in die Mutterhauskirche zu gehen, um einfach dort zu sein und wieder Zuversicht zu schöpfen. Immer warten dort Gottes Engel auf mich und sind darauf bedacht, sich um mich zu scharen, mich unter ihren Schwingen zu bergen und ruhen zu lassen, ohne viel Aufhebens von all dem Geschrei in meiner inneren Finsternis zu machen. Sie reden nicht viel; sie geben keine langen Erklärungen ab. Sie sind einfach da, um mich davon in Kenntnis zu setzen, daß Gottes Herz so unendlich viel größer ist als mein eigenes.

Das Mitleid in den Augen Christi

Samstag, 8. Februar

Der *Christus auf einem Esel* im Freiburger Augustinermuseum ist eine der ergreifendsten Christusfiguren, die ich kenne. Ich habe viele Ansichtskarten davon an meine Freunde verschickt und eine als Lesezeichen ins Brevier gelegt.

Heute nachmittag war ich im Museum, um ruhig vor diesem *Christus auf dem Palmesel* zu verweilen. Diese Holzplastik aus dem vierzehnten Jahrhundert stammt aus Niederrotweil, einem kleinen Ort bei Breisach am Rhein. Sie wurde ursprünglich auf einem Wagen in der Palmsonntags-Prozession mitgeführt. Im Jahre 1900 hat das Augustinermuseum sie erworben, wo sie jetzt im Mittelpunkt des ersten Ausstellungssaales steht.

Christi längliches, schmales Gesicht mit hoher Stirn, nach innen gewandtem Blick, langem Haar und einem kleinen, geteilten Bart bringt das Geheimnis seines Leidens auf eine Weise zum Ausdruck, die mich in ihren Bann zieht. Wie er so nach Jerusalem hineinreitet, von Menschen umringt, die „Hosanna" rufen und „Zweige von den Bäumen schneiden und sie auf den Weg streuen" (Mt 21, 8), scheint Jesus sich ganz auf etwas anderes zu konzentrieren. Er beachtet die aufgeregte Menge nicht. Er winkt ihr nicht zu. Er sieht schon jenseits allen lauten Treibens, was vor ihm liegt: Den bitteren Weg durch Verrat, Folter, Kreuzigung und Tod. Sein gedankenversunkener Blick erkennt, was niemand aus seiner Umgebung sehen kann; seine hohe Stirn läßt ein Wissen um Zukünftiges ahnen, das alles Begreifen übersteigt.

Man spürt die Schwermut, aber auch ruhige Ergebenheit, das Wissen um die Unbeständigkeit des Menschenherzens, aber auch abgrundtiefes Mitleid, die tiefe Ahnung der unsäglichen Qual, die ihm bevorstand, aber auch die feste Entschlossenheit, Gottes Willen zu erfüllen. Man spürt vor allem die Liebe, eine unendliche, tiefe und allumfassende

Liebe, die einer unverbrüchlich liebenden Gottverbunden-
heit entstammt und allen Menschen gilt, wo immer sie
sind, waren und sein werden. Es gibt nichts, was er nicht
ganz genau weiß. Es gibt niemand, dem er nicht mit seiner
ganzen Liebe zugetan ist.

Jedesmal wenn ich diesen Christus auf dem Esel anschaue, wird mir neu bewußt, daß er mich auch sieht mit
all meinen Sünden, meiner ganzen Schuld und Schande,
und daß er mich von ganzem Herzen liebt, mir gnädig ist
und sich meiner erbarmt.

Im Augustinermuseum bei ihm zu verweilen, ist schon
Gebet. Ich schaue und schaue und schaue, und ich weiß,
daß sein Blick in die Tiefen meines Herzens dringt; ich
brauche keine Angst zu haben.

Siegreiche Königin oder demütige Magd

Sonntag, 9. Februar

Den Hochaltar des Münsters ziert ein herrliches Tripty-
chon des Malers Hans Baldung Grien. Es stellt die Krönung
Mariens im Himmel durch Gott, den Vater, Gott, den
Sohn, und Gott, den Heiligen Geist, dar. Das Gemälde ist
ein Ausdruck von Überschwang und Hoheit. Zur Linken
Marias sitzt Gott Vater mit Krone und Königsmantel, ein
langes Zepter in der linken Hand. Zu ihrer Rechten sitzt
Gott Sohn mit Krone und Königsmantel und birgt die Welt
in seiner rechten Hand. Beide halten mit ausgestrecktem
Arm eine goldene Krone über Marias Haupt, während der
Heilige Geist in Gestalt einer Taube darüber schwebt. Ein
Reigen singender und musizierender Putten umgibt sie,
während Petrus, Paulus und die anderen Apostel diese Him-
melsszene mit andächtigem Staunen betrachten.

Hans Baldung Grien hat dieses Meisterwerk zwischen
1512 und 1516 gemalt. Wenn ich auch dieses große Kunstwerk bewundere, hat die Darstellung mich eigentlich nie
angezogen. Irgendwie fällt es mir schwer, Maria als Hauptfi-
gur von der Allerheiligsten Dreifaltigkeit eingerahmt zu se-

hen. Das Menschenantlitz Gottvaters und des Gottessoh-
nes erweckt in mir auch nur wenig Andacht. Die ganze
Szene scheint eher eine königliche Huldigung an das Weib-
liche als Gottes Antwort auf Marias demütiges „Ja" darzu-
stellen. Was ist nur aus dem biblischen Marienbild
geworden, das sie als die demütige, treue und im Gebet ver-
weilende Magd zeigt, die die Absicht ihres Sohnes nicht verstanden hat, aber „alles, was geschehen war, in ihrem
Herzen bewahrte" (Lk 2, 51)? Hier ist Maria zur siegreichen
Königin geworden, die mit großer Pracht vom Dreieinigen
Gott und den Chören der Engel und Apostel geehrt wird.

Das Altarbild im Münster ist nicht das einzige seiner Art.
Heute nachmittag war ich mit Franz und Renate Johna in
Breisach und habe das majestätische frühgotische Münster
hoch über dem Rhein besucht. Auch hier habe ich ein
mächtiges Altarbild mit einer Marienkrönung durch die
Heiligste Dreifaltigkeit gefunden. Es ist allerdings kein Gemälde, sondern ein reich verschlungenes Holzschnitzwerk
und gilt als eins der wichtigsten Denkmäler deutscher Bild-
hauerkunst, geschnitzt vom Meister „HL" zwischen 1523
und 1526. Als wir nach Niederrotweil, einem kleinen Dorf
nicht weit von Breisach, weiterfuhren, haben wir in der
dortigen St.-Michaels-Kapelle einen weiteren Schnitzaltar
des Meisters „HL" gesehen, der ebenfalls Marias königliche
Herrlichkeit im Himmel darstellt. Auch hier ein exquisites
Kunstwerk in meisterhafter Ausführung.

Doch in alledem liegt eine Tragik. Zu der Zeit, da man
Maria als Himmelskönigin in einer Weise verherrlicht hat,
die sogar den Dreieinigen Gott an die zweite Stelle zu rük-
ken scheint, haben Martin Luther und die anderen Refor-
matoren ihre Stimme im Protest erhoben. Für sie hat diese
Verherrlichung Marias nicht mehr wiedergegeben, was die
Bibel von ihr berichtet. Für sie ist die Anbetung Gottes
durch Marienanbetung ersetzt worden, die demütige Magd
war zum Objekt hemmungsloser Götzendienerei geworden.
Dieser Entwicklung haben sie ein lautes „Nein" entgegenge-
halten. So ist das höchste Zeugnis menschlicher Kunst und

167

Frömmigkeit zur Ankündigung einer Krise geworden, die die abendländische Christenheit in zwei Teile spalten sollte. Hans Baldung Grien und der Meister „HL" sind daher in der christlichen Kunst Vertreter einer Entwicklung, die allmählich den Kontakt mit ihrem Ursprung verloren hat und immer mehr zu einem Spiegelbild spätmittelalterlicher höfischer Eleganz geführt hat, das wenig mit dem zu tun hat, was das Lukas-Evangelium uns von der Gottesmutter berichtet. Als der Meister „HL" seine Marienkrönung schnitzte, hat Luther in Wittenberg seine Thesen ans Kirchenportal genagelt.

Heute haben Katholizismus und Protestantismus zu einem neuen Dialog gefunden. Wir brauchen einander und müssen genau aufeinander hören. Wir müssen einander helfen, das Geheimnis der Menschwerdung Gottes in der demütigen Jungfrau Maria zu schützen.

Guckloch-Gesichter

Montag, 10. Februar

Rosenmontag in Freiburg. Um 2 Uhr nachmittags war ich in der Stadt zum Rosenmontagsumzug und habe Narren, Clowns, Musikkapellen, kleine und große Wagen, unendlich viele Masken aller Art und Konfetti in Fülle gesehen. Es war bitter kalt, die Leute wärmten sich mit heißen Waffeln und Glühwein. Der Zug bestand aus 149 verschiedenen Gruppen, und es dauerte zwei Stunden, bis er vorbeigezogen war.

Am meisten beeindruckten mich die großen Masken. Viele von ihnen waren wahre Kunstwerke, die unterschiedlichste Stimmungen zum Ausdruck bringen: Zorn, Freude, Haß, Liebe, Güte und Bosheit. Manche waren so wirklichkeitsnah, daß ich mir kaum vorstellen konnte, ihre Träger würden anders empfinden, als die Masken es ausdrückten.

Einige Köpfe waren so riesengroß, daß man die Gesichter ihrer Träger nur durch Gucklöcher im Hals sehen konnte. Viele haben durch die Gucklöcher auf Trompeten, Flöten oder Hörnern geblasen. Was mir auffiel, war der Gegensatz zwischen dem Ausdruck der Masken und dem der Gesichter in den Gucklöchern. Die „Guckloch-Gesichter" sahen alle im Vergleich zu den ausgelassenen Gesichtern der Köpfe hoch über ihnen recht ernst aus. Während der Zug zu einem Tag närrischen Treibens animieren wollte, war er für mich ein Beweis dafür, wie mühsam es für die Menschen ist, unbeschwert Feste zu feiern. Auch die Zuschauer an den Seiten der Straßen haben das Treiben eher mit großem Ernst zur Kenntnis genommen. Wenn nicht die vielen Musikkapellen dagewesen wären, wäre es äußerst eintönig gewesen. Es sah mir sehr nach Pflichtübung aus. Sogar wild kostümierten Masken fiel das Lächeln schwer! Für sie war es eine ernste Sache. Am ernstesten schienen die Kinder es zu nehmen. Ob sie als Katzen, Mäuse, Eisbären, Wüstenscheichs, Indianer, Mexikaner oder Hexen kostümiert waren, ihren kleinen Gesichtern konnte man ansehen, wie wichtig sie es nahmen!

Ich habe alles an mir vorbeiziehen lassen, eine Waffel gegessen, zwei Glas Glühwein getrunken und bin nach Hause gegangen. Die Schwester an der Pforte begrüßte mich mit offenem Blick, einem strahlenden Gesicht und munterem Lachen. Mit einem Mal war mir klar, daß keine Maskerade Menschen glücklich und zufrieden machen kann. Freude muß von innen kommen.

Ein Gebet zur Fastenzeit

Dienstag, 11. Februar

Lieber Herr Jesus,
Morgen beginnt die Fastenzeit. Sie ist eine Zeit der besonderen Nähe zu dir, damit wir beten, fasten und dir so auf deinem Weg nach Jerusalem, nach Golgota und zum Sieg über den Tod folgen.
Ich bin immer noch so zerrissen. Ich möchte dir wirklich folgen, aber ich möchte auch meinen Wünschen folgen und den Stimmen Gehör schenken, die von Prestige, Erfolg,

menschlichem Ansehen, Annehmlichkeiten, Macht und Einfluß künden. Hilf mir, für diese Stimmen taub zu werden und besser auf deine Stimme zu achten, die mich aufruft, den engen Weg zu wählen, der zum Leben führt.

Ich weiß, daß die Fastenzeit für mich eine sehr schwere Zeit sein wird. In jedem Augenblick meines Lebens muß ich mich für deinen Weg entscheiden. Ich muß mich für Gedanken entscheiden, die deine Gedanken sind, für Worte, die deine Worte sind, und für Werke, die deine Werke sind. Immer und überall muß ich meine Wahl treffen. Und ich weiß, wie sehr ich mich dagegen sträube, dich zu erwählen.

Herr, sei mir, bitte, immer und überall zur Seite. Gib mir die Kraft und den Mut, in dieser Zeit treu zu sein, so daß ich am Osterfest voll Freude das neue Leben verkosten kann, das du mir bereitet hast.

Amen.

Die Freude wählen

Donnerstag, 13. Februar

In der ersten Lesung der heutigen Messe habe ich gehört: „Leben und Tod lege ich dir vor ... Wähle also das Leben, damit du lebst, du und deine Nachkommen. Liebe den Herrn, deinen Gott, hör auf seine Stimme, und halte dich an ihm fest" (Dtn 30, 19 f).

Wie wähle ich das Leben? Ich merke immer mehr, daß es nur wenige Augenblicke ohne die Wahlmöglichkeit gibt, da Tod und Leben immer vor mir liegen. Das Leben kann man auch unter dem Aspekt der Freude wählen. Freude ist lebenspendend, aber Traurigkeit ist todbringend. Ein betrübtes Herz ist ein Herz, in dem etwas erstirbt. Ein freudiges Herz ist ein Herz, in dem etwas Neues geboren wird.

Ich glaube, daß Freude mehr ist als nur eine Stimmung. Eine Stimmung kommt über uns. Wir wählen uns unsere Stimmungen nicht selbst. Oft befinden wir uns in einer frohen oder niedergeschlagenen Stimmung, ohne zu wissen, woher sie rührt. Das geistliche Leben ist ein über Stimmungen erhabenes Leben. Es ist ein Leben, in dem wir die Freude wählen, und uns dagegen verwahren, Opfer flüchtiger Glücks- oder Trübsinnsgefühle zu werden.

Ich bin davon überzeugt, daß wir die Freude wählen können. Jeden Augenblick können wir beschließen, auf ein Vorkommnis oder einen Menschen mit Freude zu reagieren statt mit Traurigkeit. Wenn wir wirklich glauben, daß Gott Leben ist und nichts als Leben, dann kann eigentlich keine Macht uns in das traurige Reich des Todes ziehen. Die Freude zu wählen heißt nicht, frohe Gefühle oder eine künstliche Atmosphäre der Heiterkeit zu wählen. Es heißt vielmehr, fest entschlossen zu sein, sich von allem, was da vorkommt, dem Gott des Lebens einen Schritt näher bringen zu lassen.

Vielleicht ist es das, worauf es in stillen Augenblicken der Meditation und des Gebetes besonders ankommt: Sie gestatten mir, einen kritischen Blick auf meine Launen zu werfen und aus einem Opfer meiner Launen zu einem Menschen zu werden, der sich frei entscheiden kann.

Heute morgen habe ich mich beim Aufwachen bedrückt gefühlt, ohne einen Grund dafür finden zu können. Das Leben kam mir einfach leer, vergeblich, mühsam vor. Ich spürte, wie düstere Geister über mich kamen. Ich habe erkannt, daß diese Laune mich täuschen wollte. Das Leben ist nicht sinnlos. Gott hat das Leben als einen Ausdruck der Liebe erschaffen. Das zu wissen, war mir schon eine Hilfe, selbst wenn ich es nicht nachvollziehen konnte. Auf dem Boden dieser Erkenntnis konnte ich wieder die Freude wählen. Diese Entscheidung bedeutet einfach, daß man wahrhaftig handelt. Die bedrückte Stimmung ist noch da. Ich kann sie nicht einfach mit Gewalt aus dem Herzen verbannen. Aber ich kann sie wenigstens als Täuschung entlarven und so daran hindern, Grundlage meines Handelns zu werden.

Ich bin zur Freude berufen. Es ist für mich sehr tröstlich zu wissen, daß ich die Freude wählen kann.

Rings um das Münster ist alles in Ordnung

Samstag, 15. Februar

Samstagnachmittag um 5 Uhr am Münster unserer Lieben Frau. Auf dem Münsterplatz ist es ganz still. Leise und kaum merklich sinkt der Schnee auf das Pflaster. Die Häuser rings um das Münster bilden eine stille, friedliche Versammlung wie Kinder, die um ein Lagerfeuer sitzen und einer Geschichte zuhören. Kaum ein Laut ist zu hören. Die Geschäfte sind schon seit Mittag geschlossen. Keine Autos, kein lautes Rufen, nicht einmal lärmende, spielende Kinder. Hier und da sehe ich einen Menschen über den leeren, schneebedeckten Platz in die Kirche gehen.

Die Sonne ist untergegangen, der Abend dämmert. Der graue Himmel ist von weißen Pünktchen übersät. Vor den Gasthäusern brennen ein paar Lichter und laden ein zu einem Glas Wein und einem kräftigen Vesper.

Ich schaue zum Münsterturm hinauf. Wortlos erzählt er seine Geschichte, eine weise alte Großmutter mit einem Lächeln für ihre Enkel, die sagen: „Erzähl uns das doch noch einmal." Er steht im Scheinwerferlicht bis zur Spitze, und durch das Filigran des Helmes dringt ein warmer Schein. Ich schaue und empfinde gütigen Zuspruch und Trost. Er scheint zu sagen: „Mach dir nicht so viele Sorgen. Gott liebt dich."

In der Kirche ist es dunkel. Doch vor der großen Statue der Gottesmutter mit dem Kind breitet sich eine Insel von Licht aus. Die Flammen Hunderter kleiner Wachslichte verleihen dem Licht einen Schein, als lebe es und bewege es sich. Ein paar Leute stehen vor der Statue und beten mit geschlossenen Augen.

In den kleinen Kapellen des Chorumganges sitzen Priester im Beichtstuhl. Still kommen und gehen die Leute. Ich knie vor einem der Priester nieder und bekenne meine Sünden. Er hört mich aufmerksam an und sagt mir mit gütigen Worten, wie wichtig es ist, sich allzeit zu freuen. Als er mich losspricht im Namen des Vaters und des Sohnes und des Heiligen Geistes, fühle ich etwas von der Freude in mir aufsteigen, von der er gesprochen hat.

Ich bete eine Weile vor der Statue der Mutter Gottes. Dann gehe ich zu Fuß nach Hause, das Herz voller Frieden. Inzwischen ist es ganz dunkel geworden. Der Turm steht immer noch da in seinem warmen Licht und lächelt mir zu. Es ist alles in Ordnung.

Mitleidendes Erbarmen

Sonntag, 16. Februar

Heute morgen haben Franz, Reny und Robert Johna mich nach Colmar mitgenommen. Wir sind durch den Zoll nach Frankreich eingereist, haben den Rhein überquert und waren um 9 Uhr am Colmarer Münster.

Das schöne, gotische Gotteshaus war hell erleuchtet, der Chor hat mit Begeisterung Choral und eine Palestrina-Motette und der Pfarrer mit frischer Stimme die Meßgesänge gesungen. Auch die Gemeinde machte mit. Für mich war es das erste Mal im Leben, daß ich in einem gotischen Münster zelebriert habe. Als ich aus dem Altarraum in das gewaltige Hauptschiff schaute und den himmlischen Wohlklang der Musik Palestrinas hörte, konnte ich etwas von dem Glauben, der Hoffnung und der Liebe derer spüren, die dieses Gotteshaus erbaut hatten. Da fiel das Beten leicht. Alles rings um uns hat gesagt: „Lobet, lobet den Herrn, jetzt und in Ewigkeit!"

Nach dem Hochamt gingen wir ins Unterlinden-Museum, um uns den Isenheimer Altar anzuschauen. Dieses Meisterwerk, in dem die ganze spätmittelalterliche Malerei zusammengefaßt ist und einen grandiosen Höhepunkt erreicht hat, ist zwischen 1513 und 1515 für ein Spital in dem elsässischen Städtchen Isenheim geschaffen worden. Der Maler war ein so zurückgezogen lebender und vielleicht sogar melancholischer Mensch, daß die Kunstkritiker sogar heute noch über seine Identität streiten. Doch die meisten sehen in Matthias Grünewald den Schöpfer dieses gewaltigsten Altarbildes aller Zeiten. Es besteht aus drei riesigen Triptychen, die übereinander liegen. Das erste Triptychon zeigt die Kreuzigung, das zweite die Verkündigung, die Geburt und die Auferstehung und das dritte das Leben des heiligen Wüstenvaters Antonius.

Bevor ich nach Colmar aufgebrochen bin, habe ich zwei Bücher von Wilhelm Nyssen über das Altarbild gelesen und war daher auf einen tief ergreifenden Anblick vorbereitet. Das Werk selbst übertrifft aber jede Beschreibung und jeden Reproduktionsversuch. Als ich den geschundenen, qualvoll verzerrten und schwärenbedeckten Leib Jesu an ein Kreuz genagelt erblickte, das einem gespannten Bogen mit einem Pfeil auf der Sehne gleicht, konnte ich mir vorstellen, was die auf den Tod kranken Menschen im Isenheimer Spital empfunden haben müssen. Sie haben ihren Gott von denselben Eiterschwären übersät erblickt, von denen auch sie befallen waren, und voller Entsetzen festgestellt, was es bedeutet hat, daß Gott wie einer von ihnen geworden ist. Sie haben Solidarität, mitleidendes Erbarmen, Vergebung und unbändige Liebe zugleich gesehen. Sie haben gesehen, daß sie auf ihrem qualvollen Todesweg nicht allein waren. Doch sahen sie auch, wenn an bestimmten Festen die Vorderflügel aufgeschlagen wurden, daß dieser zermarterte Leib Jesu nicht nur aus Maria geboren worden ist, um mit ihnen zu sterben, sondern auch, um in Lichtherrlichkeit von den Toten aufzuerstehen. Derselbe Leib, der voller Wunden war, ist in einen Leib verwandelt worden, der göttliches Licht in einer Herrlichkeit ausstrahlt, die alles überwunden hat, einer Herrlichkeit, zu der auch sie berufen sind. Und das dritte Triptychon, auf dem die gespenstischen Versuchungen des heiligen Antonius und sein heiliges Gespräch mit dem Einsiedler Paulus dargestellt sind, muß die Kranken in packender Eindringlichkeit davon überzeugt haben, daß die Teilnahme an Christi Herrlichkeit die Bereitschaft voraussetzt, auch seinen Todeskampf mit ihm zu teilen. Antonius, den sie da vor Augen hatten, war der

Schutzpatron der Antoniter, des Mönchsordens, der sie betreute.

Nach zwei Stunden vor dem Isenheimer Altar hatte ich mehr gelernt, als ich in vielen Tagen aus Büchern über den Sinn des Leidens und der Herrlichkeit Jesu je hätte lernen können. Grünewalds gekreuzigter und auferstandener Christus hat sich meinem Vorstellungsvermögen und meinem Gedächtnis so tief eingeprägt, daß ich ihn, wo ich auch bin, immer vor mir sehen kann.

Auf der Rückfahrt nach Freiburg durch die Weinberge des Kaiserstuhls kamen mir die Worte Jesu in den Sinn: „Ich bin der Weinstock, ihr seid die Reben", und ich habe erneut festgestellt, wie wichtig es ist, mit dem Einen verbunden zu leben, der für mich gestorben und auferstanden ist. Auch Grünewald hat das auf seine Art gesagt.

Gottes Licht verklärt unseren Leib

Straßburg, Sonntag, 23. Februar

Heute früh um 8 Uhr haben Franz und Robert mich nach Straßburg gebracht. Um 11 Uhr haben wir die Sonntagsmesse im dortigen Münster mitgefeiert. Der Münsterpropst hat mich eingeladen, mit ihm zu konzelebrieren. Ein hochgewachsener, junger Franziskanerpater, Studentenpfarrer an der Straßburger Universität, würde predigen.

Nach dem Evangelium von der Verklärung ist der Franziskaner auf die reich geschnitzte Kanzel in der Mitte des Domes gestiegen. Alle Gottesdienstbesucher haben daraufhin ihren Stuhl so gedreht, daß sie ihn sehen und ihm aufmerksam folgen konnten. Der Prediger sprach nicht nur über die Verklärung Jesu, sondern auch über die der ganzen Schöpfung. Dabei zeigte er auf die in Gelb, Weiß und Blau leuchtende Rosette über dem Münsterportal und sagte: „Obwohl sie ein herrliches Kunstwerk ist, können wir sie doch nur dann in ihrem vollen Glanz leuchten sehen, wenn die Sonne sie mit ihrem Strahl erleuchtet." Danach führte er aus, wie unser Leib, das Werk unserer Hände und alles, was da ist, nur dann leuchten können, wenn wir sie von Gottes Licht erleuchten lassen. Während er sprach, habe ich immer zu der großartigen Rosette – sie hat 13 Meter im Durchmesser und ist die größte, die je geschaffen worden ist – hingeschaut und die Verklärung auf dem Berge Tabor ganz neu verstehen gelernt: Gottes Licht strahlt aus dem Leibe Jesu auf.

Vor sechs Jahrhunderten haben Künstler eine Rosette geschaffen, die mir heute zu einer neuen Sicht der strahlenden Herrlichkeit Christi verhilft. Wie schon in Colmar habe ich mich wieder als Glied des Gottesvolkes auf seinem langen Weg durch die Jahrhunderte empfunden. Vieles, was uns umgab, war alt und vieles neu. Da waren die Standbilder von Heiligen, Königen und Königinnen einer fernen Vergangenheit, aber da waren auch freundliche Geistliche in Jeans und Rollkragenpullover, Ministrantinnen und viele neben dem Münster geparkte Autos. Ich konnte sehen, wie die Geschichte auf ihrem Weg nicht stehenbleibt. Aber immer und immer wieder ist am zweiten Fastensonntag dieselbe Geschichte gelesen worden: die Geschichte von der Verklärung Jesu.

Um 12:45 Uhr mittags schlug die Stunde des Abschieds. Als ich aus dem langsam anfahrenden Zug Franz und Robert zuwinkte, hatte ich das Gefühl, daß ich in eine alt-ehrwürdige und ewig-junge Welt Eingang gefunden hatte, an die das Straßburger Münster nur noch einmal erinnern wollte.

16 Der Abstieg

Nachfolge auf dem schmalen Weg

Trosly; Mittwoch, 26. Februar

Jesus sieht seinem Leiden und seinem Tod direkt ins Auge und fordert seine Jünger auf, es ihm ihrerseits gleichzutun. Er sagt sich und denen, die an ihn glauben, keine leichte Zukunft voraus. Ist Jesus auch ausdrücklich gegen den menschlichen Hang, Leiden und Tod zu vermeiden, angegangen, so haben seine Gefolgsleute aus Erfahrung gelernt, daß es besser ist, offenen Auges die Wahrheit zu leben als sich Illusionen hinzugeben.

Leiden und Tod gehören zum schmalen Weg Jesu. Jesus verherrlicht sie nicht und nennt sie auch nicht schön, gut oder wünschenswert. Jesus ruft nicht zum Heldentum oder zum freiwilligen Opfertod auf. Nein, Jesus lädt uns ein, unserer Lebenswirklichkeit ins Gesicht zu schauen, und zeigt dann, daß diese rauhe Wirklichkeit der Weg zu einem neuen Leben ist. Im Kern besagt die Botschaft Jesu, daß man wahre Freude und wahren Frieden nie erreichen kann, wenn man sich an Leiden und Tod vorbeidrückt, sondern nur, wenn man durch sie hindurchgeht.

Dagegen könnte man einwenden: Wir haben ja gar keine andere Wahl. Gewiß, wer kann Leiden und Tod entgehen? Und doch: Wir können uns der Lebenswirklichkeit versagen, oder wir können uns ihr stellen. Wenn wir ihr ins Auge sehen, und das nicht in Verzweiflung, sondern mit den Augen Jesu, entdecken wir, daß sich da, wo wir es am wenigsten erwarten, eine Verheißung verbirgt, die noch stärker ist als der Tod. Jesus ist seinen Lebensweg in dem Vertrauen gegangen, daß Gottes Liebe stärker ist als der Tod, und daß der Tod demnach nicht das letzte Wort hat. Er fordert uns auf, der schmerzlichen Wirklichkeit unseres Daseins mit demselben Vertrauen ins Auge zu sehen.

Den Lauf der Sonne abbremsen

Dienstag, 4. März

Seit meiner Rückkehr aus Freiburg habe ich unzählige Dinge zu erledigen und dabei doch das Gefühl gehabt, es zu nichts zu bringen. Vom frühen Morgen bis in die Nacht war ich beschäftigt mit Briefen, Telefonanrufen, Besuchen, Sitzungen und anderen, anscheinend dringenden Angelegenheiten. Aber ich habe an meiner, wie ich glaube, eigentlichen Aufgabe hier nicht viel getan: Beten und Schreiben. Ich habe meine einstündige Morgenbetrachtung beibehalten, habe täglich die Eucharistie gefeiert, habe mein Abendgebet verrichtet, doch es hat der Schwung gefehlt. Ich bin irgendwie hölzern, hart und trocken gewesen! Und ich habe die Tage mit der Erledigung von Kleinigkeiten verstreichen lassen. Ich habe einen Koffer voller Briefe vorgefunden, die sich während meiner sechs Wochen in Deutschland gestapelt hatten. Großartige, schöne Briefe. Aber wenn ich sie zu lesen und zu beantworten beginne, vergehen die Stunden und verrinnen die Tage.

Ich fühle mich frustriert, denn mitten in dieser Betriebsamkeit kommen mir immer noch Gedanken, Erkenntnisse und Empfindungen, die ich gleich zu Papier bringen möchte. Und je mehr Gedanken, Erkenntnisse und Empfindungen mir kommen, desto mehr steigert sich meine Frustration: Es sind zu viele, um sie im Griff zu behalten reicht mein Gedächtnis nicht aus, und ich kann nicht alles für später aufheben. Ich müßte jetzt schreiben, nicht später.

In einem Brief eines Freundes steht: „Ich hoffe, Du findest Zeit zum Schreiben, aber nimm Dich selbst nicht zu ernst!" Ich sollte vielleicht ein wenig über meine Zwangsvorstellungen lächeln. Ich sollte mich vielleicht darauf verlassen, daß sich Zeit findet, wenn es sein muß. Inzwischen beschwere ich mich bei Gott, daß er die Tage so kurz gemacht hat. Ich sage immer wieder: „Herr, bremse, bitte, den Lauf der Sonne ein wenig ab!" Aber sie nimmt ihren

Lauf wie eh und je, eine Runde nach der anderen. Weder schneller noch langsamer, vierundzwanzig Stunden, Tag für Tag!

Gestern hat Peter angerufen und mir mitgeteilt, die Zeitschrift *America* habe die Betrachtung über die Pfingstikone, die ich in Freiburg geschrieben hatte, nicht angenommen. Für mein Empfinden war sie die beste der vier Ikonenbetrachtungen, die ich geschrieben hatte, aber der Schriftleiter der Zeitschrift hat einen Zettel mit der Notiz beigelegt: „Sie hat nicht das Niveau, das wir von Henri Nouwen gewohnt sind." Nun, das könnte mich anstatt der Sonne ein wenig abbremsen! Es war ganz geeignet, mir zu helfen, mich nicht so ernst zu nehmen.

Vielleicht dient auch das dazu, in mir wieder die Einsicht zu wecken, daß ich nicht aus eigener Kraft heilig werden kann. Heiligkeit ist eine Gnadengabe Gottes, aber nichts, worauf ich auf Grund eigener Leistung Anspruch erheben könnte.

Das Leben duckt uns, es duckt uns sogar sehr. Ich muß es dabei belassen. Heute habe ich jemand sagen hören: „Ein klein wenig Demut kostet eine ganze Menge Verdemütigung."

Mit Jesus in Verbindung bleiben

Mittwoch, 12. März

Im Evangelium der heutigen Tagesmesse erklärt Jesus, daß alles, was er tut, in Verbindung mit seinem Vater geschieht: „Der Sohn kann nichts von sich aus tun, sondern nur, wenn er den Vater etwas tun sieht. Was nämlich der Vater tut, das tut in gleicher Weise der Sohn" (Joh 5,19).

Nachdem ich gestern das Empfinden hatte, völlig abgehängt zu sein, haben Jesu Worte für mich einen besonderen Klang. Ich muß mein Leben lang mit Jesus in Verbindung bleiben und durch ihn mit dem Vater. Auf dieser Verbindung beruht das ganze geistliche Leben. Diese Verbindung bewahrt mein Leben davor, sich in dem Bemühen, „am Ball zu bleiben", zu verzehren. Diese Verbindung bewahrt mich davor, daß meine Tage langweilig, mühselig, auslaugend, deprimierend und leer werden.

Wenn alles, was ich tue, immer mehr zum Ausdruck meiner Teilnahme am Leben Gottes werden kann, das ein totales Geben und Nehmen in Liebe ist, wird auch alles andere gesegnet und verliert seine Bruchstückhaftigkeit. Das heißt nicht, daß alles einfach und harmonisch wird. Es wird immer noch viel auszustehen sein, aber wenn das in Verbindung mit Gottes eigenem Todesleiden geschieht, kann auch mein Todesleiden zum Leben führen.

Ich vermute, letztlich läuft alles darauf hinaus, daß uns aufgegeben ist, ohne Unterlaß zu beten.

Ich liebe Jesus, aber ...

Samstag, 15. März

Das heutige Evangelium (Joh 7, 40–53) zeigt, daß Jesus nicht nur gute, treue Freunde hatte, die gewillt waren, ihm zu folgen, wohin er auch ginge, und erbitterte Feinde, die es nicht abwarten konnten, ihn loszuwerden, sondern auch manche Mitläufer, die sich von ihm angezogen fühlten, aber auch Angst hatten.

Der reiche Jüngling hat Jesus geliebt, aber er konnte nicht von seinem Reichtum lassen, um ihm nachzufolgen. Nikodemus hat Jesus bewundert, aber er hatte Angst, die Achtung seiner Ratskollegen zu verlieren. Mir wird immer deutlicher bewußt, wie wichtig es ist, einen Blick auf diese ängstlichen Mitläufer zu werfen, denn sie sind die Gruppe, zu der ich am meisten neige.

Ich liebe Jesus, aber ich möchte meine eigenen Freunde behalten, wenn sie mich auch Jesus nicht näher bringen. Ich liebe Jesus, aber ich möchte mir meine Unabhängigkeit bewahren, auch wenn diese Unabhängigkeit mir keine wahre Freiheit beschert. Ich liebe Jesus, aber ich möchte nicht die Achtung meiner Mitprofessoren verlieren, obgleich ich weiß, daß ihre Achtung nicht zu meinem geistlichen Fortschritt beiträgt. Ich liebe Jesus, aber ich möchte meine schriftstellerischen Pläne, meine Reisepläne und meine Vortragspläne nicht aufgeben, auch wenn diese Pläne oftmals eher meiner Ehre dienen als der Ehre Gottes.

So bin ich denn wie Nikodemus, der bei Nacht gekommen ist, im Kollegenkreis unverfängliche Aussagen über Jesus gemacht und seinem Schuldgefühl Ausdruck verliehen hat, als er mehr Myrrhe und Aloe zum Grab brachte, als vonnöten oder erwünscht war.

Zu seinen Ratskollegen hat Nikodemus gesagt: „Verurteilt etwa unser Gesetz einen Menschen, bevor man ihn verhört und festgestellt hat, was er tut?" (Joh 7, 51). Das sind vorsichtige Worte, Worte, die an Menschen gerichtet sind, die Jesus hassen. Aber sie nehmen Rücksicht auf ihre Verhältnisse. Sie besagen: „Selbst wenn Ihr Jesus haßt und ihn umbringen wollt, gebt Euch keine Blöße, haltet Euch an Eure eigenen Vorschriften." Nikodemus hat das gesagt, um Jesus zu retten, aber er wollte seine Freunde nicht verlieren. Das ist nicht gelungen. Seine Freunde hatten nur Spott für ihn: „Bist du vielleicht auch aus Galiläa? Lies doch nach: Aus Galiläa kommen keine Propheten!" Das ist ein Angriff auf seine Herkunft und auf seine berufliche Qualifikation.

Die Szene ist nicht neu. Oft habe ich vor Bischofsausschüssen und auf Fakultätssitzungen wie Nikodemus gesprochen. Statt unumwunden meine Liebe zu Jesus anzuführen, bin ich diplomatisch ausgewichen und habe zu bedenken gegeben, daß meine Freunde die Frage vielleicht auch unter einem anderen Aspekt betrachten sollten. Normalerweise sagen sie dann, ich hätte die Unterlagen nicht gründlich genug studiert, oder meine Gefühle schienen einer fachgerechten Behandlung der Frage im Weg zu stehen. Diejenigen, die das gesagt haben, wußten genau, worum es ging, und haben mich so zum Schweigen gebracht. Aber es war Angst, die mich daran gehindert hat, meine wirkliche Meinung zu sagen und Ablehnung zu riskieren.

Nikodemus verdient meine ganze Aufmerksamkeit.

Kann ich Pharisäer bleiben und zugleich Jesus nachfolgen? Verurteilt das mich nicht dazu, mit kostbaren, wohlriechenden Salben zum Grab zu kommen, wenn es zu spät ist?

Exerzitien

Nevers; Montag, 17. März

Heute abend bin ich in Nevers, fünf Autostunden von Trosly entfernt. Ich bin hier, um mit Jean Vanier und vierzig Betreuern aus der „Arche" „Bündnis-Exerzitien" zu machen (vgl. S. 193 f). Wir bleiben eine ganze Woche hier, um zu beten, Jeans Gedanken über das Leben nach dem Evangelium in der „Arche" zu hören, unsere Vorstellungen und Erfahrungen auszutauschen und uns über das klar zu werden, was uns mit den geistig Behinderten verbindet.

Der Schrei der Armen

Dienstag, 18. März

Zwei Themen klingen in Jean Vaniers Gedanken immer wieder auf: der Abstieg Gottes in die Erniedrigung und die Aufgabe, Gott nicht schon allein dadurch zu finden, daß man den Armen dient, sondern dadurch, daß man selbst arm wird. Gott, der die Welt in all ihrer Pracht erschaffen hat, wollte uns das Geheimnis des göttlichen Lebens durch seine Fleischwerdung in einem jungen Mädchen offenbaren, das in einem ärmlichen Dorf auf einem der kleinen Planeten wohnte, die sein eigenes Werk sind. Jesu Leben zeichnet sich dadurch aus, daß er in der Wahl dessen, was klein, demütig, arm, verstoßen und verschmäht ist, von Stufe zu Stufe tiefer steigt. Bei den Armen wohnt Gott am liebsten. So kann man in ihnen Gott begegnen.

Geistig Behinderte sind nicht nur arm; sie zeigen uns auch, wie arm wir selbst sind. Ihr erster Laut ist ein Schmerzensschrei: „Liebst Du mich?", und: „Warum hast Du mich verlassen?" Wenn uns dieser Schrei trifft, der in diesen Menschen, die sich nicht verstellen können, geradezu sichtbare Gestalt annimmt, zwingt er uns, uns unserer eigenen furchtbaren Verlassenheit und unserem eigenen ersten Laut zuzuwenden. Wir hören diesen Schrei überall in unserer Welt. Juden, Schwarze, Palästinenser, Flüchtlinge und viele andere schreien laut: „Warum ist für uns kein Platz, warum schiebt man uns ab, warum verdrängt man uns?" Jesus hat diesen Ur-Laut mit uns gelebt. „Mein Gott, mein Gott, warum hast du mich verlassen?" Er, der von Gott gekommen ist, um uns zu Gott zu führen, hat den tiefsten Schmerz erlitten, der einen Menschen treffen kann, den Schmerz, allein gelassen, verworfen, vergessen, im Stich gelassen zu werden von dem Einen, der der Quell jeglichen Lebens ist.

Dieser Schrei hat die „Arche" ins Leben gerufen. Die „Arche" ist eine Antwort auf den Schrei Jesu, der der Schrei aller ist, die Qualen leiden und sich fragen, ob überhaupt noch ein bleibender Kontakt mit jemand möglich ist. Jesus ist gekommen, um Getrenntes wieder zusammenzuführen, um zu heilen, bleibende Kontakte herzustellen, auszusöhnen. Er hat unser Leid mit uns geteilt, damit wir durch unser Leid zu Gott zurückfinden könnten. Jesus ist herabgestiegen, um emporzusteigen. „Er entäußerte sich ... er erniedrigte sich und war gehorsam bis zum Tod, bis zum Tod am Kreuz. Darum hat ihn Gott über alle erhöht und ihm den Namen verliehen, der größer ist als alle Namen" (Phil 2, 7 ff).

In der Spiritualität der „Arche" geht es im Grund darum, Bindungen zu schaffen: zwischen den geistig Behinderten und ihren Betreuern, zwischen den geistig Behinderten und ihren Angehörigen, zwischen den geistig Behinderten und den Menschen, für die und mit denen sie arbeiten, zwischen den geistig Behinderten und ihren Nachbarn. Auch gegenseitige Bindungen unter den Betreuern und all ihren Mitarbeitern. Aber vor allem Bindungen, die tiefer reichen als all diese Beziehungen: Bindungen an den Einen, der sagt: „Das ist mein geliebter Sohn, an dem ich Gefallen gefunden habe" (Mt 3, 17).

Eine nährende und bestätigende Gegenwart

Mittwoch, den 19. März

Heute ist das Fest des heiligen Josef. Wie viele andere Christen vernachlässige auch ich diesen Heiligen in meinen Gedanken und Gebeten. Doch jedesmal, wenn ich einem frommen Mann oder einer frommen Frau begegne, lenken sie meine Aufmerksamkeit auf den heiligen Josef. Dieser so ganz stille und verborgene Mann, der Gatte Marias, der Muttergottes, und Vater Jesu, unseres Erlösers, zeigt sich immer im Leben derer, die beten. Die heilige Bernadette hat den heiligen Josef sehr verehrt; auch Mutter Teresa, Jean Vanier und vielen anderen ist er nahe.

Wer ist der heilige Josef? Jean hat heute mit einer geradezu zärtlichen Liebe über ihn gesprochen. Josef ist der Mensch, der Jesus zuerst den himmlischen Vater vorgelebt hat. Jesus hat Josef „Papa" – „Abba" – genannt, bevor er seinen himmlischen Vater mit diesem Namen angeredet hat.

Als liebevoller Vater hat Josef im Vertrauen auf die ermunternden Worte des Engels Maria zu sich genommen, dem Kind den Namen gegeben und die Verantwortung für sein Heranwachsen übernommen und so den Freiraum geschaffen, in dem Jesus zur Erkenntnis seiner Christus-Sendung gelangen konnte. Nirgendwo können wir so deutlich sehen, was die Aufgabe eines Vaters ist: der Begabung eines Kindes Nahrung zu geben und sich dann allmählich zurückzuziehen, damit das Kind diese Begabung ungehindert voll zur Entfaltung bringen kann.

Josef hat Jesus väterlich umsorgt, ihn seine Berufung entdecken lassen und es ertragen, daß sein Sohn sich die Freiheit nahm, von ihm abzurücken.

Mir ist jetzt klar, wie schmerzlich es für Josef gewesen sein muß, Jesus im Tempel zu finden und sagen zu hören: „Wußtet ihr nicht, daß ich in dem sein muß, was meinem Vater gehört?" Für Josef war dies das Zeichen, daß der Augenblick gekommen war, zurückzutreten, so daß „Abba", der Vater im Himmel, Mittelpunkt des Lebens und der Sendung Jesu werden konnte.

Aber läuft nicht jede „Vaterschaft" darauf hinaus, die Kinder allmählich ihren himmlischen Vater entdecken und Möglichkeiten finden zu lassen, alles, was sie haben, ihm zu schenken? Es ist die schwere, aber auch befreiende Aufgabe der Eltern, sich dareinzufinden, daß ihre Elternschaft Teilhabe an einer göttlichen Elternschaft ist, der das Kind seine ganze, uneingeschränkte Liebe schenken soll. Das sieht sehr nach Ablehnung aus, aber wenn Eltern wissen, warum ein Kind letztlich aus dem Hause geht, kann das für sie auch eine Chance sein, den Einen neu zu entdecken, den sie ihrem Kind durch ihre Liebe zuerst offenbart haben.

Jean Vanier hat immer wieder betont, wie wichtig Josef für die Arche ist. Josef hilft uns zu erkennen, worin wahre Vaterschaft besteht. Sie besteht nicht in einer starken, männlichen Erscheinung, die gebieten, „Sünden" bestrafen und dem Leben des Kindes festen Halt geben kann. Echte Autorität ist etwas anderes. Sie ist eine nährende und bestätigende Gegenwart, die es schwachen und anfälligen Menschen ermöglicht, ihre Fähigkeiten selbst zu entdecken und die Freiheit und den Mut zu finden, auf eigenen Füßen zu stehen. Konfrontation, Kritik und Strafe verletzen nur, wenn sie nicht in diese nährende und bestätigende Gegenwart integriert werden. Wir alle, ob Kinder oder Erwachsene, Behinderte oder Nicht-Behinderte, jung oder alt, brauchen Nahrung und Bestätigung, und das nicht nur hier und da einmal, sondern dauernd. Wenn sie im Zusammenhang mit der nährenden und bestätigenden Zuwendung in der Mitte unseres Seins erfolgen, kann man Konfrontation, Kritik und sogar Strafe als Zeichen von Liebe hinnehmen.

Doch ist dies eine Liebe, die weiß, wie sie sich zurückziehen muß, wenn der Augenblick da ist. Eltern, Lehrer, Mentoren und geistliche Begleiter müssen sich alle zurückziehen, um den anderen wachsen zu lassen. Josef hat sich auch zurückgezogen, so daß Jesus erstarken und frei werden konnte. Daher ist er gerade für die Arche ein Heiliger, der uns hilft, diejenigen aus der Hand zu lassen, die wir so umsorgen, damit sie in Gottes Gegenwart frei heranwachsen können.

Fundament der „Arche" ist der Leib

Donnerstag, 20. März

Mit zum Wichtigsten, was Jean Vanier mir in diesen Exerzitien sagt, gehört, daß die „Arche" den Leib, und nicht das Wort zum Fundament hat. Das kann auch das Widerstreben verständlich machen, das ich auf dem Weg in die „Arche" empfunden habe. Bislang hat mein ganzes Leben sich um das Wort gedreht: Lernen, Lehren, Lesen, Schreiben, Reden. Ohne das Wort ist mein Leben undenkbar. Ein guter Tag ist ein Tag mit einem guten Gespräch, einer guten Vorlesung, die ich gehalten oder gehört habe, der Lektüre eines guten Buches oder der Abfassung eines guten Artikels.

Die „Arche" hingegen ruht nicht auf einem Fundament aus Worten, sondern auf dem des Leibes. Die Gemeinschaft der „Arche" ist eine Gemeinschaft, die sich um die verletzte Leiblichkeit geistig Behinderter zusammenfindet. Füttern, Saubermachen, Anfassen, Halten – das ist es, was die Gemeinschaft aufbaut. Worte sind zweitrangig. Die meisten geistig Behinderten haben nur einen kleinen Wortschatz zur Verfügung, und viele können überhaupt nicht sprechen. Da zählt vor allem die Körpersprache.

„Das Wort ist Fleisch geworden." Das ist der Kern der christlichen Heilsbotschaft. Vor der Fleischwerdung war die Beziehung zwischen Leib und Wort unklar. Der Leib ist oft als ein Hindernis gesehen worden, das der vollen Verwirklichung der Aussageabsicht des Wortes im Wege stand. Aber Jesus konfrontiert uns mit dem Wort, das man sehen, hören und berühren kann. Der Leib bahnt so den Weg zur Erkenntnis des Wortes und zur Aufnahme einer Verbindung mit dem Wort. Jesu Leib wird der Weg, der zum Leben führt. „Wer meinen Leib ißt und mein Blut trinkt, hat das ewige Leben."

Ich empfinde gegen diesen Lebensstil ein tiefes Widerstreben. Irgendwie habe ich mich daran gewöhnt, im Essen, Trinken, Waschen und Ankleiden nur die unerläßlichen Voraussetzungen zum Lesen, Reden, Lehren oder Schreiben zu sehen. Irgendwie ist das reine Wort für mich das gewesen, worauf es ankommt. Es war zwar notwendig, Zeit auf „materielle" Dinge zu verwenden, aber man mußte sie auf ein Mindestmaß beschränken. Doch in der „Arche" geht es nur um sie. In der „Arche" ist der Leib der Ort, an dem man das Wort trifft. Ich muß mich darein finden, daß meine Gotteserfahrung etwas mit dem siechen Leib der geistig Behinderten zu tun hat.

Das ist für mich sehr schwer. Ich halte eine lange Mahlzeit mitten am Tag immer noch für Zeitverschwendung. Ich glaube immer noch, daß ich Wichtigeres zu tun habe als den Tisch zu decken, langsam zu essen, Geschirr zu spülen und wieder den Tisch zu decken. Ich bin der Meinung: „Sicher muß man essen, aber das, was zählt, ist die anschließende Arbeit." Doch mit dieser Einstellung hält man es in der „Arche" nicht aus.

Ich frage mich, wann und wie ich endlich lernen werde, die Menschwerdung ganz zu leben. Ich vermute, daß nur die Behinderten selbst mir zeigen können, wie man das macht. Ich muß darauf vertrauen, daß Gott mir die Lehrer schickt, die ich brauche.

Das Bündnis

Freitag, 21. März

Wir befinden uns in Bündnis-Exerzitien. Bündnis-Exerzitien sind als Exerzitien eine Einladung an Menschen, die einige Jahre in der Arche gelebt und gearbeitet haben, öffentlich das Bündnis mit Jesus und den Armen anzusagen, zu dem es in ihnen gekommen ist. Das Ansagen des Bündnisses ist kein Gelübde, nicht einmal ein Versprechen. Es ist die öffentliche Feststellung dessen, daß sich im Lauf der

Jahre eine besondere Bindung zu den Armen und zu Jesus entwickelt hat, der in den Armen lebt.

Dieses Bündnis ist etwas Neues in der Kirche. Es macht einen nicht zum Mitglied eines Ordens oder einer klösterlichen Vereinigung. Es gliedert einen nicht in eine Institution ein. Es verleiht einem weder eine Sonderstellung noch Vorrechte. Es verpflichtet einen nicht, in der „Arche" zu bleiben und weiterhin geistig Behinderte zu betreuen. Das Bündnis ist etwas viel Intimeres, Persönlicheres und Verborgeneres. Es ist das Eingehen einer Bindung, die nicht erst geschaffen, sondern als schon bestehend anerkannt wird. Sie ist Gottes Werk, zu dem man sich vor den Brüdern und Schwestern der betreffenden Gemeinschaft bekennt. Das Ansagen bezeugt, was Gott durch Jesus in Menschen wirkt, die sich der Arbeit bei den Armen widmen, und ist daher ein Zeichen der Hoffnung und Ermutigung für alle, die sich bemühen, treu nach dem Evangelium zu leben.

Es ist völlig klar, daß ich noch weit davon entfernt bin, auch meinerseits das Bündnis ansagen zu können. Ich habe gerade die „Arche" etwas näher kennengelernt und bin noch nicht ganz in ein Heim gezogen. Ich weiß etwas von der Spiritualität der „Arche", aber dieses Wissen hat sich in mir noch nicht inkarniert. Mich zieht es zu verschiedenen Behinderten und ihren Betreuern, aber es ist noch keine starke Bindung zu ihnen entstanden. Ich muß „die Arche" noch viel länger und intensiver „leben", damit es in mir zum Bündnis kommen kann; erst dann kann ich es vor anderen als eine Gnade ansagen, die mir geschenkt worden ist.

Diese Exerzitien führen mir vor Augen, wie zerstückelt mein bisheriges Leben gewesen ist. In meinem Leben hat es so viel Individualismus, Ehrgeiz, Rivalität, Vorrechte, Begünstigungen und Ausnahmen gegeben, daß es nur zu wenigen tiefen Bindungen von Dauer kommen konnte. Aber Jesus ist gekommen, um Bindungen zu stiften, und in, mit und durch Jesus zu leben, heißt, diese Bindungen in mir festzustellen und anderen zu zeigen. Es gibt Bindungen zwischen geistig Behinderten und ihren Betreuern, zwischen geistig Behinderten und ihren Angehörigen, zwischen geistig Behinderten und ihren Nachbarn und, vor allem, zwischen geistig Behinderten und ihren Mit-Behinderten. Es gibt Bindungen zwischen Katholiken und Protestanten, zwischen Christen und Gottgläubigen, zwischen Gottgläubigen und allen, die Menschen sind wie sie. Es gibt Bindungen zwischen Mensch und Tier, zwischen Mensch und Erde und zwischen den Menschen und der Schöpfung insgesamt. Der Satan trennt, entzweit, zerstückelt und zertrümmert. Jesus eint, versöhnt, heilt und stellt wieder her. Wo immer wir einigende Bindung spüren, da ist Jesus. Er ist gekommen, um uns einzuladen, mit ihm den Herzensbund einzugehen, der zwischen ihm und dem Vater besteht. Er ist das Band, das Ursprung und Ziel jeglicher Bindung ist. Die ganze Schöpfung ist berufen zur Einheit mit Gott in und durch Jesus, dessen ganzes Sein darin besteht, in Liebe mit seinem göttlichen Vater verbunden zu sein.

Das Bündnis ansagen

Samstag, 22. März

Es war sehr ergreifend, die Exerzitienteilnehmer vor dem Altar stehen und ihr Bündnis mit Jesus und den Armen ansagen zu sehen. Als ich meinen Brüdern und Schwestern, die sich für den Abstieg Jesu in die Erniedrigung entschieden hatten, ins Gesicht schaute, war mir klar, daß sie mir die Kraft geben würden, ebenfalls das Bündnis anzusagen, wenn der Augenblick dafür gekommen ist.

Je mehr ich über das nachdenke, was Jean Vanier gesagt hat, um so mehr stelle ich fest, wie unmöglich die Lebensweise zu sein scheint, zu der er mich auffordert. Alles in mir strebt nach oben. Der Abstieg mit Jesus geht absolut gegen meine Neigung, geht gegen den Rat meiner Umgebung und gegen die Geistesrichtung, der ich angehöre. Wenn ich mich dafür entscheide, mit den Armen in der Arche arm zu werden, hoffe ich immer noch, für diese Entscheidung Lob zu ernten. Wie ich mich auch drehen und wenden mag,

189

überall stoße ich auf meinen eingefleischten Widerwillen gegen die Kreuzesnachfolge Jesu und auf meine unzähligen Schliche zur Vermeidung der Armut, sei sie materiell, geistig oder emotional. Nur Jesus, in dem die ganze Fülle Gottes wohnt, konnte sich frei und ganz dafür entscheiden, völlig arm zu sein.

Ich sehe daher deutlicher, daß ich mich mit der Entscheidung, arm zu werden, auch dafür entscheide, jeden Abschnitt meines Weges mit Jesus zu gehen. Wirklich arm zu werden, ist unmöglich, aber „für Gott ist nichts unmöglich" (Lk 1, 37). Ich glaube, daß sich mir in und durch Jesus der Weg zur wahren Armut auftut. Schließlich ist es nicht meine Armut, die etwas gilt, sondern einzig Gottes Armut, für die mein Leben transparent wird.

Das klingt unwirklich, aber als ich die Männer und Frauen vor mir sah, die ihr Bündnis mit Jesus und den Armen ansagten, habe ich auch gesehen, wie wirklich der Weg Jesu in die Erniedrigung ist, und daß ich ihn, wenn ich ihn gehe, nicht allein gehe, sondern als Glied des „Leibes Jesu". Selten habe ich den Unterschied zwischen persönlichem Heroismus und Gruppengehorsam so unmittelbar empfunden. Wenn ich mir vorstelle, ich müßte arm werden aus eigener Kraft, verliere ich allen Mut. Aber sobald mir klar wird, daß meine Brüder und Schwestern mich auffordern, diesen Weg im Gehorsam Jesus gegenüber mit ihnen gemeinsam zu gehen, erfüllen mich Hoffnung und Freude.

Heute nachmittag sind wir alle wieder in unsere verschiedenen Gemeinschaften und Heime zurückgekehrt. Für mich war es eine sehr schwere, aber auch segensreiche Woche.

17 Leiden, Tod und Auferstehung

Ausgeliefert

Trosly; Dienstag, 25. März

Jesus hat, als er mit seinen Jüngern bei Tisch war, gesagt: „Einer von euch wird mich verraten" (Joh 13,21). Ich habe das heute als Evangelium vorgelesen.

Wenn ich Jesu Worte in ihrer griechischen Fassung genauer betrachte, würde man besser übersetzen: „Einer von euch wird mich ausliefern." Das Wort *paradídomi* bedeutet „übergeben, aushändigen, hingeben". Es ist ein wichtiges Wort und drückt nicht nur aus, was Judas getan hat, sondern auch, was Gott getan hat. Paulus schreibt: „Er hat seinen eigenen Sohn nicht verschont, sondern ihn für uns alle hingegeben" (Röm 8,32).

Wenn wir das, was Judas tut, auf ihn bezogen, mit „verraten" wiedergeben, werden wir dem Heilsgeheimnis nicht ganz gerecht, denn Judas wird hier als Werkzeug im Dienste Gottes dargestellt. Deshalb hat Jesus auch gesagt: „Der Menschensohn muß zwar seinen Weg gehen, wie die Schrift über ihn sagt. Doch weh dem Menschen, durch den der Menschensohn verraten (ausgeliefert) wird" (Mt 26,24).

Dieser Augenblick, da Jesus denen ausgeliefert wird, die mit ihm ihre Willkür treiben, ist ein Wendepunkt in Jesu öffentlichem Auftreten. Es ist die Wende vom Tun zum Leiden. Nach jahrelanger Lehr-, Predigt- und Heiltätigkeit und Bewegungsfreiheit wird Jesus der unberechenbaren Willkür seiner Feinde ausgeliefert. Jetzt *tut* er nichts mehr, sondern ihm *wird* etwas *angetan*. Er wird gegeißelt, mit Dornen gekrönt, angespien, verhöhnt, seiner Kleider beraubt und nackt ans Kreuz genagelt. Er ist passiv, ist Opfer, ist Gegenstand der Aktion, des Tuns anderer. Mit dem Augenblick seiner Auslieferung beginnt seine Passion, und durch seine Passion vollbringt er, wozu er berufen ist.

Für mich ist es eine wichtige Erkenntnis, daß Jesus seine Sendung nicht durch sein Tun erfüllt, sondern durch das, was man ihm antut. Ganz wie bei anderen auch, entscheidet über den größten Teil meines Lebens, was man mir antut, und ist mein Leben somit Passion. Und da der größte Teil meines Lebens Passion ist, aus dem zusammengesetzt, was man mir antut, ist das, was ich denke, sage oder tue, nur in geringem Ausmaß entscheidend für mein Leben. Das ist nicht nach meinem Geschmack, und ich möchte lieber ganz Aktion sein, die auf meine eigene Initiative zurückgeht. Aber es ist wirklich so, daß das Erleiden in meinem Leben einen viel breiteren Raum einnimmt als das Tun. Das nicht wahrhaben zu wollen, ist Selbstbetrug, und mein Erleiden nicht liebend hinnehmen zu wollen, ist ein Nein zu mir selbst.

Zu erfahren, daß Jesus dem Leiden ausgeliefert wird und durch sein Leiden seinen göttlichen Auftrag auf Erden erfüllt, ist eine gute Nachricht, eine gute Nachricht für eine Welt, die leidenschaftlich danach verlangt, heil zu sein.

Jesu Worte an Petrus machen mir bewußt, daß Jesu Übergang vom Tun zum Leiden auch der unsere sein muß, wenn wir ihm auf seinem Weg folgen wollen. Er sagt: „Als du noch jung warst, hast du dich selbst gegürtet und konntest gehen, wohin du wolltest. Wenn du aber alt geworden bist, wirst du deine Hände ausstrecken, und ein anderer wird dich gürten und dich führen, wohin du nicht willst" (Joh 21,18).

Auch ich muß mich „ausliefern" lassen und so vollbringen, wozu ich berufen bin.

Flucht oder Rückkehr

Mittwoch, 26. März

Diese Woche stellen Judas und Petrus mich vor die Wahl, verzweifelt vor Jesus zu fliehen oder zuversichtlich hoffend zu ihm zurückzukehren. Judas hat Jesus verraten und sich erhängt. Petrus hat Jesus verleugnet und ist unter Tränen zu ihm zurückgekehrt.

Manchmal scheint die Verzweiflung eine verlockende Alternative zu sein, die alles negativ löst. Die Stimme der Verzweiflung sagt: „Ich sündige immer wieder von neuem. Nachdem ich mir und anderen wer weiß wie oft versprochen habe, es beim nächsten Mal besser zu machen, finde ich mich doch stets in demselben dunklen Loch. Vergiß die guten Vorsätze! Ich habe es jahrelang versucht. Es hat doch nichts geholfen und wird auch nie helfen. Es ist besser, ich gehe den Menschen aus dem Weg, gerate in Vergessenheit, bin nicht mehr da, tot."

Diese merkwürdig verlockende Stimme räumt auf mit allen Ungewißheiten und macht Schluß mit dem Ringen. Sie spricht unmißverständlich für das Dunkel und lockt mit einer Selbstnegation ohne Wenn und Aber.

Jesus ist aber gekommen, um mir das Ohr für eine andere Stimme zu öffnen, die sagt: „Ich bin dein Gott, ich habe dich mit eigener Hand geschaffen und liebe die Werke meiner Hände. Ich liebe dich mit einer grenzenlosen Liebe, denn ich liebe dich wie mich selbst. Lauf nicht vor mir weg. Komm zurück zu mir – nicht nur einmal oder zweimal, sondern immer wieder. Du bist mein Kind. Wie kannst du jemals zweifeln, daß ich dich wieder in die Arme schließen, dich an die Brust drücken, dich küssen und mit meinen Händen dir durchs Haar fahren werde? Ich bin dein Gott – der Gott des Erbarmens und des Mitleidens, der Gott der Vergebung und der Liebe, der Gott, der dich liebevoll umsorgt. Sag doch, bitte, nicht, mir läge nichts mehr an dir, ich könne dich nicht mehr ausstehen, und es gäbe keinen Weg zurück. Das stimmt nicht. Ich möchte so sehr, daß du bei mir bist. Ich möchte so sehr, daß du eng mit mir befreundet bist. Ich kenne all deine Gedanken. Ich höre all deine Worte. Ich sehe all deine Taten. Und ich habe dich lieb, denn du bist schön, nach meinem Bild geschaffen, ein Ausdruck meiner innigsten Liebe. Richte dich nicht selbst. Laß meine Liebe bis in die tiefsten und verborgensten Winkel deines Herzen gelangen und dir deine eigene Schönheit zeigen, eine Schönheit, die du aus dem Blick verloren hast, die sich dir aber im Licht meines Erbarmens wieder zeigen wird. Komm, komm, laß mich deine Tränen trocknen und laß meinen Mund dir ins Ohr flüstern: ‚Ich liebe dich, ich liebe dich, ich liebe dich.'"

Das ist die Stimme, die Jesus uns hören lassen will. Es ist die Stimme, die uns ruft, immer zu dem Einen zurückzukehren, der uns in seiner Liebe erschaffen hat und uns in seinem Erbarmen neuschaffen will. Petrus hat diese Stimme vernommen und ihr vertraut. Als er diese Stimme bis zu seinem Herzen dringen ließ, sind ihm die Tränen gekommen – Tränen des Schmerzes und Tränen der Freude, Tränen der Bußtrauer und Tränen des Friedens, Tränen der Reue und Tränen der Dankbarkeit.

Es fällt uns nicht leicht, der Stimme des göttlichen Erbarmens Gehör zu schenken, denn diese Stimme verlangt von uns eine ständig offene Beziehung, eine Beziehung, in der man Sünden zugibt, Vergebung erlangt und Liebe erneuert. Sie bietet uns keine Lösungen an, wohl aber Freundschaft. Sie beseitigt unsere Schwierigkeiten nicht, verspricht uns aber, ihnen nicht aus dem Weg zu gehen. Sie sagt uns nicht, wohin alles führen wird, versichert uns aber, daß wir nie allein sein werden. Eine echte Beziehung ist mit großen Schwierigkeiten verbunden, denn Lieben ist mit großen Schwierigkeiten verbunden, mit so manchen Tränen und mit so manchem Lächeln. Aber sie ist Gottes Werk und auf der ganzen Linie unserer Mühe wert.

O Herr, mein Herr, hilf mir, auf deine Stimme zu hören und mich für dein Erbarmen zu entscheiden.

Den Armen die Füße waschen

Donnerstag, 27. März

Heute nachmittag bin ich mit dem Zug nach Paris gefahren, um mit der dortigen „Arche"-Gemeinschaft die Gründonnerstags-Liturgie zu feiern. Es war eine sehr ergreifende

Feier. Wir haben uns im Gemeinschaftsraum von Nomaste versammelt. Es waren etwa vierzig Leute da. In seiner Begrüßung hat Toni Paoli, der Leiter der Gemeinschaft, seine Vorstellung zum Ausdruck gebracht, daß die „Arche" nicht nur eine Stätte der Geborgenheit für geistig Behinderte, sondern eine Gemeinschaft von Christen sein sollte, in der man einander im Namen Jesu dient. Nach dem Evangelium hat er erneut seine tiefe Liebe zu Jesus bekannt. Dann ist er aufgestanden und hat vier Mitgliedern seiner Gemeinschaft die Füße gewaschen.

Nach der Eucharistiefeier hat man ein Reisgericht, Brot und Wein gebracht und auf den Altar gestellt. Die Stille, in der wir dieses einfache Mahl miteinander geteilt haben, ist durch drei kurze Evangelienlesungen über Gottes Liebe nur noch tiefer geworden.

Als ich so in Paris in diesem Souterrain mitten unter vierzig armen Menschen saß, hat es mich wiederum getroffen, wie Jesus sein Wirken zu Ende geführt hat. Unmittelbar bevor er sich auf seinen Leidensweg begab, hat er seinen Jüngern die Füße gewaschen und ihnen seinen Leib und sein Blut als Speise und Trank gereicht. Beide Akte gehören zusammen. Beide bekunden sie Gottes Entschlossenheit, uns die ganze Fülle seiner Liebe zu zeigen. Deshalb leitet Johannes auch seinen Bericht über die Fußwaschung an den Jüngern mit den Worten ein: „Da Jesus die Seinen, die in der Welt waren, liebte, erwies er ihnen seine Liebe bis zur Vollendung" (Joh 13, 1).

Noch erstaunlicher ist, daß Jesus uns beidemal aufträgt, dasselbe zu tun. Nach der Fußwaschung an den Jüngern sagt Jesus: „Ich habe euch ein Beispiel gegeben, damit auch ihr so handelt, wie ich an euch gehandelt habe" (Joh 13, 15). Und nachdem er sich als Speise und Trank gereicht hat, sagt er: „Tut dies zu meinem Gedächtnis!" (Lk 21, 19). Jesus beruft uns dazu, seinen Auftrag, in dieser Welt Gottes vollendete Liebe zu offenbaren, weiterzuführen. Er beruft uns zur völligen Selbsthingabe. Er will nicht, daß wir etwas für uns zurückbehalten. Er will vielmehr, daß unsere Liebe so total, so radikal und so vollendet ist wie die seine. Er will, daß wir uns bis zum Boden niederbeugen und aneinander die Stellen berühren, die am meisten der Waschung bedürfen. Er will auch, daß wir zueinander sagen: „Iß von mir und trink von mir." Er will, daß wir durch diese komplette gegenseitige Speisung ein Leib und ein Geist werden, miteinander vereint durch Gottes Liebe.

Als Toni vor seinen Leuten von seiner Liebe zu Jesus sprach, und als ich sah, wie er ihnen die Füße wusch und ihnen Brot und Wein reichte, kam es mir für einen Augenblick so vor, als sähe ich einen Schimmer des neuen Reiches, das Jesus uns mit seinem Kommen bringen wollte. Jeder im Raum wußte, wie weit er oder sie noch davon entfernt war, Gottes Liebe vollendet zum Ausdruck zu bringen. Aber jeder hatte auch den Willen, einen Schritt in die Richtung zu tun, in die Jesus gewiesen hat.

Das war ein Abend in Paris, den ich nicht so leicht vergessen werde.

Das maßlose Leid der Menschheit

Freitag, 28. März

Karfreitag: Tag des Kreuzes, Tag der Qual, Tag der Hoffnung, Tag der Verlassenheit, Tag des Sieges, Tag der Trauer, Tag der Freude, Tag des Endes, Tag des Neubeginns.

Während der Liturgie in Trosly haben Père Thomas und Père Gilbert, ein ehemaliger Betreuer, der jetzt in der „Arche"-Gemeinschaft von Trosly als Priester wirkt, das große Kreuz hinter dem Altar von der Wand genommen und so hingehalten, daß die ganze Gemeinde herantreten und den toten Leib Christi küssen konnte.

Sie sind alle gekommen, über vierhundert Menschen – geistig Behinderte, ihre Betreuer und Freunde. Sie alle schienen genau zu wissen, was sie taten: Liebe und Dankbarkeit ihm gegenüber bekunden, der sein Leben für sie hingegeben hat. Als sie sich um das Kreuz scharten und die Füße und das Haupt Jesu küßten, habe ich die Augen geschlossen und konnte so seinen heiligen Leib auf unserem Planeten Erde ausgestreckt und gekreuzigt sehen. Ich habe das maßlose Leid der Menschheit aller Jahrhunderte gesehen: Menschen, die einander morden; Menschen, die an Hunger und Seuchen sterben; Menschen, die vertrieben werden; Menschen, die auf den Großstadtstraßen nächtigen, die sich verzweifelt aneinander klammern; Menschen, die gegeißelt, gefoltert, verbrannt und verstümmelt werden; Menschen, die sich auf verschlossenen Etagen, in Kerkern, in Zwangsarbeitslagern verlassen fühlen; Menschen, die sich nach einem lieben Wort, einem freundlichen Brief, einer tröstenden Umarmung sehnen, Menschen – Kinder, Heranwachsende, Erwachsene, Menschen in mittleren Jahren und Senioren –, die alle in Angst und Verzweiflung schreien: „Mein Gott, mein Gott, warum hast du uns verlassen?"

Bei der Vorstellung des nackten, zerfleischten, auf unserem Erdball ausgestreckten Leibes Christi hat mich Entsetzen gepackt. Aber als ich die Augen öffnete, sah ich Jacques mit seinem vom Schmerz gezeichneten Gesicht den Korpus mit Inbrunst küssen, Tränen in den Augen. Ich sah Ivan, von Michael auf dem Rücken herangetragen. Ich sah Edith in ihrem Rollstuhl kommen. Als sie kamen – aufrechten Ganges oder hinkend, sehend oder blind, hörend oder taub –, habe ich den endlosen Zug der Menschen gesehen, die sich um Jesu heiligen Leib scharten, ihn mit ihren Tränen und Küssen bedeckten und langsam wieder weiterzogen, gestärkt und getröstet von einer so großen Liebe. Es machte sich auch Erleichterung bemerkbar; durch Augen voller Tränen brachen sich lächelnde Blicke Bahn; man ging Hand in Hand oder Arm in Arm. Vor meinem inneren Auge sah ich riesige Scharen von Menschen, die in leidvolle Vereinzelung geraten waren und nun gemeinsam vom Kreuz her kamen, miteinander verbunden durch die Liebe, die sie mit eigenen Augen gesehen und mit ihrem Kuß berührt hatten. Das Kreuz des Entsetzens wurde zum Kreuz der Hoffnung, der gefolterte Leib zum Leib, der neues Leben spendet; die klaffenden Wunden wurden zum Quell der Vergebung, der Heilung und der Aussöhnung. Père Thomas und Père Gilbert standen immer noch da mit dem Kreuz. Die letzten Leute kamen, knieten nieder, küßten den Korpus und gingen. Es war still, ganz still.

Père Gilbert hat mir dann einen großen Kelch mit den konsekrierten Hostien gereicht und auf die Menge, die den Altar umstand, gezeigt.

Ich habe den Kelch genommen und bin durch die Reihen derer gegangen, die ich zum Kreuz hatte kommen sehen, habe den Hunger aus ihren Augen blicken sehen und unzählige Male gesagt: „Der Leib Christi ... der Leib Christi ... der Leib Christi." Die kleine Gemeinde hat sich ausgeweitet zur ganzen Menschheit, und ich wußte, daß ich mein Leben lang nur noch zu sagen brauchte: „Nimm hin und iß. Das ist der Leib Christi."

Verheißung eines neuen Lebens

Samstag, 29. März

Osternacht. „Der Herr ist wahrhaft auferstanden!" Das haben sie auf Französisch, Deutsch, Englisch, Spanisch Portugiesisch, Italienisch, Holländisch und Arabisch jubelnd gerufen. Dazu Glockenläuten, Hallelujasingen, frohe Gesichter, Lachen und das tiefe Empfinden, daß wir hoffen dürfen. Diese Gemeinschaft Behinderter und ihrer Betreuer hat laut hinausgerufen, daß Christi Leib nicht im Grab geblieben, sondern zu neuem Leben erweckt worden ist, und daß unsere Leiber einmal an seiner Herrlichkeit teilhaben werden.

Während dieser Jubel die Kapelle erfüllte, habe ich gesehen, wie Nathan aufstand und, Philippe in den Armen, hinausging. Philippe ist schlimm verkrüppelt. Er kann nicht sprechen, auf eigenen Füßen stehen, sich ankleiden oder allein essen und ist in jedem wachen Augenblick auf Hilfe angewiesen. Er hatte auf dem Schoß eines Betreuers gelegen und fest geschlafen. Als die Feier aber lauter wurde, hat er Klagerufe auszustoßen begonnen, die sich der Not in der Tiefe seines Seins entrangen. Nach und nach sind seine Klagerufe so dringend und laut geworden, daß Nathan ihn zum Auto tragen und nach Hause fahren mußte.

Als ich Philippe in Nathans Armen sah, ist mir mit einem Mal aufgegangen, was wir in dieser Osternacht verkündeten. Philippes Leib ist ebenfalls für das neue Leben bestimmt, ein Auferstehungsleben. An seinem neuen Leib wird er die Male seines Leidens tragen, wie auch Jesus die Wundmale der Kreuzigung mitgenommen hat in seine Herrlichkeit. Und doch wird er keine Schmerzen mehr haben, sondern zu den Heiligen treten, die um den Altar des Lammes versammelt sind.

Doch ist die Feier der Auferstehung des Fleisches auch die Feier der täglichen Betreuung, die man der Leiblichkeit dieser Behinderten erweist. Waschen und Füttern, Rollstuhl-Schieben, Tragen, Küssen und Streicheln – das alles dient dazu, diese gemarterten Leiber auf den Anbruch des neuen Lebens vorzubereiten. Bei der Auferstehung werden nicht nur ihre Wunden, sondern auch die ihnen erwiesene Liebe sichtbar bleiben.

Das ist ein großes und gewaltiges Geheimnis. Philippes armer, verkrüppelter Leib wird eines Tages begraben und wieder zu Staub werden. Aber er wird bei der Auferstehung der Toten wieder auferstehen. Er wird mit einem neuen Leib aus dem Grab erstehen und jubelnd auf die Qual hinweisen, die er ausgestanden, und auf die Liebe, die er erfahren hat. Das wird dann nicht *irgendein* Leib sein, sondern *sein* Leib, ein neuer Leib, den man berühren kann, dem aber Qualen und Vernichtung nichts mehr anhaben können. Seine Passion ist dann vorbei.

Welch ein Glaube! Welch eine Hoffnung! Welch eine Liebe!

Der Leib ist kein Kerker, dem man entrinnen müßte, sondern ein Tempel, in dem Gott schon wohnt und in dem Gottes Herrlichkeit am Tag der Auferstehung ganz offenbar werden wird.

Ganz in der Stille

Sonntag, 30. März

Ostermorgen. Eine stille Runde zu einer schlichten Eucharistiefeier an M.me Vaniers Eßzimmertisch. Wir waren zu fünft: M.me Vanier, Sue Hall aus Kanada, Elizabeth Buckley aus den USA, Liz Emergy aus England und ich. Eine kleine Freundesschar, die sich ihres Zusammenseins freute.

Nach dem Evangelium haben wir unsere Gedanken über die Auferstehung ausgetauscht. Liz, die viele ganz arme Menschen betreut, hat gesagt: „Wir müssen immer wieder die großen Steine wegwälzen, die die Menschen daran hindern, aus ihren Gräber zu kommen." Elizabeth, die mit vier Behinderten hier ein Heim bewohnt, hat gesagt: „Jesus hat nach der Auferstehung wieder mit seinen Freunden gefrühstückt und ihnen gezeigt, wie wichtig die kleinen Dinge des Alltags sind." Sue, die überlegt, ob sie vielleicht zum Einsatz in der „Arche"-Gemeinschaft in Honduras berufen ist, hat gesagt: „Es ist sehr tröstlich, zu wissen, daß Jesu Wunden an seinem Auferstehungsleib sichtbar bleiben. Unsere Wunden werden nicht zum Verschwinden gebracht, sondern werden für andere ein Quell der Hoffnung."

Ich habe mich dabei dem Osterereignis ganz nahe gefühlt. Es war nichts Spektakuläres, das die Menschen zum Glauben gezwungen hat, vielmehr ein Ereignis für die Freunde Jesu, für die, die ihn gekannt, ihm zugehört und an ihn geglaubt hatten. Es hat sich in der Stille zugetragen: Hier ein Wort, da eine Geste und ein Gewahrwerden, daß da etwas Neues im Entstehen war – fast unbemerkt, aber stark genug, das Angesicht der Erde zu verändern. Maria von Magdala hat ihren Namen gehört. Johannes und Petrus sahen das leere Grab. Die Freunde Jesu haben gespürt, wie ihnen das Herz bei Begegnungen brannte, die sich in dem erstaunlichen Wort äußern: „Er ist auferstanden." Alles war beim alten geblieben, und doch war alles anders geworden.

Wir fünf, die wir bei ein wenig Brot und Wein in der Runde saßen und verhalten darüber sprachen, wie wir ihn in unserem Leben erkannten, wußten tief in unserem Herzen, daß auch für uns alles anders geworden war, während doch alles beim alten blieb. Unsre Anfechtungen sind noch nicht zu Ende. Am Ostermorgen können wir immer noch das Leid der Welt, das Leid unserer Angehörigen und Freunde und das Leid unserer Herzen spüren. Es ist noch da und wird noch lange da sein. Und doch ist alles anders, weil wir Jesus begegnet sind und er zu uns gesprochen hat.

Eine ehrliche, stille Freude hat uns verbunden, und wir haben tief im Herzen gespürt, daß wir von einer Liebe umfangen wurden, die stärker, viel stärker ist als der Tod.

Erkennen und lieben

Dienstag, 1. April

Heute haben wir im Evangelium von der Begegnung zwischen Jesus und Maria von Magdala, zwei Menschen, die einander lieben, gehört. Jesus sagt: „Maria." Sie erkennt ihn und sagt: „Rabbuni!, das heißt: Meister (Joh 20, 16). Diese schlichte und so ergreifende Geschichte bringt mich wieder auf meine Angst wie auch auf mein Verlangen, bekannt zu sein. Wenn Jesus Maria mit ihrem Namen anredet, spricht er damit nicht nur das Wort aus, unter dem jeder sie kennt; er tut weit mehr, denn ihr Name bezeichnet ihr ganzes Sein. Jesus kennt Maria von Magdala. Er kennt ihre Geschichte: ihre Sünde und ihre Tugend, er kennt jeden Winkel ihres Herzens. Nichts in ihr ist ihm verborgen. Er kennt sie sogar gründlicher und genauer als sie sich selbst. Daher löst er mit der Nennung ihres Namens etwas ganz Tiefes in ihr aus. Maria erkennt mit einem Schlag, daß er, der sie wahrhaft kennt, sie auch wahrhaft liebt.

Ich frage mich immer, ob Menschen, die mich durch und durch kennen bis hin zu meinen persönlichsten und verborgensten Gedanken und Gefühlen, mich wirklich lieben. Oft bin ich versucht zu denken, daß man mich nur liebt, solange man mich nicht ganz kennt. Ich fürchte, die Liebe, die man mir erweist, ist an Bedingungen gebunden, und sage mir dann: „Würde man mich wirklich kennen, man würde mich nicht lieben." Aber wenn Jesus Maria mit ihrem Namen anredet, meint er ihr ganzes Sein. Sie erkennt, daß der, der sie am gründlichsten kennt, sich nicht von ihr zurückzieht, sondern mit dem Angebot seiner uneingeschränkten Liebe auf sie zukommt.

Ihre Antwort lautet: „Rabbuni, Meister." Aus ihrer Antwort höre ich ihr Verlangen, Jesus wirklich zum Meister, zum Meister ihres ganzen Seins zu haben: ihres Denkens und Fühlens, ihres Leidens und Hoffens, sogar ihrer verborgensten Gemütsregungen. Ich höre sie sagen: „Du, der du mich so durch und durch kennst, komm und sei mein Meister. Ich will dir nichts von mir vorenthalten. Ich möchte, daß du bis in die tiefsten Tiefen meines Herzens kommst, so daß ich einzig und allein dir gehöre."

Es leuchtet mir ein, daß diese Begegnung ein großer Augenblick der Heilung gewesen sein muß. Maria fühlt sich auf der Stelle ganz und gar erkannt und geliebt. Für sie ist das, was sie unbedenklich zeigen zu können glaubt, und das, was sie nicht ans Licht zu bringen wagt, nicht mehr Zweierlei. Sie steht ganz im Licht und weiß, daß die Augen, die sie sehen, die Augen der Vergebung, des Erbarmens, der Liebe und der uneingeschränkten Bejahung sind.

Ich spüre, daß wir hier in dieser einfachen Begegnung vor einem Augenblick mit echt religiöser Bedeutung stehen. Alle Furcht ist geschwunden, und alles ist nur noch Liebe. Und wie kann man das besser zum Ausdruck bringen als mit Jesu Worten: „Geh zu meinen Brüdern, und sag ihnen: Ich gehe hinauf zu meinem Vater und zu eurem Vater, zu meinem Gott und zu eurem Gott" (Joh 20, 17)? Der Unterschied zwischen Jesus und denen, die er liebt, besteht nicht mehr. Sie sind mit einbezogen in das innige Verhältnis, das Jesus mit seinem Vater verbindet. Sie gehören zur gleichen Familie. Sie haben Anteil am gleichen Leben in Gott.

Welche Freude, ganz und gar erkannt und zugleich ganz und gar geliebt zu sein! Das ist die Freude, durch Jesus Gott anzugehören und bei ihm völlig geborgen und frei zu sein.

18 Größere Zusammenhänge

Ertappt

Dienstag, 8. April

Ein Tag finsterster Melancholie. Ihr Bann ist kaum zu brechen. Am niederdrückendsten ist das Gefühl, ertappt worden zu sein. Die Mächte der Finsternis haben mich so fest im Griff, daß es kaum möglich zu sein scheint, „zum Licht zu kommen". Man reist ab, ohne sich zu verabschieden, man schreibt mir, ich sei ein Egoist, man ist mir böse, weil ich nicht geschrieben habe. Man feiert Abschied, ohne mich einzuladen, man sagt mir, was man mir versprochen habe, sei undurchführbar, usw. Plötzlich fühle ich mich verloren, versetzt, vergessen, im Stich gelassen, mißbraucht, manipuliert, ratlos, wütend, mißmutig, verkehrt und voller Selbstbedauern. Es braucht doch nur wenig, und schon rutscht man in eine Depression! Ich staune über die Anfälligkeit meines inneren Gleichgewichts. Ich kann nur noch meine Gemütsverfassung mit einer gewissen Distanziertheit betrachten und feststellen, wie schnell alles sich verdüstert.

Zum Glück hat das heutige Evangelium mir viel zu sagen – das Gespräch Jesu mit Nikodemus. Wenn es überhaupt ein Gespräch gibt, das ich ernst nehmen sollte, dann ist es dieses. In mir steckt so viel von Nikodemus, der das Licht sehen möchte, aber bei Nacht zu Jesus kommt. Jesus sagt zu Nikodemus: „Obwohl das Licht in die Welt kam, haben die Menschen die Finsternis mehr geliebt als das Licht" (Joh 3, 19). Ich kann in mir diese seltsame Vorliebe für die Finsternis feststellen. Es scheint, als sträube ich mich, ans Licht zu kommen, und als bleibe ich lieber in meiner selbstgemachten Finsternis. Jesus bringt das Licht, die Wahrheit und das Leben, das von oben kommt. Er läßt keinen Zweifel daran, daß Gott mich der Finsternis entreißen will; er will mir in einer verläßlichen Liebe eine Wohnstatt bieten, festen Boden, auf dem ich stehen, und eine zuverlässige Gegenwart, der ich mich anvertrauen kann. Aber ich muß nach oben schauen statt nach innen und die Gaben mit offenen Armen annehmen, die von dort kommen.

Warum dann all dieses Widerstreben? Warum dieser mächtige Zug zur Finsternis? Jesus sagt: „Jeder, der Böses tut, haßt das Licht und kommt nicht zum Licht, damit seine Taten nicht aufgedeckt werden. Wer aber die Wahrheit tut, kommt zum Licht, damit offenbar wird, daß seine Taten in Gott vollbracht sind" (Joh 3, 20 f). Damit ist meine Frage beantwortet. Oft ist mir meine Finsternis lieber als Gottes Licht. Ich bleibe lieber bei meinem sündhaften Wandel, denn er bietet mir ein gewisses Maß an Befriedigung, Selbstbewußtsein und ein gewisses Geltungsgefühl. Ich weiß sehr wohl, daß ich nur dann in Gottes Licht gelangen kann, wenn ich all diese begrenzten Vergnügen fahrenlasse und mein Leben nicht mehr als Eigenleistung ansehe, sondern als Gottes Gabe. Im Licht zu leben, heißt, freudig zu bekennen, daß alles Gute, Schöne und Lobenswerte Gott gehört.

Einzig ein ganz auf Gott ausgerichtetes Leben kann mich meinen Depressionen entreißen und mir Hoffnung geben. Der Weg ist klar, aber auch recht schwierig.

Die Echtheitsprobe

Mittwoch, 9. April

Was wird die Übersiedlung nach Daybreak in Kanada mit sich bringen? Ich weiß es nicht, aber aus den Briefen, die ich von dort erhalte, geht hervor, daß diejenigen, mit deren Anwesenheit ich am meisten gerechnet hatte, vielleicht nicht dort sind, daß das Haus, das ich zu beziehen gehofft hatte,

vielleicht nicht frei ist, und daß ich dort vielleicht nicht so
leben kann, wie ich es mir vorgestellt hatte. Es fällt mir
schwer, vor diesem Scherbenhaufen meiner Erwartungen
die Ruhe zu bewahren, aber ich muß darauf vertrauen, daß
Jesus mehr und mehr bei mir sein wird, wenn ich auf meinen Besitz verzichte und mich ihm auf dem Weg in die Armut anschließe. Meine Berufung wird auf ihre Echtheit hin
geprüft.

Das Schwierigste an der Armut besteht für mich darin,
daß ich nicht mein eigener Herr sein kann; aber darin offenbart Jesus sich als mein Herr. Wenn ich so zum Kreuz
aufschaue, wie die Erkrankten zu der Schlange aufgeschaut
haben, die Mose in der Wüste an einer Stange aufgehängt
hat (Joh 3, 14), darf ich hoffen, wieder gesund zu werden
und in meinem Herzen eine Freude und einen Frieden zu
finden, die die wechselnden Alltagsstimmungen weit hinter
sich lassen, nämlich die Freude und den Frieden des ewigen
Lebens, von dem man jetzt schon einen Vorgeschmack bekommen kann. Ich sehe von Tag zu Tag deutlicher, wieviel
ich aufgeben muß, bis ich arm genug bin, „zu kosten und zu
sehen, wie gütig der Herr ist" (Ps 34,9).

Die Geschlechtlichkeit:
eine Angelegenheit des einzelnen wie der
Gemeinschaft –

Donnerstag, 10. April

Heute nachmittag habe ich mit Charles Busch, einem
Freund aus Harvard, der bei mir zu Gast ist, ein längeres Ge-
spräch über die Keuschheit geführt. Für mich war die Be-
handlung dieses Themas wichtig, denn im Laufe des
Gespräches hat sich herausgestellt, daß die Tugend der
Keuschheit gemeinschaftsbezogen ist.

Oft meinen wir, die Geschlechtlichkeit sei Privatsache.
Sexuelle Phantasien, Gedanken und Akte ordnet man meistens dem Privatleben eines Menschen zu. Aber die Unterscheidung zwischen einer privaten und einer öffentlichen

Lebenssphäre ist unzutreffend und schuld an vielen Schwierigkeiten, die uns heute zu schaffen machen. Im christlichen Bereich gibt es die Unterscheidung zwischen Privatleben (ganz für mich!) und öffentlichem Leben (für die anderen) nicht. Für einen Christen gereichen auch die geheimsten Phantasien, Gedanken, Gefühle, Emotionen und Akte entweder zum Vorteil oder zum Nachteil der Allgemeinheit. Nie kann ich sagen: „Was ich in meiner Freizeit denke, fühle oder tue, geht niemand etwas an." Es geht alle etwas an! Die geistige und geistliche Gesundheit einer Gemeinschaft hängt weithin davon ab, wie ihre Glieder ihr ganz persönliches Leben als Dienst an ihren Mitmenschen ansehen und führen.

Wie schwierig es ist, ein keusches Leben zu führen, liegt auf der Hand. Wenn ich mein Geschlechtsleben verborgen halte (für mich allein), wird es sich allmählich von meinem übrigen Leben abspalten und zu einer gefährlichen Macht werden. Ich frage mich immer mehr, wie viele der sexuellen Zwänge und Zwangsvorstellungen, die uns begegnen, auf diese Privatisierung unserer Geschlechtlichkeit zurückgehen. Was verborgen bleibt, im Dunkeln und geheim gehalten wird, kann leicht zu einer zerstörerischen Kraft werden, die immer bereit ist, sich zu entladen, wenn man am wenigstens damit rechnet.

Der erste Schritt auf dem Weg zur Keuschheit besteht im Wissen darum, daß meine Geschlechtlichkeit meine eigene Angelegenheit *und* die der Allgemeinheit ist. Ich muß den Mut zu der Einsicht aufbringen, daß ich meinem Nächsten nicht nur mit dem schaden kann, was ich tue oder sage, sondern auch mit dem, was ich denke. Das zu bekennen heißt, meine inneren Anfechtungen einem vertrauenswürdigen Menschen zu eröffnen, der dieses Bekenntnis im Namen der Allgemeinheit entgegennehmen kann. Dieses Bekenntnis kann im Rahmen des Bußsakramentes erfolgen, muß es aber nicht. Wichtig ist, daß ich mich der Pflicht stelle, der Gemeinschaft Rechenschaft über mein Innenleben abzulegen. Das führt zu einer großartigen Entdeckung:

zu der Aussicht, daß diese Rechenschaft den sexuellen Gedanken und Phantasien nach und nach ihre Zudringlichkeit und Zwangshaftigkeit nimmt. Je mehr ich mein Eigendasein aufgebe und es zu einem personalen Leben mache, für das ich der Gemeinschaft Rechenschaft schulde, um so leichter wird es, ein keusches Leben zu führen – denn die von Jesus geschaffene und zusammengehaltene Gemeinschaft wird meine egoistischen Wünsche umwandeln in das Verlangen, dem Gottesvolk mit jeder Faser meines Wesens zu dienen. Habe ich erst einmal bekannt, was mein Herz bewegt, kann die Gemeinschaft es der Liebe Jesu überlassen, meine verkehrten Wünsche zu entlarven, die Dämonen auszutreiben und mich zum Licht zu führen, so daß ich als ein Kind des Lichtes Zeugnis geben kann für den auferstandenen Herrn. So kann ich ein wahrhaft keusches Leben führen.

Kleine und Kleinigkeiten

Freitag, 11. April

Durch den Aufenthalt in der „Arche" gelangt man zu einem neuen Verständnis des Evangeliums. Heute lesen wir die Geschichte von der Brotvermehrung. „Als Jesus aufblickte und sah, daß so viele Menschen zu ihm kamen, fragte er Philippus: Wo sollen wir Brot kaufen, damit diese Leute zu essen haben? ... Andreas ... sagte: Hier ist ein kleiner Junge, der hat fünf Gerstenbrote und zwei Fische; doch was ist das für so viele!" (Joh 6, 5–9). Für Jesus haben die Kleinigkeiten, die ein unbedeutender Junge beigesteuert hat, gereicht, um alle zu speisen und sogar noch zwölf große Körbe mit Resten übrig zu behalten.

Auch das ist eine Geschichte, in der es um die Bedeutung der Kleinen und der Kleinigkeiten geht. Die Welt schätzt das Weite, Große, Mächtige und Prächtige. Gott hat eine Vorliebe für Kleinigkeiten, die man in der großen Welt übersieht. Wenn Andreas bemerkt: „Fünf Gerstenbrote und zwei Fische", so trifft dieses Wort gut die Einstellung eines rechnenden Verstandes. Es klingt, als wollte er zu Jesus sagen: „Kannst Du nicht zählen? Fünf Laib Brot und zwei Fische reichen einfach nicht." Aber für Jesus haben sie gereicht. Jesus hat sie genommen und das Dankgebet gesprochen. Das heißt, er hat die kleinen Gaben von den Kleinen entgegengenommen und sie zu Gaben seines himmlischen Vaters erklärt. Was von Gott kommt, muß für alle reichen. Daher hat Jesus von den Broten und den Fischen ausgeteilt, „soviel sie wollten". Im Weiterschenken der kleinen Gaben, die von den Kleinen stammen, offenbart sich Gottes Großzügigkeit. Es ist genug, sogar reichlich, da für alle – es bleibt sogar noch viel übrig. Hier zeigt sich etwas ganz Geheimnisvolles: das Wenige, das wir verschenken, vermehrt sich. Das ist Gottes Stil. Er ist auch uns als Lebensstil aufgegeben. Das bißchen Liebe, das bißchen Wissen, das bißchen Erfahrung, die paar Dinge, die wir besitzen, sind uns als Gaben Gottes zum Verschenken gegeben worden. Je mehr wir sie verschenken, um so mehr entdecken wir, wieviel wir noch zu verschenken haben. Die kleinen Gaben, die Gott schenkt, vermehren sich alle beim Weiterschenken.

Etwas von diesem Geheimnis wird auch in der „Arche" sichtbar. Wie klein ist die „Arche" doch! Die paar Hundert Behinderten, die in den Heimen der „Arche" überall in der Welt betreut werden, scheinen eine winzige Gruppe zu sein, die angesichts der unzähligen Behinderten, die ohne die erforderliche Betreuung bleiben, kaum etwas ausmacht. Statistisch gesehen, bewirkt die „Arche" kaum etwas. Und doch macht sich durch die „Arche" etwas von Gottes Einfluß bemerkbar. Das bißchen, was die „Arche" tut, erreicht Menschen aus den verschiedensten Ländern, Religionen, Rassen und Gesellschaftsschichten. Viele werden gespeist mit dem bißchen Essen, das die „Arche" austeilt, nicht nur geistig Behinderte, sondern auch die Reichen, die Mächtigen, die Spitzen der Kirche und der Gesellschaft, Studenten, Gelehrte, Ärzte, Anwälte, Richter, Geschäftsleute und Menschen, die nicht einmal wissen, worin geistige Behinderung besteht. Sie alle erhalten etwas von der „Arche" und stärken sich damit. Das Wunder der Brotvermehrung geht also weiter. Man muß nur den Blick dafür haben.

Die Ärmsten der Armen

Samstag, 12. April

Regina, eine Betreuerin aus der „Arche"-Gemeinschaft in Honduras, die zu einem Besuch nach Trosly gekommen ist, hatte viel Interessantes über die Verhältnisse in Honduras zu berichten. Sie hat die geringe Selbstachtung der honduranischen Bevölkerung hervorgehoben. Als ein kleines Land mit einer zurückgezogen lebenden, äußerst armen und unterdrückten Indianerbevölkerung, die zumeist aus Mestizen besteht, hat Honduras in völliger Abhängigkeit gelebt – zuerst in spanischer und später in nordamerikanischer. Jetzt fühlt es sich sowohl von Nicaragua wie auch von El Salvador bedroht und hat große Angst vor jedem Anzeichen von Revolution. Es fühlt sich „sicher" unter dem Schutz der Vereinigten Staaten, die dort große Militärbasen gebaut haben, aber ohne die Erlaubnis seiner Schutzmacht kann es nichts tun. Honduras ist sehr, sehr arm. Im Gegensatz zu den Armen in Haiti, die freigelassene Schwarze aus den Zeiten des französischen Kolonialreiches sind und häufig Stolz und Fröhlichkeit zur Schau tragen, ist die Haltung der Armen in Honduras viel mehr von Selbstverdrossenheit bestimmt.

Die „Arche" hat es dort nicht leicht. Es fällt schwer, honduranische Betreuer zu finden, die sich auf lange Sicht verpflichten können. Sie gehören selbst oft großen, armen Familien an, und sie verwenden fast alle Kraft darauf, ihre Armut zu überstehen oder ihr, wenn möglich, zu entgehen. Die Vereinigten Staaten sind für sie das Land der Verheißung, wohin sie alle einmal auswandern wollen, um dort reich zu werden.

Schon aus Reginas Erzählungen habe ich einen Eindruck von der großen Armut in Honduras gewonnen. Bei so geringem Nationalbewußtsein und so wenig Stolz muß es sehr schwierig sein, dort mit geistig Behinderten zusammenzuleben. Das heißt tatsächlich, mit den Ärmsten der Armen zu leben. Trotzdem strahlen alle Betreuer der „Arche" in Honduras Freude und Liebe aus. Sie sind gern dort und hoffen, dort bleiben zu können. Cathy Judge aus Daybreak hat die Gemeinschaft besucht und hofft sehr, dorthin zu kommen und dort zu bleiben. Pilar schreibt aus Honduras begeisterte Briefe. Barbaras Herz ist in Honduras, obwohl sie hier in Trosly bleiben muß. Für jeden, der die Gemeinschaft erwähnt, ist sie eine Stätte höchsten Glücks. Auch Regina strahlt vor Freude, und es scheint, daß alle, die sich für Honduras entschieden haben, dort wirklich auf einen Schatz gestoßen sind. „Selig, die arm sind vor Gott; denn ihnen gehört das Himmelreich."

Ich hoffe sehr, daß ich die Gemeinschaft in Honduras einmal besuchen kann.

Konkurrenzkampf unter den Religionen

Montag, 28. April

Heute habe ich ein zweistündiges Gespräch mit Dorothy, einer Inderin, gehabt, die die „Arche"-Gemeinschaft im indischen Madras leitet. Sie verbringt ein paar Monate in Trosly, um die Verbindung mit den europäischen Gemeinschaften zu pflegen, sich von vielen arbeitsreichen Jahren einmal zu erholen und ihre eigene geistliche Bindung zu intensivieren.

Was sie über ihr Leben und ihre Arbeit in Madras zu berichten wußte, hat mich stark beeindruckt. Moslems, Hindus und Katholiken leben unter einem Dach. Um einen gemeinsamen Nenner im gottesdienstlichen Bereich muß man tatsächlich ringen. Anfangs, als alle Betreuer noch europäische Katholiken waren, hat sich ein einheitlich katholischer Gottesdienst herausgebildet. Seit aber auch indische Betreuer verschiedener religiöser Richtungen eingetreten sind, ist es nicht mehr ganz so einfach. Die Hindus haben keine einheitliche rituelle Praxis, die Moslems dulden keine bildlichen Darstellungen, ganz gleich ob christlich oder hinduistisch, und die Katholiken fühlen sich mit hinduistischen oder moslemischen Gottesdienstformen nicht wohl. Außerdem ist nicht jeder – ob Katholik, Hindu oder Moslem – am religiösen Leben interessiert. Einige sehen in ihrer Arbeit eine einträgliche Tätigkeit, die ihnen einen gewissen gesellschaftlichen Status und Ansehen verleiht. Nicht alle teilen die Vorstellungen, welche die „Arche" ins Leben gerufen haben.

Gemeinsame Gebetsformen zu schaffen, scheint unmöglich zu sein. Einmal hat einer der Behinderten auf dem Weg zu seinem Elternhaus „Aum" vor sich hin gesungen, die Meditationsweise der Hindus, die er in der „Arche" gelernt hatte. Sein Vater, ein Moslem, war davon so bestürzt, daß er seinen Sohn sofort aus der Gemeinschaft genommen hat.

Und doch bewirkt die „Arche" in Indien etwas sehr Schönes: Die geistig Behinderten bringen Menschen zusammen, die sich sonst nie kennenlernen würden. Sie sind wirklich eine verbindende Kraft. Wir richten unsere Aufmerksamkeit oft auf die Probleme und Schwierigkeiten, die ins Auge springen. Aber tief darunter bewirkt Gott, der Gott aller Menschen, unmerklich durch die Kleinen etwas sehr Schönes.

Auch Dorothy, eine der ersten indischen Betreuerinnen, die seit über vierzehn Jahren zur „Arche" in Madras gehört, ist ein echter Hoffnungsstrahl. Ihr lebhaftes Wesen, ihr tiefer Glaube an Gott und ihr Eifer für die „Arche" in Indien lassen mich das Geheimnis des Einigungswerkes erahnen, das Gott durch die Armen vollbringt.

19 Die Gabe der Freundschaft

Bäume beschneiden

Mittwoch, 3. April

Jesus hat gesagt: „Ich bin der wahre Weinstock, und mein Vater ist der Winzer. Jede Rebe an mir, die keine Frucht bringt, schneidet er ab, und jede Rebe, die Frucht bringt, reinigt er, damit sie mehr Frucht bringt" (Joh 15,1 f).

Diese Worte des heutigen Evangeliums lassen mir das Leid in einer neuen Sicht erscheinen. Wenn man Bäume beschneidet, können sie mehr Frucht bringen. Selbst wenn ich Frucht bringe, selbst wenn ich etwas für das Gottesreich leiste, selbst wenn man mir für die Hinführung zu Jesus dankt, bedarf ich des Beschneidens erst recht. Die vielen überflüssigen Äste und Zweige hindern den Weinstock daran, alle Frucht zu bringen, die er bringen könnte. Man muß sie wegschneiden. Das tut weh, um so mehr, als ich nicht immer weiß, daß sie überflüssig sind. Oft sehen sie schön und sehr lebendig aus. Aber man muß sie zurechtschneiden, damit eine reichere Ernte wachsen kann.

Es nützt mir, in schmerzlichen Absagen, Augenblicken der Verlassenheit, Anwandlungen von Melancholie und Verzweiflung und im Ausbleiben von Hilfe und menschlicher Zuwendung Gottes Winzermesser am Werk zu sehen. Ich sehe ein, daß ich mich wohl zu früh mit den paar Früchten beschieden habe, die ich in meinem Leben erkennen kann. Ich könnte vielleicht sagen: „Nun, hier und da bringe ich etwas Gutes zustande, und ich sollte für das bißchen, was ich zustande bringe, dankbar und damit zufrieden sein." Aber das ist vielleicht falsche Bescheidenheit und sogar eine Art geistlicher Trägheit. Gott verlangt mehr von mir. Gott will mich stutzen. Ein gestutzter Weinstock ist kein schöner Anblick, aber zur Erntezeit bringt er reiche Frucht. Es kommt sehr darauf an, daß ich nicht aufhöre, in meinem Leben Gottes Hand mit dem Winzermesser am Werk zu sehen. Dann bleiben mir Groll und Depressionen erspart, und ich kann sogar mit größerer Dankbarkeit hinnehmen, daß ich angehalten werde, noch mehr Frucht zu bringen, als ich in der Lage zu sein glaubte. Das Leid wird dann zu einem Läuterungsprozeß, so daß ich mich in tiefer Dankbarkeit und ohne Stolz seiner Früchte erfreuen kann.

Zusammengeführt

Reims; Samstag, 3. Mai

Heute nachmittag sind Nathan und ich zu einem langen Wochenende nach Reims gefahren. Auf den Gedanken, miteinander ein paar ruhige Tage ganz für uns allein zu verbringen, sind wir gekommen, als wir feststellten, daß unsere Zeit in Trosly bald vorbei sein würde. Am 12. Mai reise ich für sechs Wochen in die Vereinigten Staaten, nach Kanada, England und Irland, und dann bleiben uns nur noch ein paar Wochen, bevor unsere Zeit in Frankreich zu Ende geht.

Eine Freundschaft kann nicht stark und tief werden, wenn man ihr nicht die Zeit und die Aufmerksamkeit schenkt, die sie verdient. Meine Freundschaft mit Nathan ist eine der Lichtseiten meines Aufenthaltes in Trosly, die mir Rückhalt und Stärkung gewesen sind.

Mit großer Freude empfinden wir in unserer Freundschaft zutiefst, daß Jesus uns zusammengeführt hat, um uns Gelegenheit zu geben, einander auf dem Weg zu seiner engeren Nachfolge zu helfen. Wir möchten daher gemeinsam Zeit in Gebet und Schweigen verbringen und so bekunden, daß die Liebe, die wir füreinander empfinden, nicht unser eigenes Werk ist.

So sind wir denn hier in Reims im Klarissenkloster. Es ist

ein Ort, der ganz dem Schweigen, dem Gebet und der Kontemplation gewidmet ist. Vom Zimmerfenster aus kann ich in der Ferne die prachtvolle Kathedrale von Notre Dame sehen, die mitten in der Stadt aufragt. Morgen wollen wir sie besuchen und auch dort beten.

Herr, ich danke dir für die Gabe deiner Liebe, für die Gabe der Freundschaft und für die Gabe des Schönen. Amen.

Die Kathedrale und der Gebetsraum

Sonntag, 4. Mai

Im Kloster, in dem wir abgestiegen sind, gibt es einen Gebetsraum. Seine Ausstattung besteht aus einem schlichten Buntglasfenster mit dem brennenden Dornbusch, einem Holzpfeiler, in den ein kleiner Tabernakel eingelassen ist, ein paar Betstühlen und Bänken und einigen Lämpchen, die an den mit Bambus verkleideten Wänden angebracht sind.

Nathan und ich haben dort unsere Psalmen gebetet und eine Zeitlang im Schweigen verharrt. Es war alles so friedlich und ruhig. Man hörte kaum einen Laut.

Nachmittags waren wir im Stadtzentrum von Reims, um die Kathedrale von Notre Dame zu besuchen. Wenn man aus der kleinen Anbetungskapelle in das gewaltige Mittelschiff dieser Kirche kam, hatte man das Empfinden, mit den beiden Extremen der Gegenwart Gottes in unserer Welt in Berührung zu kommen: Gottes Verborgenheit und Gottes Herrlichkeit, Gottes Unscheinbarkeit und Gottes Majestät, Gottes Schweigen und Gottes Schöpferwort, Gottes Demut und Gottes triumphaler Ruhm.

Hier in diesem Heiligtum, das im dreizehnten Jahrhundert erbaut worden ist, ist König Ludwig der Heilige (1226) gesalbt worden, hat Jeanne d'Arc der Krönung Karls VII. (1429) beigewohnt, ist Karl X. (1825) gekrönt worden und haben Charles de Gaulle und Konrad Adenauer (1962) die Aussöhnung zwischen Franzosen und Deutschen besiegelt. So viele Emotionen, so viele Stimmungen, so viele tragische und freudige Ereignisse, so viele böse und erhebende Erinnerungen, so viel Stolz und so viel Glaube, so viel Machtstreben und so viel schlichter Glaube.

Im Ersten Weltkrieg wurde die Kathedrale durch Feuer und Beschuß zerstört. Aber 1937 wurde sie nach zwanzigjährigem Wiederaufbau von Kardinal Suhard wieder eröffnet und konsekriert, und heute kommen die Touristen und bestaunen das herrliche Bauwerk, verstehen aber kaum den Geist, von dem diese Steine Zeugnis sind. Nachdem wir eine Zeitlang versucht hatten, die Großartigkeit der Kathedrale auf uns wirken zu lassen, haben Nathan und ich uns auf eine kleine Terrasse am Domplatz gesetzt und unsere Blicke einfach auf den drei, von Heiligen flankierten Portalen, der Rosette, den Königs- und Bischofsstatuen und den beiden mächtigen Türmen ruhen lassen. Autos und Busse kamen und fuhren wieder, Menschen gingen durch die Portale ein und aus, einige haben fotografiert, andere haben nur geschaut und Gespräche geführt, ein paar haben gebetet. Ich hatte etwas Kopfschmerzen und wollte den kleinen Gebetsraum im Kloster mit dem Dornbuschfenster aufsuchen, um dort bei Jesus zu sein und zu beten. Das haben wir dann auch getan.

Von der Undurchsichtigkeit zur Transparenz

Montag, den 5. Mai

Als Nathan und ich miteinander sprachen und einander unsere Schwierigkeiten und unsere Hoffnungen anvertrauten, ist es mir immer klarer geworden, daß ich den Unterschied zwischen Finsternis und Licht sehr wohl kenne, aber oft nicht den Mut habe, sie beim Namen zu nennen. Ich bin sehr versucht, mich der Finsternis gegenüber so zu verhalten, als wäre sie Licht, und dem Licht gegenüber so, als wäre es Finsternis. Je mehr wir aus unserem Leben erzählten, um so deutlicher wurde ich mir der inneren Zwiespältigkeiten bewußt, die mich dem Licht entziehen und im Finstern Zuflucht suchen lassen.

Jesus zu kennen, seine Worte zu lesen und zu beten, schafft immer mehr Klarheit über Böse und Gut, Sünde und Gnade, Satan und Gott. Diese Klarheit verlangt von mir, mich furchtlos und ehrlich für den Weg des Lichtes zu entscheiden. Je vertrauter mir Jesus wird, um so deutlicher sehe ich auch, wie viele solcher Entscheidungen fällig sind und wie oft. Sie betreffen weit mehr als nur mein äußeres Tun. Sie reichen bis in die tiefsten Winkel des Herzens, wo sich meine geheimsten Gedanken und Phantasien versteckt halten.

Beim Überdenken meines Lebens habe ich gesehen, wie undurchsichtig es gewesen ist. Ich habe oft so gehandelt, aber anders geredet, so geredet, aber anders gedacht, so gedacht, aber anders empfunden. Ich habe viele Fälle entdeckt, in denen ich mich sogar selbst belogen habe. Nicht selten habe ich mir eingeredet, ich sei irgendwohin gereist, um jemand zu helfen, und habe mich darüber hinweggetäuscht, daß ich dabei längst nicht so edle Beweggründe hatte. Ich habe mir das raffinierte Streben nach Macht und Ehre, nach emotionaler und physischer Befriedigung nicht eingestanden und immer wieder Spielchen mit mir selbst gespielt.

Wie kann man von dieser Undurchsichtigkeit zur Transparenz gelangen? Ein transparentes Leben ist ein Leben ohne ein zwiespältiges Gewissen, in dem Herz, Geist und Trieb bei der Entscheidung für das Licht zusammenwirken. Mir geht auf, wie wichtig es ist, der Finsternis in mir einen Namen zu geben. Wenn ich die Finsternis nicht länger anders als Finsternis nenne, nimmt die Versuchung ab, mich ihrer immer wieder zur Verwirklichung meiner egoistischen Ziele zu bedienen. Solange ich noch weiter im Dienst der Wahrheit lüge, im Dienst des Lebens Todesspiele treibe und im Dienst der Liebe meinen eigenen Drang befriedige, bleibe ich hoffnungslos undurchsichtig und ähnele einem Kanzelredner, der mit einer Predigt über die Demut nach Komplimenten fischt.

Da sehe ich mich vor eine schwere Aufgabe gestellt – die

Finsternis Finsternis, das Böse Böse und den Dämon Dämon zu nennen. Wenn ich vage bleibe, kann ich verbindlichen Verpflichtungen ausweichen und mich im breiten Strom unserer Gesellschaft treiben lassen. Aber Jesus läßt mich nicht dabei bleiben. Er verlangt eine klare Entscheidung für die Wahrheit, das Licht und das Leben. Wenn ich meine unzähligen inneren Kompromisse durchschaue, mag ich mich zunächst schuldig fühlen und mich schämen. Aber wenn das zu Reue und Zerknirschung führt, werde ich bald die unermeßliche Liebe Gottes spüren, der gekommen ist, mich aus der Finsternis zum Licht zu führen, und mich diese Liebe durch und durch ehrlich bezeugen zu lassen.

Ich bin dankbar für diese Einsichten, die sich aus unseren Gesprächen ergeben haben. Allein zu überlegen, ist so ganz anders, als gemeinsam zu überlegen. Da wir morgen wieder nach Trosly fahren, werden wir viel Gutes mitnehmen, worüber wir noch einmal nachdenken können.

Sechs Wege zum Frieden

Trosly; Donnerstag, 8. Mai

Heute ist Christi Himmelfahrt, in Frankreich ein Feiertag und Tag der offenen Tür in der „Arche" von Trosly. Hunderte von Freunden sind erschienen, um zu beten und zu spielen, um Erzeugnisse der „Arche" zu kaufen, um die hiesige Musikkapelle spielen und Alain St. Macary, den Leiter der Gemeinschaft, und Jean Vanier sprechen zu hören.

Das Thema des Tages war Friedenstiften. Während Dutzende kleiner Kinder mit frohem Geschrei herumliefen und viele Behinderte und ihre Betreuer als Clowns verkleidet dahergingen, hat Jean Vanier sechs Vorschläge für Friedenstifter gemacht. Die Lautsprecher waren laut genug, daß er für alle, die ihn hören wollten, verständlich war. Eine Gruppe von vierzehn jungen Mädchen, die Jean vorige Woche in Lourdes gehört hatten, hat seine Ansprache mit Jubel begrüßt.

Hier sind die sechs Punkte, die Jean Vanier Friedenstiftern empfohlen hat: 1. Erweise jedem einzelnen Menschen Achtung; 2. Schaffe den Freiraum, den die Menschen zum Wachsen und Reifen brauchen; 3. Bleibe immer im Gespräch; 4. Stimme ständig die gegenseitigen Erwartungen aufeinander ab; 5. Freu Dich an der Verschiedenheit der Menschen; 6. Bemühe Dich immer um diejenigen, die am meisten leiden.

Jean hat diese Vorschläge gemacht, damit wir den vielen Konflikten begegnen können, die immer wieder unter uns aufkommen. Sie sind der Weg, der zum Frieden führt – sei es in der Familie, in der Gemeinschaft oder in der Welt.

Nach Jeans Ansprache spielte die Musik noch ein paar Stücke, fanden sich die Leute bald hier, bald da in kleinen Grüppchen zusammen, begrüßten einander, tanzten, sangen oder sprachen einfach miteinander und gingen zur Messe in die Kapelle. Gegen alle Erwartung ist das Wetter sonnig geblieben, und die durchziehenden dicken Wolken haben nur während Jeans Ansprache ein paar Regentropfen auf uns fallen lassen. Es war ein schöner Himmelfahrtstag!

Eine Strategie für das geistliche Leben

Samstag, 10. Mai

Mehr denn je sehe ich bei meinen Reisevorbereitungen die großen Versuchungen, die mich erwarten. Einerseits freue ich mich sehr, wieder in die Vereinigten Staaten und nach Kanada zurückkehren, Freunde besuchen, Vorträge halten, Menschen in ihrer Not beraten und mich wieder den „großen Tagesfragen" widmen zu können. Andererseits weiß ich sehr wohl, wie leicht es sein wird, die Verbindung mit Jesus zu verlieren, in den unzähligen Reizen, die auf mich eindringen, unterzugehen und mein inneres Gleichgewicht zu verlieren.

Es ist für mich von Nutzen gewesen, offen und unumwunden über meine Ängste zu sprechen und um geistliche Leitung zu bitten. In der Welt zu sein ohne von der Welt zu sein, ist mit sehr großen Mühen verbunden. Es erfordert, daß ich genau weiß, was ich will und wie ich es ausführen kann. Es erfordert Zucht der Augen, Zucht des Geistes und Zucht des Herzens. Es erfordert das tiefe Verlangen wie auch die feste Entschlossenheit, ununterbrochen mein Leben im Namen Jesu zu führen.

Ich habe zwei konkrete Versprechen abgelegt: Mit Jesus in enger, täglicher Gebetsverbindung und mit meinen Freunden in enger, brieflicher und telefonischer Verbindung zu bleiben. So werde ich, auch wenn ich auf Reisen bin, immer zu Hause sein, und auch wenn ich allein bin, immer in der Gemeinschaft sein können. So werde ich in der Lage sein, nicht im eigenen Namen zu denken, zu sprechen und zu handeln, sondern im Namen Jesu und im Namen derer, die mich gesandt haben.

Die Gabe der Einheit

Sonntag, 11. Mai

Jesus betet um Einheit für seine Jünger und für die, die auf das Wort seiner Jünger hin zum Glauben an ihn kommen werden. Er sagt: „Alle sollen eins sein: Wie du, Vater, in mir bist und ich in dir bin ..." (Joh 17,21).

Diese Worte Jesu enthüllen den geheimnisvollen Tatbestand, daß die Einheit unter den Menschen nicht in erster Linie Menschenwerk ist, sondern vielmehr eine Gabe Gottes. Die Einheit unter den Menschen ist ein Spiegelbild der göttlichen Einheit. Der Wunsch nach Einheit ist unter den Menschen tief und stark. Er besteht unter Freunden, Eheleuten, Gemeinschaften und Ländern. Wo immer man wirklich Einheit erlebt, spürt man auch, daß sie ein Geschenk ist. Wenn die Einheit auch unser tiefstes Bedürfnis stillt, kann man sie doch nicht durch unsere Worte oder Taten erklären. Es gibt keine Formel für die Einheit.

Wenn Jesus um die Einheit betet, bittet er den Vater, daß diejenigen, die an ihn, d.h. an sein völliges Einssein mit dem Vater, glauben, in diese Einheit einbezogen werden.

Ich sehe immer noch bei mir und bei anderen, wie oft wir untereinander Einheit herzustellen versuchen, indem wir einzig einander im Blick haben und nach dem Punkt suchen, an dem wir uns eins wissen können. Aber wir werden oft enttäuscht, wenn wir feststellen, daß kein Mensch uns bieten kann, wonach wir uns am meisten sehnen. Solch eine Enttäuschung kann leicht dazu führen, daß wir verbittert, zynisch, unerbittlich und sogar gewalttätig werden.

Jesus heißt uns, in ihm und durch ihn unser Einssein anzustreben. Wenn wir unsere innere Erwartung nicht zuallererst aufeinander, sondern auf Gott richten, dem wir gehören, werden wir entdecken, daß wir in Gott auch einander gehören. Die innigste Freundschaft ist eine Freundschaft, die Gott als Mittler angeknüpft hat; die stärksten Ehebande sind Bande, die Gott geknüpft hat.

Diese Wahrheit verlangt von uns, daß wir uns der Forderung beugen, zum Quell jeglicher Einheit zurückzukehren. Wenn wir bei Streitigkeiten, Zwietracht und Meinungsverschiedenheiten gemeinsam vor Gott hintreten und dort zur Eintracht zurückfinden würden, könnte manchem menschlichen Leid abgeholfen werden.

20 Einer von Vielen

Technik und menschliche Beziehungen

Cambridge, Mass.; Montag, 12. Mai

Die Reise von Paris nach Boston hat mir den Gegensatz zwischen den großen Errungenschaften der Technik und der Primitivität unserer menschlichen Beziehungen jäh bewußt gemacht. Während raffinierteste Technik mich in einer Stunde von Paris nach London und in sechs Stunden von London nach Boston gebracht hat, war die ganze Reise durch vorsorgliche Sicherheitsmaßnahmen getrübt. Über eine Stunde vor dem Abflug mußte ich mich schon von Nathan und Brad verabschieden, die mich zum Pariser Charles-de-Gaulle-Flughafen begleitet hatten. Sie durften bei der Gepäckabfertigung nicht dabei sein. In London mußte ich verschiedene Sicherheitskontrollen und eine Leibesvisitation über mich ergehen lassen und noch einmal das Gepäck identifizieren, das ich direkt nach Boston aufgegeben hatte. Die Aufenthalte waren nicht technisch bedingt, sondern hingen mit Sicherheitsproblemen zusammen.

Es ist natürlich gut, daß man zur Verhütung von Terroranschlägen so viele Sicherheitsvorkehrungen trifft, aber daß man auf Schritt und Tritt darauf gestoßen wird, jemand könnte einen Mordanschlag verüben, läßt das Gefühl aufkommen, daß die Welt keine sichere Wohnstatt mehr ist. Je fortschrittlicher die Beförderungsweise, um so riskanter scheint es, sich ihrer zu bedienen! Eine ganze Reihe meiner Freunde hat ihre Urlaubspläne aus Furcht vor Flugzeugentführungen, Bombenanschlägen oder Überfällen auf Flugzeuge oder Flughäfen rückgängig gemacht.

Die Technik ist den menschlichen Beziehungen so weit voraus! Wir brauchen dringend neue Wege des menschlichen Miteinander, der Konfliktlösung und der Friedensarbeit. Auf der Ebene der menschlichen Beziehungen befin-

221

den wir uns noch in der Steinzeit, wenn wir glauben, daß Demonstrationen von Macht und eine Strategie der Angst unsere Probleme lösen. Mit Selbstmordkommandos und Vergeltungsschlägen auf bedrohliche Situationen zu antworten, ist doch primitiv. Mit den Mitteln der Technik, die heute zur Verfügung stehen, können diese primitiven Reaktionen das Ende jeglichen Menschenlebens herbeiführen.

Mehr denn je ist es unerläßlich, daß Menschen, die einander mit dem Flugzeug über weite Entfernungen in wenigen Stunden erreichen können, miteinander über ein friedliches Zusammenleben reden. Jetzt scheint es, daß mit der Abnahme der geographischen Distanz die moralische und innere Distanz zunimmt. Warum hören wir Menschen so viel und schon so früh von Technik und so wenig und erst so spät von Nächstenliebe?

Der geistliche Überlebenskampf

Dienstag, 13. Mai

Ein Tag voller Wiedersehensfreude. Peter und Kate, Jonas, Marta und Michael, Jutta, David, Jim und Charles ... sie alle waren da, und wir haben wieder miteinander gesprochen und gebetet.

Was mir nach meiner Abwesenheit hier in den Vereinigten Staaten am meisten auffällt, ist die ungebrochene Kraft, mit der Rastlosigkeit, Einsamkeit und Streß so viele Menschen im Griff halten. In den Gesprächen, die ich heute geführt habe, ging es um das geistliche Überleben. Viele meiner Freunde fühlen sich erdrückt von den Anforderungen, die man an sie stellt; nur wenige spüren den inneren Frieden und die Freude, nach denen sie sich so sehnen.

Miteinander das Leben zum Fest zu machen, eine Lebensgemeinschaft zu bilden, sich froh der Schönheit der Schöpfung, der Liebe der Menschen und der Güte Gottes zu überlassen – das scheinen Ideale zu sein, deren Verwirklichung in weiter Ferne liegt. Ein Berg von Hindernissen scheint den Menschen den Weg dorthin zu versperren, wo ihre Herzen sein möchten. Es schmerzt sehr, das zu beobachten und zu spüren. Erstaunlicherweise ist der Überlebenskampf so „normal" geworden, daß nur wenige noch wirklich glauben, es könne auch anders sein. Jetzt verstehe ich besser, warum meine Freunde, die einen Besuch in Trosly gemacht haben, so tief ergriffen waren. Ihnen hatte sich eine bis dahin unbekannte Welt aufgetan.

Die Leute, mit denen ich heute zusammengetroffen bin, sind alle so gute Menschen. Sie sind großherzig, liebevoll, besorgt und voll Verlangen danach, miteinander ihren Glauben zu leben; aber alle tragen sie unermeßliches Leid und wissen es nicht einmal immer. Nach meiner zehnmonatigen Abwesenheit von hier kann ich sehen, was meinem Blick entzogen war, solange ich selbst darin steckte. Nachdem ich in der „Arche" so viel Freiheit im Geist erlebt habe, kann ich besser sehen, was meine Freunde alles entbehren müssen. Mich drängt es sehr, sie zu neuen Ufern zu bringen, ihnen neue Perspektiven zu eröffnen und neue Möglichkeiten zu zeigen. Aber wer kann mich denn hören in einer Welt voller Hektik, Druck, Konkurrenzkampf und Kräfteverschleiß? Ich frage mich sogar, wie lange ich selbst für die Stimme des Geistes in Hörweite bleiben kann, wenn die Dämonen dieser Welt solchen Lärm machen.

Wie wichtig sind doch Disziplin, Gemeinschaft, Gebet, Stille, liebevolle Anteilnahme, schlichtes Zuhören, Anbetung und eine tiefe, dauerhafte, treue Freundschaft. Wir alle sehnen uns so sehr danach, und doch ist die Suggestivkraft der Mächte, die uns einreden, all dies sei Phantasterei, gewaltig. Aber wir müssen, statt um die Macht zu kämpfen, darum kämpfen, einen Freiraum für den Geist zu schaffen.

Freunde Jesu

Mittwoch, 14. Mai

Das Herzstück des heutigen Tages war eine Eucharistiefeier, an der etwa zwanzig meiner Freunde aus Cambridge teilgenommen haben. Jesu Worte: „Ich nenne euch nicht mehr

Knechte; denn der Knecht weiß nicht, was sein Herr tut. Vielmehr habe ich euch Freunde genannt; denn ich habe euch alles mitgeteilt, was ich von meinem Vater gehört habe" (Joh 15, 15), haben treffend die Bedeutung meines Wiedersehens mit ihnen zum Ausdruck gebracht. Wir sind nicht auf sentimentale Weise Jesu Freunde, sondern weil wir am göttlichen Leben Anteil haben. Wenn wir uns erkühnen, auf diese Freundschaft Anspruch zu erheben, können wir uns auch auf das bleibende Band verlassen, durch das wir untereinander verbunden sind. Diese gegenseitige Freundschaft ist die herrliche Frucht unserer Verwandtschaft mit Jesus. Sie ist weit mehr als ein Wunschbild. Diese Freundschaft ist eher greifbare Wirklichkeit.

Viele Freunde hatten bei Peter, der mit mir zusammenarbeitet, angefragt, ob sie einen kurzen Besuch machen könnten; Peter hat vorgeschlagen, sie alle zu einer Eucharistiefeier mit anschließendem Lunch kommen zu lassen. Ich bin sicher, daß sie alle mehr davon gehabt haben, als ich ihnen bei Einzelbegegnungen je hätte geben können. So habe ich ihnen die Freundschaft Jesu geben können, die in den Gaben von Brot und Wein Gestalt annimmt. Außerdem war es eine Gelegenheit für Menschen, die sich nach Alter, Bildung, Milieu und Charakter sehr voneinander unterscheiden, in Frieden und Eintracht zusammenzusein und festzustellen, daß ihre Unterschiede eigentlich ihr tiefes Einssein in Christus offenbaren.

Es überrascht mich immer mehr, daß das, worunter die Menschen in einer Stadt wie Cambridge am meisten leiden, in dem Gefühl der Vereinzelung, Aussonderung und Entfremdung zu bestehen scheint. Warum sollte ich mit jedem einzelnen über das reden, was ihn bedrückt, wenn wir, versammelt um den Tisch des Herrn, zu einer Gemeinschaft werden können, die Heilung wirkt? Es waren frohe Stunden, in denen Gebet, Lieder und der Austausch von Erlebnissen gezeigt haben, daß Jesus in unserer Mitte ist.

Die Armut der Reichen

New York; Donnerstag, 15. Mai

Heute morgen sind Peter und ich nach New York City zu Murray McDonnell geflogen. Ich hatte Murrays Bekanntschaft noch nicht gemacht, aber während meines Aufenthalts in Frankreich hatten Murray und Peter einander kennenlernen und miteinander Freunschaft schließen können.

Murray ist ein New Yorker Bankier, der unzählige Menschen persönlich kennt, die mir nur vom Fernsehen oder aus der Presse bekannt sind. Er hat mehrere meiner Bücher gelesen und ist der Ansicht, daß seine Welt Gottes Wort ebenso braucht wie meine. Ich kam mir ganz klein vor, einen Mann, der viele kennt, die man sich auf Konferenzen vorstellt, sagen zu hören: „Geben Sie uns ein Wort aus Gottes Mund, sagen Sie uns etwas über Jesus ..., distanzieren Sie sich nicht von den Reichen, die so arm sind."

Jesus liebt die Armen – aber die Armut kann viele Formen annehmen. Wie leicht vergesse ich das, wenn ich den Mächtigen, den Prominenten und den Erfolgreichen die geistliche Nahrung vorenthalte, nach der sie hungern. Aber wenn ich sie ihnen reichen will, muß auch ich ganz arm sein – nicht neugierig, nicht ehrgeizig, nicht hochgestochen, nicht stolz. Man wird so leicht vom Flitter der Welt geblendet und erliegt der Verlockung ihres äußeren Glanzes. Mein Platz kann doch nur der Platz der Armut sein, der Platz, wo Einsamkeit, Zorn, Ratlosigkeit, Niedergeschlagenheit und Schmerz zu Hause sind. Dorthin muß ich im Namen Jesu gehen, um mich an seinen Namen zu halten und seine Liebe zu bringen.

O Herr, hilf mir, mich nicht von Macht und Reichtum ablenken zu lassen; hilf mir, mir nichts daraus zu machen, die Stars und Helden dieser Welt zu kennen. Öffne mir die Augen für das wehe Herz der Deinen, wer immer sie sind, und gib mir das Wort, das Trost und Heilung bringen kann. Amen.

Politikerseelsorge

Washington, D. C.; Freitag, 16. Mai

Gestern ist Peter nach Boston zurückgekehrt, und ich bin zu meinen Freunden nach Washington weitergeflogen. Es war ein Tag voller Freude, zumal ich während all meiner Gespräche Jesus ganz nahe bleiben und einfach und unmittelbar auf ihn zu sprechen kommen konnte. Das war nicht immer leicht, weil so manche Menschen und Dinge ablenkend gewirkt haben. Mittags mit Senator Mark Hatfield am vornehmen Sitz des Etat-Ausschusses des Senats zu speisen, von den Widerständen gegen die Herstellung von Nervengas und den Versuchen zu hören, zuverlässige Informationen über Menschenrechtsverletzungen in Guatemala zu erlangen, Henry Kissinger auf dem Flur zu treffen, und die Betriebsamkeit und Dringlichkeit zu spüren, die allenthalben in der Luft lag – all das hat mir reichlich Gelegenheit geboten, das Haus des Herrn zu verlassen und neugierig auf der Suche nach Macht, Einfluß und Erfolg umherzustreifen. Doch Jesus ist den ganzen Tag im Mittelpunkt geblieben, und die Stunden waren spürbar von Gottes Gegenwart erfüllt.

Am meisten hat mich beeindruckt, wie sehr alle, mit denen ich heute zusammengekommen bin, Wert darauf gelegt haben, etwas von Gottes Gegenwart in der Welt zu hören. Es schien, als könnte ich nicht genug darüber sagen. Bei dem zweistündigen Mittagessen mit Senator Hatfield und seinen engsten Mitarbeitern wurde nicht eine Minute des Tischgesprächs politischen Themen gewidmet. Es ist ausschließlich um Themen gegangen wie die Botschaft des Neuen Testamentes, Erfüllung im Leben, Aufbau und Pflege sinnvoller Beziehungen, Gebet, Gehorsam und Treue. Im Laufe des Gespräches habe ich gemerkt, daß wir tatsächlich den eigentlichen Problemen der Welt näher kamen, als eine Erörterung politischer Tagesfragen uns gebracht haben würde.

An einem Punkt unseres Gespräches habe ich Senator

Hatfield gefragt: „Wie kann ich etwas für den Senat der Vereinigten Staaten tun?" Er hat geantwortet: „Kommen Sie und halten Sie einen Vortrag über Vergebung, Aussöhnung und darüber, wie man miteinander in Frieden leben kann. Im Politikeralltag gibt es sowohl dienstlich wie auch privat so viel Bitternis und Groll, Eifersucht und Zorn, daß jedes heilende Wort bereitwillige Aufnahme finden würde."

Später hat Doug Coe mich gebeten, einen Exerzitienkurs für zwanzig Mitglieder des Verbandes junger Unternehmer zu halten. Auf meine Frage: „Wer sind die jungen Unternehmer?", antwortete er: „Es sind Leute, zumeist Männer, die über eine Million Dollar erwirtschaftet haben, bevor sie dreißig Jahre alt waren, ein Unternehmen mit wenigstens fünfzig Angestellten leiten und einflußreich sind." Auf die Frage: „Warum wollen sie Exerzitien machen?", erwiderte er: „Sie verlangen sehr danach, Jesus kennenzulernen. Sie werden an jeden Ort der Welt und an jedem Datum Ihrer Wahl anreisen, um Sie über Jesus sprechen zu hören."

Was brauche ich da noch mehr zu wissen? Warum sollte ich da, wo jeder, mit dem ich ins Gespräch komme, mich auffordert, Jesus zu verkünden, außer ihm noch etwas verlangen? Meine einzige Aufgabe ist es, im Hause Gottes zu bleiben und nicht mehr in der Welt umherzuschweifen.

Während all dessen war ich eng mit Nathan und Jonas verbunden. Ihr Gebet und ihre Unterstützung haben mir ein Gefühl von Sicherheit und Geborgenheit gegeben. Ich bin in diese Welt gesandt; meine Freunde müssen mir helfen, daß ich nicht in ihr aufgehe.

Mit Freunden schweigen

Cambridge, Mass.; Montag, 19. Mai

Seit ich wieder in Cambridge bin, kommt mir immer wieder der Gedanke, daß es ebenso wichtig ist, mit Freunden zu schweigen wie mit ihnen zu reden. So vielen Menschen zu begegnen und mit ihnen über alles zu reden, was ihnen passiert ist oder sie im Augenblick bewegt, führt bei mir oft zu dem Gefühl, als wären wir nicht wirklich beieinander. Unzählige Einzelheiten aus dem Leben auszubreiten kann oft mehr Distanz als vertraute Nähe schaffen. Worte sind wichtig, wenn man einander näherkommen will, aber zu viele Worte schaffen Distanz.

Ich verspüre immer mehr den Wunsch, mit Freunden zu schweigen. Man muß nicht alles erzählen, man muß nicht jeden Gedanken austauschen. Wenn erst einmal eine Atmosphäre gegenseitigen Vertrauens herrscht, können wir miteinander schweigen und der gütigen und leisen Stimme des Herrn das Wort überlassen. Das gemeinsame Hinhören auf Jesus kann viel zur gegenseitigen Annäherung und zu einem ganz persönlichen Verhältnis auf einer Ebene beitragen, die für Worte, die man von Mensch zu Mensch wechselt, unerreichbar ist. Gemeinsames, schweigendes Verharren in Jesu Gegenwart wird sich auch für die Zukunft noch segensreich auswirken. Anscheinend kann schweigende Zuwendung bei uns einen tieferen Eindruck hinterlassen als viele liebe Worte. Vielleicht nicht immer, aber sicher oft. Doch dieses Schweigen setzt viel Selbstdisziplin voraus. Es ist nicht die natürlichste Form für ein Wiedersehen! Und doch ist es vielleicht die segensreichste.

Ein Kind aufnehmen

Dienstag, 20. Mai

„Wer ein solches Kind um meinetwillen aufnimmt, der nimmt mich auf; wer aber mich aufnimmt, der nimmt nicht nur mich auf, sondern den, der mich gesandt hat" (Mk 9, 37).

Was heißt, ein Kind aufnehmen? Es heißt, denen liebevolle Zuwendung schenken, die man oft übersieht. Nehmen wir einmal an, ich stünde mit anderen Gästen in einer Reihe, um einer sehr wichtigen Persönlichkeit vorgestellt zu werden, und sähe ein kleines Kind vorbeilaufen. Würde ich dann meinen Platz in der Reihe aufgeben und mich ganz dem Kind widmen? Nehmen wir einmal an, ich hätte vor, zu einer großen Abendgesellschaft zu gehen, auf der ich sehr interessante und einflußreiche Leute treffen würde. Könnte ich den Gedanken an die Abendgesellschaft aufgeben und mich ein paar Stunden zu einem Mann auf die Straße setzen, der mir die Hand entgegenstreckt und um Geld bettelt? Nehmen wir einmal an, ich würde zur Entgegennahme eines Preises eingeladen. Könnte ich auf die Ehrung verzichten und die Zeit bei einer deprimierten, alten Frau verbringen, die sich in ihrer Wohnung einsam und verlassen fühlt?

Gestern hat mich auf der Straße ein Bettler angehalten. Er wollte etwas Geld, um sich einen Bissen zu essen zu kaufen. Er rechnete nicht mit einer Reaktion, doch als ich ihm zehn Dollar gab, sprang er auf und sagte: „Dankeschön, ganz, ganz herzlichen Dank!" Er war sehr überrascht von der reichen Gabe, aber mich befiel plötzlich Traurigkeit. Ich befand mich auf dem Weg zu einer Sitzung, die ich nicht verpassen wollte. Meine Gabe war nur eine Entschuldigung für mein Weitergehen. Ich hatte den Bettler nicht aufgenommen – hatte nur versucht, vor mir selbst freigebig zu sein. Meine „Freigebigkeit" hatte mir gezeigt, wie sehr ich mich dagegen sträubte, das „kleine Kind" aufzunehmen.

Um ein „kleines Kind" aufzunehmen, muß ich selbst klein werden. Aber ich überlege immer noch, wie groß ich eigentlich bin. Sogar meine Freigebigkeit kann dazu beitragen, daß ich mir groß vorkomme. Doch Jesus hat gesagt: „Wer der Erste sein will, soll der Letzte von allen und der Diener aller sein" (Mk 9, 35). Bin ich gewillt, der Diener dieses Bettlers zu werden? Durch die Gabe von zehn Dollar bin ich zu seinem Herrn geworden, der ihm ein „Dankeschön, herzlichen Dank" abnötigen konnte.

Allmählich wird mir klar, daß ich immer noch nicht verstanden habe, daß Jesus uns seine Liebe offenbart hat, indem er unser Diener wurde, und daß er uns dazu beruft, ihm auf diesem Weg zu folgen.

21 Ein mühsamer,
aber beglückender Beruf

Gemeinsame Zukunftsüberlegungen

Toronto; Freitag, 23. Mai

Heute früh bin ich nach Toronto geflogen, wo Sue Mosteller mich abgeholt und nach Daybreak in Richmond Hill gebracht hat.

Ich habe mich auf die Tage in Daybreak gefreut, da es für wenigstens drei Jahre mein Zuhause sein wird. Ich spüre jetzt, daß mein Jahr in Trosly abläuft und daß ich bald so weit bin, eine neue Aufgabe übernehmen zu können. Während der letzten paar Monate hat sich so viel in meinem Leben ereignet, daß ich kaum die Zeit oder die Kraft hatte, über mein künftiges Leben und Arbeiten in Daybreak nachzudenken; doch jetzt scheint nur das wichtig zu sein.

Für nachmittags 2:30 Uhr haben mich die Kapitelsmitglieder von Daybreak eingeladen, ihnen meinen eigenen geistlichen Weg und die Gründe zu schildern, die mich bewogen haben, auf ihren Ruf hin nach Kanada zu kommen und bei ihnen die Seelsorge zu übernehmen. Nachdem ich versucht hatte, ihnen gegenüber, so gut ich konnte, zum Ausdruck zu bringen, daß ich mich von Harvard weg zu einem Leben bei Behinderten und ihren Betreuern berufen fühlte, haben sie mir gesagt, wie sie sich mein künftiges Leben und Wirken in Daybreak vorgestellt hätten.

Dabei haben sich fünf Punkte ergeben: 1. Ich muß noch viel lernen. Ich habe eigentlich noch nie in einer Gemeinschaft oder in persönlicher Bindung an Behinderte gelebt. Es wird nicht leicht sein, in diese kleine Welt Eingang zu finden, nachdem ich in der großen Welt so viel herumge-

230

kommen bin. Ich werde daher meine Zeit brauchen, mich hier wirklich ganz einzuleben. 2. Wir müssen uns gemeinsam um ein wohlfundiertes geistliches Leben bemühen, so daß wir die Zeiten und Feste des liturgischen Jahres feiern, unsere Kenntnis der Heiligen Schrift erweitern und unser Gebetsleben vertiefen können. 3. Eine meiner Hauptaufgaben wird darin bestehen, „The Dayspring – die Morgendämmerung", ein kleines Bildungszentrum, mitaufzubauen, das den „Arche"-Mitgliedern englischer Zunge und ihren Freunden als Quell der Erneuerung dienen kann. 4. Ich sollte auch in Zukunft schreiben. Das wird nicht einfach sein, da ich einen so großen Aufgabenkreis haben werde. Aber die Gemeinschaft wird meine Schriftstellerei nicht nur respektieren, sondern auch protegieren und unterstützen. 5. Außerdem soll es bei der Korrespondenz, den Telefonanrufen, den Vorträgen usw. bleiben. Zum Glück weiß ich, daß Connie Ellis noch frei ist und mir dabei helfen kann.

Im Lauf der Verhandlungen habe ich deutlich gespürt, daß das Leben für mich hier nicht einfach sein wird, aber auch, daß ich die Schwierigkeiten nicht allein zu bestehen brauche. Mir kam der Gedanke: „Es wird mühsam werden, aber auch beglückend. Man beruft mich hierher zu den Schwachen und Siechen. Das ist ein Ruf, der von Gott und seinem Volk ausgeht. Sei unbesorgt, geh darauf ein und verlaß dich darauf, daß du findest, wonach dein Herz sich am meisten sehnt." Daybreak ist kein Machtzentrum. Es ist kein eingespieltes Unternehmen, in dem Produktivität und Steuerung an erster Stelle stehen. Im Gegenteil, es ist eine geschwisterliche Gemeinschaft der Schwachen, in der nichts ganz beisammen ist und alles sich irgendwie im Versuchsstadium befindet. Ich bin mir bewußt, wie frustrierend das für mich sein kann, da ich doch immer alles schnell und gründlich erledigen möchte. Aber ich bin sicher, das schleppende und unproduktive Leben in Daybreak wird mir Gottes Liebe von einer neuen Seite zeigen, die mir bisher unbekannt geblieben ist.

Der Weg in eine zweite Kindheit

Samstag, 24. Mai

Heute morgen habe ich überlegt, welches Evangelium wohl heute gelesen würde. Oft habe ich das Gefühl, das Tagesevangelium würde mir alles sagen, was ich wissen muß.

Dann las ich: „Laßt die Kinder zu mir kommen; hindert sie nicht daran! Denn Menschen wie ihnen gehört das Reich Gottes. Amen, das sage ich euch: Wer das Reich Gottes nicht so annimmt wie ein Kind, der wird nicht hineinkommen" (Mk 10, 14 f).

Was ist denn Besonderes an einem kleinen Kind? Ein kleines Kind muß nichts geleistet, nichts vorzuweisen haben, worauf man stolz ist. Ein Kind braucht nur die Liebe anzunehmen, die man ihm schenken will. Jesus möchte, daß wir die Liebe annehmen, die er uns anbietet. Er wünscht nichts sehnlicher, als daß wir uns von ihm lieben lassen und uns dieser Liebe freuen. Das fällt uns so schwer, weil wir immer meinen, wir müßten die Liebe, die man uns erweisen will, verdienen. Aber Jesus will uns diese Liebe nicht erweisen, weil wir sie verdient haben, sondern weil er beschlossen hat, uns unabhängig von irgendwelcher Leistung unsererseits zu lieben. Unsere eigene Liebe zueinander sollte dieser „Vorausliebe" entspringen, die uns unverdient geschenkt wird.

Als ich über die Worte Jesu nachsann, wurde mir klar, wie Daybreak mir nicht nur helfen könnte, Kinder aufzunehmen, sondern auch selbst wie eines von ihnen zu werden. Vielleicht können mir die geistig Behinderten den Weg in eine zweite Kindheit weisen. Sie können mir tatsächlich zeigen, daß Gott mich zuerst geliebt hat. Geistig Behinderte haben der Welt wenig, wenn überhaupt etwas, vorzuweisen. Sie besitzen keine akademischen Grade, kein Ansehen, keinen Einfluß, keine Verbindungen zu einflußreichen Persönlichkeiten; sie sind nicht sehr kreativ und produzieren oder verdienen nicht viel. Sie müssen einfach glauben, daß sie echte Liebe annehmen und schenken können. Ich bin

232

hier schon von so vielen Menschen, die nie von mir gehört haben und nicht im geringsten von mir beeindruckt sind, gedrückt und geküßt worden, daß ich langsam an den Geschenkcharakter ihrer Liebe glauben muß, die auch als Geschenk angenommen sein will.

Ich träume davon, daß Daybreak sich mehr und mehr zu einer Stätte entwickelt, an der Menschen, die unbedingt nachweisen möchten, daß sie Liebe verdienen, die Augen dafür aufgehen können, daß Gott sie zuerst geliebt hat. Ein Haus des Gebetes und der offenen Tür, in dem geistig Behinderte Gäste auf ihrer Suche nach Gott aufnehmen könnten, wäre vielleicht eine praktische Möglichkeit, den Dienst dieser Vorausliebe auszuüben.

In der heutigen Sitzung des Vorstandes von Daybreak habe ich einige dieser Gedanken zum Ausdruck gebracht. Die Mitglieder – Anwälte, Ärzte und Geschäftsleute – waren sehr zugänglich und sehr empfänglich. Sie hatten in ihrem hektischen Leben selbst die Erfahrung gemacht, daß auch sie auf die sanfte, leise Stimme angewiesen waren, die ihnen sagt: „Ich liebe dich, ob du nun wichtig bist oder nicht, ob du ein Versager bist oder nicht, ob du Geld hast oder nicht, ob du hübsch bist oder nicht." Sie waren Vorstandsmitglieder dieser unscheinbaren Gemeinschaft geworden, weil sie in Hörweite dieser Stimme bleiben wollten.

Eine neue Familie

Sonntag, 25. Mai

Eine neue Familie! Man hat mir angeboten, in das „New House" zu ziehen. Dort wohnen Raymond, John, Bill, Trevor, Adam, Rose und ihre drei Betreuer, D. J., Heather und Regina. Für die Dauer meines kurzen Besuches bleibe ich bei ihnen, aber es sieht so aus, daß ich auch hier wohne, wenn ich im August wiederkomme und ganz hier einziehe. Es ist eine bemerkenswerte Familie. Rose und Adam sind tiefgeschädigt und brauchen dauernd Betreuung und Pflege.

Sie können nicht sprechen oder gehen, allein essen oder sich ankleiden; sie leben in einer Welt, zu der es anscheinend keinen Zugang gibt. Man muß sie ankleiden, waschen, füttern und tragen. Nur wenn sie schlafen, kann man sie allein lassen.

Raymond, John, Bill und Trevor sind im Vergleich zu Rose und Adam recht selbständig. Sie reden viel, arbeiten tagsüber in Werkstätten und können im Haushalt etwas mithelfen.

Ich habe mich besonders gefreut, Raymond wiederzusehen. Er hat sich von seinem Unfall im Oktober völlig erholt und besser ausgesehen als zuvor. Mich hat er nicht mehr wiedererkannt, aber seine Eltern hatten ihm so viel von mir erzählt, daß er mich besonders liebevoll aufgenommen hat. Wir haben uns schnell angefreundet und ziemlich viel Zeit miteinander verbracht.

D. J., der Hausvorstand, ist ein sehr besorgter, vierundzwanzigjähriger Kanadier, der seine ganze Zeit und Arbeitskraft seiner Familie in Daybreak widmet. Heather aus Omaha in Nebraska macht noch ihr Jahr im Hause voll und kehrt in ein paar Monaten zu ihrer Familie zurück. Regina kommt aus Brasilien und erhält bald Zuzug in Gestalt ihrer Schwester.

Das Leben in der Hausgemeinschaft wird für mich nicht einfach werden. Aber schon nach zwei Tagen in dieser Familie spüre ich in mir den Wunsch, wiederzukommen und alle gründlicher kennenzulernen. Das ist für den Augenblick die Hauptsache.

22 Kontraste und Alternativen

Auf dem Balkon

San Francisco; Dienstag, 27. Mai

Im Anschluß an eine Sitzung mit den Betreuern von Daybreak haben wir uns zu einer stillen und würdigen Meßfeier versammelt. Gleich nach der Messe hat Sue Mosteller mich nach Toronto zum Flughafen gefahren, wo ich ein Flugzeug nach San Francisco genommen habe, um meinen Freund Don McNeill zu besuchen.

Don ist Holy-Cross-Priester und Leiter des Zentrums für Sozialhilfe an der Universität von Notre Dame. Wir sind enge Freunde seit 1966, als ich zu Gastvorlesungen nach Notre Dame kam. Voriges Jahr ist Don plötzlich an einem schmerzhaften Arm-Schulter-Syndrom erkrankt, einem Muskelleiden, das ihn sehr in seinen Bewegungen hemmt. Die Ärzte rechnen damit, daß er wenigstens zwei Jahre braucht, bis er wieder in den vollen Besitz seiner Kräfte kommt. Don selbst bezweifelt allerdings, ob er je wieder der agile und lebhafte Mann sein wird, der er vor dem Ausbruch der Krankheit gewesen ist. Zur Zeit verbringt er ein Jahr in einem der Holy-Cross-Ordenshäuser in Berkeley, um die Ruhe und die Stätte zu haben, die er für seine Genesung braucht. Meine Absicht ist es, ein paar Tage bei ihm zu bleiben, um ihn in dieser schwierigen Lebenslage etwas aufzumuntern, seine Zuversicht zu stärken und mit ihm unsere nunmehr zwanzigjährige Freundschaft zu feiern.

Jetzt sitzen wir auf dem Balkon des Holy-Cross-Hauses in Berkeley. Es muß eins der herrlichsten Fleckchen Erde sein. Vor meinen Augen liegt die Bucht von San Francisco. In der

Ferne kann ich den Leuchtturm auf der Gefängnis-Insel Alcatraz und dahinter die Silhouette der Golden-Gate-Brücke ausmachen. Als sich langsam die Nacht über die Bai senkt, wird das Bild allmählich von Myriaden von Lichtern verwandelt, Zeichen all der vielen Menschen, die ringsum an ihren Ufern wohnen. Auf dem Balkon ist es ganz still – die Stadt mit ihren Geräuschen liegt zu weit weg. Die Luft ist lind und warm und voller Blütenduft.

Wenn ich so nach dem arbeitsreichen Tag in Daybreak und dem langen, ermüdenden Flug mit meinem Freund hier auf dem Balkon sitze, hoch über der weiten Wasserfläche und dem Lichtermeer der großen Stadt, kann ich es kaum fassen, daß ich lebe und dies alles erleben darf.

Die Sinne und der Geist

Mittwoch, 28. Mai

In Kalifornien zu sein, finde ich herrlich, aber es beunruhigt mich auch. Es fällt mir sehr schwer, die Empfindungen wiederzugeben, die diese Welt in mir auslöst. Das angenehme Klima, die üppigen Gärten, die prächtigen Bäume und Blumenbeete, der herrliche Blick auf die Bai, die Stadt, die Insel und die Brücken entlocken mir Lobpreis, Dank und Jubel. Aber die zahllosen Grundstücke mit ihrem Gedränge feilgeboterer Autos, der dichte Verkehr, die riesigen Reklamen, die auf Schritt und Tritt aufschießenden Neubauten, der Smog, das Getöse, das flotte Leben – das alles führt dazu, daß ich mir fremd, einsam und ein wenig verloren vorkomme.

Vielleicht könnte man alles mit dem Wort „sinnlich" umschreiben. All meine Sinne werden aufgeboten, aber von Tiefgang, Geschichtsbewußtsein und Geist kann kaum die Rede sein. Ich frage mich immer wieder, wovon mein Herz in dieser Welt leben soll. Man hat den Eindruck, jedermann beeile sich, um noch jemand zu treffen oder ein bestimmtes Ziel oder eine Veranstaltung zu erreichen. Aber niemand hat ein richtiges Zuhause. Die Wohnhäuser sehen sehr leicht gebaut aus. Sie überdauern vielleicht ein paar Jahrzehnte, allenfalls ein Jahrhundert, aber dann wird etwas anderes ihren Platz einnehmen.

Die Menschen, mit denen wir zu tun haben, sind sehr freundlich, umgänglich, ungezwungen und unterhaltsam; aber ich weiß nie, wie ich mich in ihrer Gesellschaft verhalten, wie ich mit ihnen reden, wie ich mit ihnen beten soll. Alles ist weit offen, laut und neu; aber ich ertappe mich auf der Suche nach einem Ort, der verborgen, lautlos und alt ist. Wer hierhin zieht, will Tradition, Zwänge und die Last der Geschichte abschütteln. Aber für diese Freiheit muß man viel in Kauf nehmen: Individualismus, Konkurrenzkampf, Entwurzelung und oftmals Vereinsamung und ein Gefühl der Verlorenheit. Wenn etwas geht, ist gleich alles erlaubt, lohnt alles einen Versuch, ist nichts mehr heilig, nichts ehrwürdig, nichts besonders achtenswert. Jung, waghalsig, originell und beweglich zu sein, ist anscheinend das Ideal. Alte Sachen muß man durch neue ersetzen, und alte Menschen verdienen nur Bedauern.

Alles dreht sich um den Leib. Die Sonne, die Strände, das Wasser, die üppige Natur erschließen alle Sinne. Aber es fällt schwer, den Leib als Tempel des Geistes zu erfahren. Das setzt eine strenge Zucht voraus. In das innere Heiligtum zu gelangen, in dem man Gottes Stimme vernehmen und ihr folgen kann, ist nicht leicht, wenn man immer nach außen gerufen wird. Es ist nicht verwunderlich, daß Kalifornien sich zu einem Land entwickelt hat, in dem man viele Richtungen des inneren Lebens entdeckt, studiert und praktiziert. Es gibt viele Meditationszentren, buddhistische, christliche und areligiöse. Mehr und mehr Menschen empfinden das Bedürfnis nach einem inneren Anker, an dem sie sich mitten in diesem Sinnentaumel unbeschadet halten können.

Hier bin ich also, teils von allem etwas überwältigt, teils etwas verwirrt. Wie soll ich Jesus in einer Welt die Treue halten, in der man das Fleisch auf so vielerlei Weise feiert? Jesus ist der Gott, der unter uns Fleisch geworden ist, damit sein Geist unser Lebensprinzip sein könnte. Wie lebe ich diese Glaubenswahrheit in diesem sonnenüberfluteten, sinnlichen und von keiner Tradition gebundenen Land? Vielleicht hätte ich diese Frage überhaupt nicht gestellt, wenn die „Arche" mir nicht die Augen für ein ganz anderes Leibdenken geöffnet hätte. Auch in der „Arche" dreht sich alles um den Leib, aber welch ein Unterschied ist das!

Ich bin froh, bei Don zu sein, den sein Leib so schmerzt, und mit ihm Jeans Vorstellung zu teilen, daß die Gemeinschaft der „Arche" um den Leidensleib geistig Behinderter Gestalt annimmt. Daran sehe ich, daß zwanzig Jahre Freundschaft Don und mich verbinden, eine Freundschaft, die sich auf dem Hintergrund dieses vergänglichen Milieus doch sehr lang und stabil ausnimmt.

Tod im Castro District

Samstag, 31. Mai

Don hat mich in San Francisco im Castro District abgesetzt, wo ich einen Bekannten besuchen wollte, der kürzlich dorthin gezogen war. Es ist gar nicht einfach, die rechten Worte für den Flitterglanz dieses Viertels zu finden, in dem die „gays" (die „Vergnügten"), die Homosexuellen von San Francisco wohnen.

Wenn das Wort „gay – vergnügt" jemals nach Euphemismus geklungen hat, dann im heutigen Castro District, wo täglich viele junge Leute an AIDS sterben und außerdem noch Tausende in der Sorge leben, von dem Virus infiziert zu sein, der die Krankheitsursache ist. Als mein Bekannter und ich auf der Suche nach einem Restaurant durch die lebhaften Straßen gingen, mußte ich an John denken. Vor ein paar Jahren hat er mir das Viertel gezeigt und mir das Leben dort ausführlich geschildert. Damals war das Wort AIDS noch unbekannt. Jetzt ist John tot, gestorben an einer langen, grauenhaften Krankheit, und viele sind ihm auf seinem Leidensweg in den Tod gefolgt. Hinter einer Fassade von aufwendigem Wohlstand, von Vergnügungslokalen für jeden Geschmack, großen Läden mit Postern, bedruckten T-Shirts, Ansichtskarten und lustigen Reiseandenken aller Art verbirgt sich eine immense Angst. Und nicht nur Angst, sondern auch Schuld, das Gefühl, von der Gesellschaft ausgestoßen zu sein, Zorn, Fatalismus, unbekümmertes Streben nach Lustgewinn und, mitten darin, Zuversicht, Hoffnung, Liebe und die Wiederentdeckung Gottes im Angesicht des Todes.

Bei diesem gemeinsamen Gang durch die Straßen des Castro District haben wir zahllose Männer auf dem Bürgersteig auf und ab gehen sehen, die einander nur anschauten, in Schaufenster starrten, in Grüppchen an Straßenecken standen und in Bars, Kinos, Videoläden, Drugstores und Restaurants ein und aus gingen. Es sah so aus, als warteten sie alle auf etwas, das ihnen das Gefühl gäbe, zutiefst geliebt, voll und ganz angenommen und wirklich geborgen zu sein. Aber den Augen vieler von ihnen konnte man tiefen Schmerz, Not und Einsamkeit ansehen, da das, was sie am meisten suchen und ersehnen, sich auch am ehesten dem Zugriff zu entziehen scheint. Vielen ist es nicht gelungen, ein bleibendes Zuhause oder eine ungefährliche Verbindung zu finden, und jetzt ist angesichts der drohenden AIDS-Gefahr die Angst allgegenwärtig.

Und doch hat AIDS nicht nur Angst freigesetzt, sondern auch enorme Großherzigkeit. Viele beweisen große Fürsorglichkeit füreinander, großen Mut bei der gegenseitigen Hilfe, große Treue und oftmals eine unerschütterliche Liebe. Mir wurde die ungeheure Notwendigkeit bewußt, diesen verängstigten und oft großherzigen Menschen Gottes Liebe zu verkünden. Mehr denn je muß die Kirche die Liebe Christi zu den Armen, den Sündern, den Zöllnern, den Ausgestoßenen, den Besessenen und allen, die verzweifelt nach Liebe dürsten, vorleben. Beim Anblick all dieser Homosexuellen auf den Straßen mußte ich immer an den großen Trost denken, den Jesus uns mit seinem Kommen gebracht hat. Er hat die absolute und uneingeschränkte Liebe Gottes zu den Menschen offenbart. Diese Liebe muß die Kirche sichtbar machen, nicht indem sie richtet, verurteilt oder ausgrenzt, sondern indem sie allen dient, die in Not sind. Ich frage mich oft, ob die vielen hitzigen Debatten über die moralische Seite der Homosexualität die christliche Gemeinde nicht daran hindern, sich furchtlos ihrer leidenden Mitmenschen anzunehmen.

Zum Glück ergreift man jetzt viele neue Maßnahmen, die zu Hoffnungen berechtigen. Am 2. Februar 1986 hat Erzbischof Roger Mahony einen Hirtenbrief veröffentlicht, in dem er konkrete Schritte zugunsten der AIDS-Kranken ergriffen und wichtige Richtlinien für eine umfassende Seelsorge an homosexuellen Katholiken beiderlei Geschlechts aufgestellt hat. Er hat die Einrichtung eines Hospizes für AIDS-Kranke und Gruppen katholischer Homosexueller gefordert, das deren Mitgliedern dabei helfen würde, keusch zu leben „nach dem Willen des Vaters, wie er aus der Heiligen Schrift ersichtlich ist, und nach der offiziellen Lehre der römisch-katholischen Kirche".

Mein Bekannter und ich haben ausgiebig über Jesus gesprochen, und beim Abschied hat er mir gesagt: „Ich bin froh, daß Sie gekommen sind. Hier im District gibt es zuwenig Menschen, die Jesu Namen im Mund führen. Mit seinem Namen sind so viele negative Vorstellungen verbunden, und doch ist er das festeste Fundament unserer Hoffnung."

Der Leib Christi

Sonntag, 1. Juni

Heute feiern wir Fronleichnam, das Fest des Leibes Christi. Als Edward Malloy, ein Holy-Cross-Priester, der hier zu Gast ist, Don und ich in der kleinen Kapelle des Holy-Cross-Hauses in Berkeley konzelebriert haben, hat die Bedeutung dieses Festes mich mehr denn je gerührt. Die Krankheit, die Dons Bewegungsvermögen so sehr beeinträchtigt, hat ihm wie auch mir so recht zu Bewußtsein gebracht, wie schön, wie kompliziert und wie empfindlich der menschliche Leib ist. Mein gestriger Besuch im Castro District, wo man so unverhüllt dem Sinnengenuß nachgeht und so furchtbare körperliche Schmerzen erduldet, hat mir nachdrücklich zu Bewußtsein gebracht, daß ich nicht nur einen Leib *habe,* sondern auch Leib *bin.* Wie man in seinem Leib lebt, welches Verhältnis man zu ihm hat, wie man ihn pflegt, trainiert und wie man mit ihm und dem Leib anderer Menschen umgeht, ist für das geistliche Leben, das man führt, von wesentlicher Bedeutung.

Das größte christliche Glaubensgeheimnis liegt darin, daß Gott leiblich zu uns gekommen ist, leiblich mit uns gelitten hat, leiblich auferstanden ist und uns seinen Leib als Speise gereicht hat. Der Leib wird nicht als Feind oder Kerker des Geistes angesehen, sondern als Tempel des Geistes gefeiert. Durch Jesu Geburt, Leben, Tod und Auferstehung ist der menschliche Leib in das Leben Gottes aufgenommen worden. Wenn wir den Leib Christi essen, treten unsere gebrechlichen Leiber in eine innige Verbindung mit dem auferstandenen Christus und werden so vorbereitet auf die Erhöhung in das göttliche Leben zusammen mit ihm. Jesus sagt: „Ich bin das lebendige Brot, das vom Himmel herabgekommen ist. Wer von diesem Brot ißt, wird in Ewigkeit leben. Das Brot, das ich geben werde, ist mein Fleisch für das Leben der Welt" (Joh 6, 51).

Erst in der Verbindung mit dem Leibe Christi kann ich die ganze Bedeutung meines eigenen Leibes erfassen. Mein Leib ist mehr als nur ein sterbliches Medium des Wohlbehagens und des Schmerzes. Er ist eine Wohnstatt, in der Gott die Fülle der göttlichen Herrlichkeit offenbaren will. Diese Wahrheit bildet die tiefste Begründung des sittlichen Lebens. Der Mißbrauch des Leibes – sei er psychologisch (z. B. durch Terror), physisch (z. B. durch Folter), wirtschaftlich (z. B. durch Ausbeutung) oder sexuell (z. B. durch hedonistische Gier) – ist ein Zerrbild der wahren Bestimmung des Menschen: im Leib ewig bei Gott zu leben. Die liebevolle Pflege, die man unserem Leib und dem Leib anderer angedeihen läßt, ist daher ein wahrhaft geistliches Tun, da sie den Leib seiner verklärten Existenz entgegenführt.

Wie kann ich wohl diese frohe Botschaft an die vielen bringen, für die der Leib kaum mehr als ein Quell uneingeschränkter Lust oder unaufhörlichen Leides ist? Das Fest des Leibes Christi ist uns geschenkt, damit wir die geheimnisvolle Bewandtnis ganz erkennen, die es mit dem Leibe hat, und lernen, ehrfürchtig und froh in Erwartung des Auferstehungslebens bei Gott im Leib zu leben.

Teure Sandkastenspiele

Los Angeles, Montag, 2. Juni

Gestern haben Don und ich einander „Auf Wiedersehen!" gesagt, und ich bin nach Los Angeles geflogen, um vor meiner Rückkehr in den Osten einen Tag bei meinen Freunden Chris Glaser und Richard White zu verbringen.

Meine Freundschaft mit Chris reicht zurück in die Jahre meiner Lehrtätigkeit an der Yale Divinity School. Er hat sich etliche Jahre als Laie an der Presbyterian Church in West Hollywood in der Seelsorge betätigt und widmet im Augenblick seine ganze Zeit der Schriftstellerei. Es war schön, Chris am Flughafen vorzufinden und ihn begeistert über die letzten Stadien der Arbeit an seinem Buch „Uncommon Calling: A Gay Man's Struggle to Serve the Church – Eine ungewöhnliche Aufgabe: Das Ringen eines Homosexuellen um eine aktive Rolle im kirchlichen Gemeindeleben" berichten zu hören, einem Buch voller Leid, voller Mühsal, aber auch voller Hoffnung. Chris ist ein Mensch mit einem großen Glauben, der nie der Bitterkeit die Oberhand über die Dankbarkeit gelassen hat. Während seiner vielen Jahre in der Seelsorge ist Chris mit vielen seiner Schwierigkeiten zu mir gekommen, und das Buch, an dem er gerade schreibt, bezeugt öffentlich den Ernst, mit dem er seine Sexualität in seinen Glauben einzubeziehen sucht.

Zusammen mit seinem Freund George Lynch sind wir

zum Abendessen in ein ruhiges Restaurant in West Hollywood gegangen. Es war sehr schön, und wir hatten reichlich Gelegenheit, unsere Erlebnisse aus den letzten paar Jahren auszutauschen.

Heute morgen hat Chris mich zu dem Haus gefahren, in dem Richard White Wohnung genommen hat. Richard und ich sind seit 1966 miteinander befreundet und haben uns in Cuernavaca in Mexiko kennengelernt. Unser gemeinsames Interesse für Lateinamerika hat uns zusammengebracht und unsere Freundschaft begründet, die immer tiefer und fester geworden ist, wenn auch stürmische Abschnitte nicht gefehlt haben. Diesmal hat Richard mich mit einem fesselnden Einblick in die Filmindustrie überrascht.

Ich habe bei Richards Freund Jack, einem Filmproduzenten aus Los Angeles, gewohnt. Er war vier Monate arbeitslos, und seine finanzielle Lage hatte sich so zugespitzt, daß er sich mit dem Gedanken trug, Teile seines Hauses Untermietern zu überlassen, um seine Schulden bezahlen zu können. Aber vorige Woche hat alles sich geändert. Man hat ihn mit der Produktion einer verwicklungsreichen Filmkomödie mit dem Titel „Amen" für NBC betraut, die in diesem Herbst ausgestrahlt wird. Plötzlich hat Jack ein herrliches Büro samt einem großen Mitarbeiterstab und ein Gehalt von $ 2700 pro Woche! Wenn die Serie ein Publikumserfolg wird, steigt sein Gehalt beträchtlich, und wenn er als gesuchter Produzent Fuß faßt, bringt er es in ein paar Jahren zum Millionär. Wenn es schief geht, nimmt er Untermieter in sein Haus; denn er gibt ebenso gern Geld aus, wie er es verdient.

Die Serie „Amen" dreht sich um die Eulenspiegeleien eines draufgängerischen Diakons, der in seiner Nur-Neger-Kirche und seiner Gemeinde mit seinen Tricks immer erreicht, was er im Schilde führt. Obgleich die Drehbücher auch gesellschaftliche und ethische Fragen aufgreifen, entsprechen sie doch weithin dem üblichen Rezept für Fernsehserien.

Mein Freund Richard White, der seit ein paar Monaten

bei Jack wohnt, hat Jacks Arbeit als „Sandkastenspiele" bezeichnet. Jack war ganz damit einverstanden – er spielte mit einem Zwei-Millionen-Dollar-Projekt, das ein paar Millionen Zuschauer einmal gut zum Lachen und ihm dadurch eine Menge Geld bringen sollte.

Als Jack mir so voller Begeisterung von seinem neuen Job und all dem Geld erzählte, das er damit verdienen würde, mußte ich staunen, wie primitiv und oberflächlich das alles war. Jack selbst ist ein Paradox unserer Zivilisation. Er liest Jean-Paul Sartre, sucht Geldgeber für die Verfilmung eines ausgezeichneten Drehbuches aus seiner Feder, das die mutige Haltung eines Einzelgängers den Nazis gegenüber zum Thema hat, und schreibt gerade an einem weiteren Drehbuch über die Apartheid in Südafrika. Bei alledem bezeichnet er sich als „Söldner", der darauf aus ist, seine Fähigkeiten an die Filmgesellschaften in Hollywood zu verkaufen. Wie viele Filmemacher, sieht er die Welt durch das Auge der Kamera und ist den visuellen Effekten verfallen, die seine Kunst auch fast unabhängig vom Sujet hervorbringen kann.

Beim Essen fragte Richard mich: „Warum haben Menschen, die dem Krieg Einhalt gebieten, die Folter abschaffen, das Unrecht anprangern und sich der Kranken und Behinderten annehmen wollen, nie genug Geld, während andere mit ihren Sandkastenspielen mehr Geld verdienen, als sie verwenden können?"

Diese Frage hat schon im Alten Bund Propheten und Psalmisten bedrängt und bedrängt uns heute noch. Ich konnte nur sagen: „Wir wollen nicht eifersüchtig sein. Gott liebt die Armen und die von Herzen Demütigen. Das zu wissen, sollte genügen." Aber wenn ich doch nicht ganz frei von Eifersucht und Groll war, so war das ein Zeichen dafür, daß Gott für mich vielleicht nicht so wirklich war, wie es die Sandkastenspiele für Jack waren.

Eine Idee und ein Auftrag

London; Mittwoch, 11. Juni

Auf dem Weg von Kalifornien nach Paris verbringe ich ein paar Tage in London. Heute nachmittag habe ich Donald Reeves besucht, den Pfarrer der anglikanischen Kirche von St. James in Piccadilly.

Donald Reeves ist ein vielseitig begabter Mensch: er ist Aktivist, aber auch kontemplativ, Sozialarbeiter, Künstler, eifriger Pfarrer, rastloser Beweger, Visionär und Pragmatiker. In fünf Jahren hat er eine praktisch erstorbene anglikanische Pfarrei im Stadtkern in ein pulsierendes Gebets- und Aktionszentrum verwandelt. Bei meiner Ankunft im Pfarrhaus konnte ich ermessen, wie lebhaft es dort zugeht: in nur wenigen Minuten hatte ich die Bekanntschaft eines Bischofs, eines Juden, eines ehemaligen Sträflings, eines Künstlers und eines Verwaltungsleiters gemacht. Donald hat sie mir alle mit lobenden und anspornenden Worten vorgestellt. Man spürte richtig, daß die Menschen hier neue Dinge taten, Dinge, von denen sie überzeugt waren. In der Gemeinde haben Meditation, Sozialarbeit, Kunstausstellungen, Konzerte, Friedensbewegung, Verlagsarbeit und Gastfreundschaft ihren Platz. In ihr sind traditionsverbundene Christen so willkommen wie Menschen, die sich der Kirche entfremdet haben. Sie bietet ein unglaublich buntes Bild, zu dem Charismatiker wie Aktivisten, Christen wie Nicht-Christen gehören.

Bei Donalds Worten ist mir klar geworden, wie stark bei ihm der Einfluß neuer Gemeinschaften in den Vereinigten Staaten war, besonders der der Sojourners' Fellowship und der der Church of the Savior in Washington, D. C. Es war schon ein erfrischendes Erlebnis, an seiner Seite den Rundgang zu machen. Ich war geneigt, alles Mögliche zu versprechen: Vorträge, Einkehrtage, Artikel, Gespräche und Diskussionen. Aber ich habe meine Hilfsbereitschaft gezügelt und anstatt dessen nur um Aufnahme in den Freundeskreis gebeten. Dieser Kirche als Freund, Förderer und Wegge-

245

nosse verbunden zu sein, ist anscheinend wichtiger als alles andere.

Zum Abschied hat Donald mir einige seiner Schriften überreicht. Auf den Umschlag seines „Zehnjahresplanes" für die Kirche hat er geschrieben:

> Eine Idee ohne Auftrag ist ein Traum;
> Ein Auftrag ohne Idee ist Plackerei;
> Eine Idee plus Auftrag ist die Hoffnung der Welt.

Für den Geist von St. James in Piccadilly gibt es keine bessere Kurzformel als diese Worte.

Filmemachen für den Frieden

Donnerstag, 12. Juni

Ich habe den ganzen Tag mit Bart Gavigan und Patricia Beall verbracht. Sie haben mich nur einmal im Mai 1985 in Cambridge besucht, als sie bei den Vorbereitungsarbeiten zu einem Film über George Zabelka, den Air Force Truppenpfarrer und nachmaligen Pazifisten, waren. Wenn unser Beisammensein auch nur ein paar Stunden gedauert hatte, haben wir uns doch einander tief verbunden gefühlt und gespürt, daß Jesus uns zusammengeführt hatte, damit wir einander auf unserem geistlichen Weg beistehen könnten. Selten habe ich so stark empfunden, daß Freundschaft eine Gottesgabe ist und nicht durch stundenlange Gespräche, gemeinsames Tun und tiefen Einblick in die wechselseitigen Lebensgeschichten entsteht. Sie war einfach da – plötzlich, unvermittelt und ohne alles Zutun. Wir sind brieflich miteinander in Verbindung geblieben, und bei unserem Wiedersehen kam es uns gestern abend vor, als hätten wir einander schon lange gekannt und bildeten einen Gottesbund.

Morgens haben wir aus unserem Leben berichtet, nicht so sehr, um einander näher kennenzulernen, als vielmehr um einander zu eröffnen, wie wunderbar Gott unser Herz angerührt hat.

Nach der gemeinsamen Eucharistiefeier in der Pfarrkirche und einer guten Stärkung in einem Londoner Restaurant haben wir uns nach Soho begeben, wo Bart ein Atelier gemietet hatte, um den George-Zabelka-Film „The Reluctant Prophet – Prophet wider Willen", der jetzt in der Endredaktion ist, zu schneiden. Für mich war das ein Erlebnis. Wir sind zu Fuß durch das übervölkerte Stadtviertel mit all seinen Verkaufsständen, Porno-Läden und seiner lärmenden Menge gegangen. Mitten in diesem chaotischen Gewirr haben wir Barts kleines Schneideatelier gefunden. Dann haben wir Platz genommen und uns den Anfang eines packenden Dokumentarfilms über den Priester angeschaut, der zum engagierten Pazifisten geworden war, nachdem er diejenigen gesegnet hatte, die die Atombombe auf Hiroshima abgeworfen haben. Mich hat lebhaft beeindruckt, daß wir im verdunkelten Mansarden-Atelier saßen und uns einen Film über Gewaltlosigkeit anschauten, während ringsum Gier und Gewalt allenthalben ihre Stimme erhoben.

Bart ist ein ganz außergewöhnlicher Filmemacher. Als er darauf kam, daß im Filmschaffen die Vermittlung von Gedanken und Idealen in den meisten Fällen völlig profit-orientiert ist, hat er sich einer christlichen Gemeinschaft angeschlossen, um sich über seine Wertvorstellungen klar zu werden. Jetzt ist er nach etlichen Jahren so weit, daß er Filme dreht, nicht um Geld zu verdienen, sondern um in der Nachfolge Jesu zu leben. In dieser gierigen und gewalttätigen Welt muß er sein Geld und seinen Ruf aufs Spiel setzen, wenn er tun will, wozu er sich berufen fühlt, aber er ist entschlossen, das zu tun, was Recht und Gerechtigkeit entspricht, und er vertraut darauf, daß ihm alles andere dazugegeben wird. Für Bart ist Filmschaffen Seelsorge.

Ich hätte mir nie träumen lassen, daß ich innerhalb weniger Tage einen Filmemacher treffen würde, der so ganz anders ist als der, den ich in Los Angeles kennengelernt habe. Was Jack in den luxuriösen Büroräumen der Johnny Carson Productions und was Bart in seinem Mansarden-Schneideraum tut, ist ein und dieselbe Arbeit: Filmemachen. Aber sie offenbaren zwei völlig verschiedene Welten. Ich staune immer noch, wie wichtig es ist, Entscheidungen zu treffen.

Bilanz einer Reise

Paris, Montag, 23. Juni

Bei meiner Ankunft in Paris hat Brad Wolcott mich abgeholt. Wir sind zusammen zum Foyer Sacerdotal, einem Hospiz für Priester in Paris, gefahren, wo Brad mir ein Zimmer bestellt hatte.

So bin ich denn wieder in Paris. Das strahlende Licht der Abendsonne hatte die Stadt zum Empfang festlich geschmückt. Brad hat sie „das Neue Jerusalem" genannt. Beim Abendtisch habe ich versucht, die innere Bilanz aus der Reise zu ziehen, die ich am 12. Mai angetreten hatte. Im Lauf meiner Ausführungen wurde mir das vielfache Auf und Ab der geistigen Reise immer bewußter, die mit meiner Reise durch die Welt einhergegangen war. Ich konnte jetzt eindeutig sagen, wann ich treu gewesen war und wann nicht. Es hat Tage gegeben, an denen ich meine Verbindung mit Jesus sehr stark empfunden habe – an denen ich im Denken, Reden und Tun mit ihm eins war. Aber es hat auch Tage gegeben, an denen ich mich so arm und verlassen, so von Not oder Unruhe bedrängt gefühlt habe, daß Jesus in weiter Ferne zu sein schien. Es hat Tage gegeben, an denen ich laut und deutlich von Gottes Liebe sprechen konnte und sehr aufmerksame Zuhörer hatte. Aber es hat auch andere Tage gegeben, an denen es mir vorkam, als hätte ich sogar mein eigenes geistliches Leben verloren, und ich mit eifersüchtigem Blick nach denen geschielt habe, die das Leben in vollen Zügen genossen, ohne auch nur im entferntesten an Gott zu denken.

Es ist wichtig für mich, zwischen diesen beiden Geisteszuständen unterscheiden und feststellen zu können, wann und wie ich von dem einen in den anderen gerate. Die wichtigste Unterscheidungshilfe bietet das Gebet. Solange ich täglich von Herzen und mit Ausdauer bete, befinde ich mich am rechten Ort und bleibe ich auf dem Weg, der zur Treue führt. Aber wenn ich vom Gebet aus Erschöpfung, Ablenkung oder Trägheit ablasse, weiß ich, daß ich bald auf der Gegenseite sein werde. Die zweitwichtigste Unterscheidungshilfe bietet eine tiefe, offene und ehrliche Freundschaft. Ich sehe jetzt, daß ich regelmäßige Verbindung mit einem Freund pflegen muß, der mich in der Nähe Jesu hält und mich unablässig zur Treue mahnt.

Durch das Gespräch mit Brad ist mir aufgegangen, daß ich meine Grenzen jetzt besser kenne und deutlicher sehe, wie ich mit ihnen fertig werden kann.

Wahres Zuhause

Dienstag, 24. Juni

Meine Rückkehr nach Frankreich ist für mich Anlaß, viel über Länder und Lebensstile nachzudenken. Während der letzten paar Monate bin ich in Deutschland, Holland, Belgien, England, Irland, Kanada und den Vereinigten Staaten gewesen und habe in all diesen Ländern in engem Kontakt mit der Bevölkerung und ihrer Art zu leben, zu beten und zu spielen gestanden.

Die Versuchung ist groß, herauszufinden, welcher Lebensstil der beste ist, und wo ich mich am glücklichsten und zu Hause fühle. Aber es führt zu Frustrationen ohne Ende, wenn man so denkt; denn die Holländer, die Deutschen, die Franzosen, die Iren, die Amerikaner und die Kanadier sind jeweils Menschen mit ihrem eigenen charakteristischen Empfinden, Denken und Verhalten, das in keinem Fall ganz meinen Bedürfnissen entspricht; aber sie alle haben mir etwas zu bieten.

Ich kenne Menschen, die über die Deutschen jammern, wenn sie in Deutschland, und über die Amerikaner, wenn sie in Amerika sind; sie ziehen mit ihren Familien hin und her und überlegen immer, wo sie am besten wohnen könnten, ohne je wirklich zufrieden zu sein. Es gibt also Menschen, die immer über irgendwen oder irgend etwas enttäuscht sind. Sie jammern über die unbeugsame Haltung der Kirche in Deutschland und über die Schlamperei der Kirche in Amerika. Oder sie klagen vielleicht über den Hang zur Kritik bei den Holländern, den Hang zur Mystik bei den Franzosen, den Hang zur Nüchternheit bei den Amerikanern, den Hang zur Melancholie bei den Iren und den Hang zum Formalismus bei den Engländern, aber weder bei den einen noch bei den anderen feiern sie im Gottesdienst wirklich und von Herzen mit.

Ich lerne immer mehr, wie wichtig es ist, das zu genießen, was einem geboten wird, und ganz da zu leben, wo man ist. Wenn ich nur den rechten Sinn für das Unabhängigkeitsbedürfnis der Holländer, die geistlichen Entwürfe der Franzosen, die Praxisbezogenheit der Amerikaner, den Bußgeist der Iren und den englischen Hang zum Zeremoniell hätte, könnte ich das Leben überall gut verstehen lernen und wirklich dort anwesend sein, wo ich mich befinde, und in mir den Geist der Dankbarkeit vertiefen.

Müssen wir eigentlich ausschließlich einem Land oder einer Zivilisation angehören? Ich glaube, in unserer Welt, in der die Entfernungen von Tag zu Tag mehr zusammenschrumpfen, ist es wichtig, immer unabhängiger zu werden von einem bestimmten Ort, einer Sprache, einer Zivilisation oder einem Lebensstil, sich aber als Glied der Menschheitsfamilie zu empfinden, das Gott gehört und überall leben kann, wohin man uns ruft. Ich frage mich sogar, ob unsere Fähigkeit zu so schnellem und häufigem Ortswechsel keine Aufforderung darstellt, intensiver im Geist zu leben und unsere Identität eher in Gott als an unserem jeweiligen Aufenthaltsort anzusiedeln.

23 Abschied und Neubeginn

Fragen zur Christustreue

Trosly; Mittwoch, 25. Juni

Gestern abend bin ich nach Trosly zurückgekehrt; wieder da zu sein, hat gemischte Empfindungen ausgelöst. Einerseits hatte ich das Gefühl, nach einer sechswöchigen Reise wieder nach Hause zu kommen. Anderseits mußte ich feststellen, daß Trosly für mich kein wahres Zuhause geworden war. Ich hatte hier zu sehr an der Peripherie gelebt. Man hat mich mit „Hallo" und „Willkommen zu Hause" begrüßt, aber es war klar, daß ich ein Außenseiter geblieben war, der sein eigenes Leben führt und seinen eigenen Angelegenheiten nachgeht.

Nathan hatte in seinem Heim so viel zu tun, daß wir unser Wiedersehen bis heute nachmittag aufschieben mußten. Es hat mich so gedrängt, den Faden zu ihm wieder aufzunehmen und mich von ihm als Heimkehrer begrüßt zu fühlen, daß der Aufschub schmerzlich und frustrierend war. Aber als er schließlich Feierabend machen und auf mein Zimmer kommen konnte, war das für uns ein wahres Fest. Es war wie eine geistliche Vollzugsmeldung und Lagebesprechung.

Die Frage: „Wie war die Reise?", war keine Frage nach Ereignissen oder Menschen, sondern eine Frage nach meiner Christustreue mitten unter all den Ereignissen und Menschen, nach der Christustreue in Gedanken, Worten und Werken. Mir hat es gut getan, Nathan mein vielfaches Auf und Ab im Ringen um das Verankertsein in Jesus zu „beichten". Als ich meine Reise unter dem Gesichtspunkt dieses

Ringens überprüfte, habe ich vieles gefunden, was ich beichten, vieles, wofür ich dankbar sein, aber auch vieles, was ich bereuen mußte. Es ist so wichtig, sich detailliert und konkret auszudrücken und die Fälle von Treue und Untreue genau festzustellen, da Allgemeinheiten im geistlichen Leben nicht viel fruchten. Auf die Einzelheiten kommt es an – sie verraten, wie es wirklich gewesen ist. Sie decken auf, was wirklich Sünde und was wirklich Gnade war; sie weisen den wirklichen Weg zur Erneuerung.

Nach dieser „Beichte" vor Nathan habe ich mich wieder mehr zu Hause und mehr am Platz gefühlt. Ich bleibe nur noch zwei Wochen hier. Ich hoffe, ich kann diese Wochen in Christustreue und frommer Sammlung verbringen.

Geistliche Erschöpfung

Freitag, 27. Juni

Meine lange Reise hat meinem Gebetsleben geschadet. Ich habe gemerkt, wie schwer es mir jetzt fällt, morgens eine Stunde einfach in Jesu Gegenwart auszuharren. Ich empfinde einen gewissen Überdruß oder eine Apathie, die ich nicht kannte, bevor ich aufgebrochen bin. Es ist so etwas wie geistliche Erschöpfung, eine Lauheit, in der es mir schwerfällt, genau festzustellen, was ich empfinde, denke oder will. Ich komme mir vor wie ein Stück Treibholz auf einem stehenden Gewässer. Nichts scheint sich zu rühren, und es scheint auch unmöglich zu sein, die Dinge wieder in Bewegung zu bringen. Ich bin müde, schlafe aber schlecht. Ich komme mit den Leuten ins Gespräch, aber ich habe das Gefühl, daß keine rechte Verbindung entsteht. Ich tue viel, aber es passiert nicht viel. Ich fühle mich nicht niedergeschlagen, nur leer und irgendwie gleichgültig. Vielleicht ist es ein vorübergehendes „Ausgebranntsein". Nun, ich gerate darüber nicht in Panik und versuche, mit Jesus in Verbindung zu bleiben. Am meisten hilft mir das Beten in Gemeinschaft. Ich bete das Morgen- und Abendgebet sehr gern im Freundeskreis und bin sehr dankbar, wenn Nathan mit mir betet. Freunde bewahren mich in Jesu Nähe. Ich brauche nur ihre Liebe in mich hineinzutrinken und sie mit mir und für mich beten zu lassen.

Peter und Paul

Sonntag, 29. Juni

Heute ist das Fest Peter und Paul. Ich habe mich oft gefragt, warum man diese beiden großen Apostel an ein und demselben Tag feiert. Verdient nicht jeder von ihnen seinen eigenen Festtag?

Père Thomas hat in seiner Predigt diese Frage beantwortet. Er hat dargelegt, daß immer die Gefahr besteht, den einen gegen den anderen auszuspielen: Petrus, den einfachen, ungebildeten Fischer, der kaum etwas von den theologischen Streitfragen seiner Zeit wußte und auf Jesus unmittelbar, impulsiv und ohne viel Zögern oder Kritik eingegangen ist; und Paulus, den hochgebildeten Jünger Gamaliels, einen Pharisäer, der scharfsinnig und klug und dem die Wahrheit ein Herzensanliegen war, immer bereit, diejenigen zu verfolgen, die sich seiner Ansicht nach in schwerem Irrtum befanden. Die Kirche ruht auf den Fundamenten, die sowohl Petrus wie auch Paulus gelegt haben. Es gibt nicht zweierlei Kirchen, eine für das einfache Volk, das seinem Herzen mehr traut als seinem Verstand, und die andere für die Intellektuellen, die bereit sind, über Tagesfragen zu diskutieren. Es gibt nur eine Kirche, in der Petrus und Paulus ihre je eigene Funktion und Bedeutung haben. Ein kritikloses Christentum ist so gefährlich wie ein „rein zerebrales" Christentum. Auch Paulus hatte sein heißes Gemüt, und Petrus hat hitzige Debatten geführt. Es wird in der Kirche immer Menschen geben, die Petrus zum Gemütsmenschen oder Paulus zum Intellektuellen abstempeln. Es kommt darauf an, daß beide miteinander vereint bleiben, und das nicht nur an ihrem Fest, sondern auch in unserer persönlichen treuen Christusnachfolge.

Der Ur-Liebe trauen

Dienstag, 1. Juli

Heute abend habe ich meine letzte Dienstags-Messe für die englischsprachigen Mitglieder der Gemeinschaft gefeiert. Der Besuch war recht gut, und es herrschte verhalten frohe Feierstimmung.

Die „Heimkehr" nach Trosly war gar nicht so einfach. Nach der langen Reise habe ich den stillen Wunsch empfunden, wirklich wieder mit offenen Armen zu Hause empfangen zu werden. Aber bei all dem Kommen und Gehen können die ständigen Mitglieder der Gemeinschaft oft nicht die Bedürfnisse jedes einzelnen im Auge behalten. Ich habe dabei gelernt, daß Gottes grenzenlose Liebe sich häufig in der begrenzten Liebe des Gottesvolkes äußert. Das heißt konkret, daß wir uns tagein, tagaus als gebrochene, sündige Menschen bekennen und Vergebung üben müssen und so immer wieder eine Liebe offenbaren, die wir selbst nicht verwirklichen können. Immer und immer wieder erleben wir Enttäuschungen und Ernüchterungen, aus denen Gram- und Zorngefühle entstehen können, wenn wir nicht ständig unsere unerfüllten Wünsche zur Sprache bringen und einander verzeihen, daß wir füreinander nicht Gott sind. Eine Gemeinschaft, die aus dem Bekennen und dem Vergeben lebt, bewahrt uns so in Jesu Nähe, der uns zusammenruft, damit wir seine göttliche Liebe verkünden.

Die heutige Meßfeier hat mir Gelegenheit gegeben, meine eigenen Schwierigkeiten beim Namen zu nennen und dadurch anderen zu helfen, die ihren zu erkennen. Beim Blick in die Runde habe ich festgestellt, daß wenigstens sechs verschiedene Länder in meiner kleinen Gemeinde vertreten waren. Wir kannten einander nur flüchtig, aber um Christi Wort und seinen Leib und sein Blut geschart, sind wir zu einer Gemeinschaft von Menschen geworden, die so tief miteinander verbunden sind, daß sie einander die grenzen- und bedingungslose „Ur-Liebe" Gottes künden können. Ich habe angesichts dieses

Geheimnisses gestaunt und die ersten Auswirkungen seiner heilenden Kraft in meinem Herzen verspürt.

In einem Gefängnis ohne Mauern

Donnerstag, 3. Juli

Heute war ein sehr anstrengender Tag. Ich hatte viele Besucher, die das Sakrament der Versöhnung empfangen oder auch nur mit mir über ihre Nöte und Ängste sprechen wollten. Beim Hinhören auf die Einsamkeit, Ablehnung, Schuld und Schande, die sie empfanden, hat es mich bestürzt, wie alleingelassen wir Menschen uns fühlen können. Während unsere Nöte einander so ähnlich und unsere inneren Kämpfe so sehr mit unserer gemeinsamen Menschennatur verbunden sind, leben wir oft so, als wären wir die Einzigen, die unter dem lähmenden Schmerz leiden! Einmal kam mir im Laufe des Tages der Wunsch, alle zu versammeln, die heute mit mir gesprochen hatten. Ich wollte sie auffordern, einander ihre Geschichte zu erzählen, damit ihnen aufginge, wie viel sie miteinander gemeinsam hätten, und sie einander dadurch trösten und stärken könnten.

Warum verbergen wir immer unsere tiefsten Empfindungen voreinander? Wir leiden sehr, aber wir besitzen auch große Heilbegabungen füreinander. Es ist ein Geheimnis, daß wir auch unsere Heilbegabung verbergen, wenn wir unseren Schmerz verbergen. Selbst in einer so von Liebe und Fürsorglichkeit erfüllten Gemeinschaft wie dieser gibt es mehr Leid als nötig und mehr Einsamkeit als nötig. Wir sind dazu aufgerufen, einander unser Versagen zu gestehen und zu vergeben, damit wir so die Fülle des göttlichen Erbarmens entdecken. Doch zugleich haben wir schreckliche Angst davor, noch mehr verletzt zu werden als wir schon sind. Diese Angst hält uns gefangen, auch wenn das Gefängnis keine Mauern besitzt! Ich sehe mit jedem Tag deutlicher, wie radikal die Liebesbotschaft Jesu tatsächlich ist.

Ein gnadenreiches Jahr

Sonntag, 6. Juli

Ein Tag des Abschiednehmens. Mein Jahr in Trosly geht zu Ende. Am Dienstag fahre ich nach Belgien zu Kardinal Danneels, am Mittwoch und Donnerstag werde ich in Holland sein, um meinem Vater, meinen Brüdern und meiner Schwester „Auf Wiedersehen" zu sagen, und am Freitag auf dem Rückflug nach Boston.

Während der letzten paar Tage habe ich versucht, mir über meinen Aufenthalt in „L'Arche" Rechenschaft zu geben. Hat er sich gelohnt? Ich habe nicht so viel geschrieben, wie ich beabsichtigt hatte; ich habe nicht so viel gebetet, wie ich mir vorgenommen hatte; ich habe nicht so gut Französisch gelernt, wie es mein Wunsch gewesen war; und ich bin mit den Behinderten nicht so vertraut geworden, wie ich es gewollt hatte. Und doch ist es ein gnadenreiches Jahr gewesen.

Die erste Gnade war die Wiederaufnahme des Kontakts mit Europa. Die Zeit, die ich in Frankreich, Deutschland, Belgien, Holland, England und Irland verbracht habe, hat mir zu der Erkenntnis verholfen, wie stark ich mit meinen Wurzeln verbunden bin, und zum tieferen Verständnis der Spiritualität, die ich ererbt habe. Ich habe das Empfinden, als wäre ich enger mit dem mächtigen Wirken des Geistes Gottes in Berührung gekommen, das Herz und Geist vieler meiner europäischen Zeitgenossen geprägt hat, und ich habe gelernt, mich ihrer lebendigen Spiritualität als der Hauptquelle meines eigenen seelsorgerischen Wirkens anzuvertrauen.

Die zweite Gnade sind meine Freunde. Wenn ich diesem Jahr einen Namen geben wollte, wäre dies „das Jahr der Freundschaften". Ich habe viel Zeit darauf verwandt, neue Freundschaften zu schließen und alte zu vertiefen. Manchmal habe ich mir Vorwürfe gemacht, so wenig Zeit darauf zu verwenden, etwas zu tun, und so viel Zeit „nur auf das Gespräch" mit anderen. Aber jetzt weiß ich, daß viele der so entstandenen Bindungen ein geheimnisvolles Netz des Wohlwollens geschaffen haben, das mir nicht nur helfen wird, mit neuem Schwung über Gottes „erste" Liebe zu sprechen, sondern auch einfacher, unmittelbarer und unmißverständlicher im Dienste Jesu aufzutreten, dessen Sendung darin bestanden hat, uns diese erste Liebe zu offenbaren. Die vielen alten Freunde, die aus den Vereinigten Staaten angereist sind und mit mir die Arche entdeckt haben, und die vielen neuen Freunde, die mir geschenkt wurden, haben mir wirklich gezeigt, daß Gott Fleisch geworden ist und daß die göttliche Liebe in der Zuneigung des Gottesvolkes greifbar wird.

Ich werde nie an dieses Jahr denken ohne tiefe Dankbarkeit für meine Freundschaft mit Nathan und die vielen Stunden, in denen wir Freud und Leid miteinander geteilt haben. Oft kommt es mir vor, als sei ich hauptsächlich nach Trosly gekommen, um eine neue Berufung sicher in das Geschenk dieser Freundschaft einbetten zu können. Was immer Daybreak bringt, ich werde in meinem Ringen nicht allein sein, und Nathan wird bei mir sein, damit ich meinen Versprechen treu bleibe.

Auch werde ich nie an dieses Jahr denken, ohne an meine Freundschaft mit Jean Vanier, Madame Vanier, Simone, Barbara, Thérèse-Monique, Jean-Louis und der Familie Peeters zu denken. Heute nachmittag hat Jean-Louis uns alle in sein Heim, La Vigne, eingeladen, wo ich das eucharistische Opfer gefeiert habe. Anschließend war ein Empfang mit lieben Worten und einem frohen Mahl. Von dem mir entgegenbrachten Wohlwollen war ich so überwältigt, daß ich versucht habe, es als Ausdruck der großherzigen Liebe Gottes und als Bestätigung dafür hinzunehmen, daß der Ruf in die Arche echt gewesen ist.

Die dritte Gnade ist das Entstehen einer tieferen Beziehung zu geistig Behinderten. Als ich Gérard und Michelle aus Le Surgeon und alle Männer aus La Vigne bei der Eucharistiefeier sah und ihre Anwesenheit spürte, ist tiefe Dankbarkeit in mir aufgestiegen, und ich habe gewußt, daß mir

257

eine neue Erfahrung geschenkt worden war, die Gotteserfahrung, die von den Armen ausgeht. Gérards wortloses Lächeln und die Art und Weise, wie er einfach aus seinem
Rollstuhl die Hand ausstreckte, um meine Wange zu berühren, haben mir mehr gesagt, als Worte sagen können. Gérard wird sein Innenleben nie in Worte fassen und nie
sagen können: „Ich liebe Dich", und doch sagt er etwas über
Gottes absolute Liebe aus, das nur er sagen kann. Michelle
hat mit ihren spastisch gelähmten Fingern auf ihre eigenen
Wangen gezeigt, um sicher zu sein, daß ich ihr wenigstens
zwei Küßchen gäbe, und die Männer von La Vigne haben
ihre eigenen – oft lustigen – Methoden gehabt, mir ihr
Wohlwollen zu zeigen.

Ich weiß, daß die Welt geistig Behinderter mir noch
ziemlich unbekannt ist. Im nun vergangenen Jahr habe ich
nicht in einem Heim gewohnt und bin mehr oder weniger
ein Außenseiter geblieben. Doch das Jahr hat mir geholfen,
meine ersten Schritte in diese neue Welt zu tun, und es hat
mir Hoffnung auf ein engagierteres Leben in Daybreak gemacht. Ich bin dankbar für alles, was das Jahr mir gebracht
hat, und bete, daß mir dies alles wieder einfällt und mich
Hoffnung schöpfen läßt, wenn es einmal schwer wird.

Wo Betrübnis und Freude eins werden

Dienstag, 8. Juli

Um 7 Uhr habe ich heute abend in Madame Vaniers Wohnzimmer die Eucharistie gefeiert. Madame Vanier saß in ihrem Lehnstuhl, an ihrer Seite Barbara, Simone, Nathan,
Christine, Jean-Louis, Jeff und Micha.

Nach der Eucharistiefeier hat Jean-Louis mich lange an
sich gedrückt und seinen Tränen freien Lauf gelassen. Ich
war ihm unendlich dankbar. Seine Tränenflut war das
größte Geschenk, das er mir hätte machen können. Außer
meiner Mutter hatte ich noch nie jemand meinetwegen
weinen sehen. Jean-Louis hat einfach meinetwegen geweint. Er trug die Mütze und den Schal, die ich ihm am

Sonntag geschenkt hatte. Als ich ihm in die Augen schaute und ihn umarmt hielt, verspürte ich eine Zweisamkeit, die zu Herzen ging. Ich empfand sowohl Betrübnis wie auch Freude; zwei Freunde empfanden zutiefst das Leid und das Glück der Freundschaft.

Ich habe Madame Vanier meinen Kelch und die Kommunion-Patene zusammen mit dem Lektionar und dem Meßbuch geschenkt. Sie sollte spüren, daß etwas überdauern würde, wenn auch etwas zu Ende ging.

Als ich vor nur elf Monaten nach Les Marronniers kam, war es Madame Vanier, die mich gleich bei meiner Ankunft willkommen geheißen hat. Seither haben wir in ihrem Wohnzimmer so manches Mal zusammen Eucharistie gefeiert. Daraus ist ein Band erwachsen, ein bleibendes Band, aber auch ein Band, das diesen Abschied sehr schwer macht. Aber daß ich jetzt nach Kanada, in ihre Heimat, ginge und mich der Gemeinschaft in Daybreak anschlösse, wo etliche ihrer Freunde sind, hat ihren Schmerz ein wenig gelindert. „Es wird dort nicht einfach sein. Es wird nicht einfach sein", sagte sie immer wieder, „aber Sie werden es schaffen." Ich war froh, daß mein Abschied ein Aufbruch dorthin war, wohin sie mich am meisten wünschte. Als wir einander umarmten, empfand ich tiefe Dankbarkeit für das Heim, das sie mir eingerichtet hatte, und große Freude darüber, daß ich in diesem Heim den Ruf Jesu, ihm zu neuen Ufern zu folgen, so klar vernommen hatte.

Schlußwort

Über ein Jahr ist vergangen, seit ich den letzten Eintrag in dieses Tagebuch gemacht habe. Inzwischen ist viel passiert, und ich glaube, die Beobachtungen und Gedanken auf diesen Seiten werden etwas mißverständlich bleiben, wenn ich nicht erzähle, wie es weitergegangen ist.

Ende August bin ich nach Daybreak gekommen, der Arche-Gemeinschaft in Kanada, und ins „New House – das Neue Haus" eingezogen, wo sechs Behinderte – Rose, Adam, Bill, John, Trevor und Raymond – und ihre vier Betreuer mich herzlich aufgenommen haben. Eine der ersten Aufgaben, die man mir übertragen hat, bestand darin, Adam morgens zu helfen. Adam ist ein junger Mann von fünfundzwanzig Jahren. Er spricht nicht und kann einem nicht zu erkennen geben, ob ihm das Essen schmeckt oder nicht, ob man ihm weh tut oder nicht, ob er etwas möchte oder nicht. Für alles, was zu den Grundverrichtungen des Alltags gehört – Ankleiden und Auskleiden, Gehen, Essen und Toilettenbesuche – braucht er aufmerksame Hilfe. Er leidet täglich unter epileptischen Anfällen, die ihn oft so sehr erschöpfen, daß er zusätzlich stundenlang schlafen muß, um wieder zu Kräften zu kommen. Anfangs hatte ich Angst, Adam beizustehen. Er ist so zart, daß ich immer Sorge hatte, ich würde etwas falsch machen. Aber allmählich ist mir dieser Fremdling vertraut und lieb geworden. Ich habe ihn gebadet, ihm die Zähne geputzt, ihn gekämmt, ihn beim Frühstück gefüttert und mit ihm geredet, als könne er mich voll und ganz verstehen, und dabei wurden meine Ängste allmählich von Gefühlen zarter Fürsorglichkeit abgebaut. Er begann mir sogar zu fehlen, wenn ich ein paar Tage auswärts sein mußte, und wenn ich zu Hause war, machte es mir von Mal zu Mal mehr Freude, einfach bei ihm zu sitzen, mir mit ihm die Nase zu reiben, sein Gesicht zu streicheln oder mit seinen Fingern zu spielen. So ist aus einem Fremdling ein Freund geworden. Es ist auch zu Freundschaften mit den anderen behinderten Mitgliedern der Hausgemeinschaft gekommen. Bill begann damit, mich zu drücken, John, mich zu einem Bier auszuführen. Trevor fing an, mir Blumen zu schenken, und Raymond, mir zu zeigen, wie er neuerdings sein Zimmer dekoriert hatte. Und sogar Rose, die tief geschädigt ist wie Adam, hat von sich aus damit begonnen, mich wirklich strahlend anzulächeln. Es ist mir nicht immer leicht gefallen, mich bei diesen verwundeten Menschen zu Hause zu fühlen, da sich unter der Oberfläche der Umarmungen, der Biereinladungen, der Blumen und des Lächelns so viel Schmerz und Unerwünschtheit verbirgt, aber das, was sie schenken, wird so großzügig geschenkt, daß es Bande tiefer Zuneigung schafft.

Doch diese Bande haben sich nicht ergeben ohne die Entrichtung eines hohen Preises. Dieser Preis hat darin bestanden, daß ich mich meinen eigenen Behinderungen stellen muß! Ich habe immer gewußt, daß sie vorhanden waren, aber ich habe es immer fertiggebracht, sie zu verstecken. Aber Menschen, die ihre Behinderungen nicht verbergen können, erlauben es auch ihren Betreuern nicht, die ihren zu verheimlichen. Der Leiter der Gemeinschaft und einige ihrer ständigen Mitglieder wie auch die Betreuer im Haus haben mir in meinen ersten Monaten sehr viel Rat und Hilfe gewährt. Sie wußten ja aus ihrer eigenen Erfahrung, daß das Leben mit geistig Behinderten radikale Selbstkonfrontation verlangt, und sie haben bemerkenswerte Geduld und Zuvorkommenheit bewiesen, als ich meine eigenen Ängste und Unsicherheiten durchlebte. Bei einer Gelegenheit habe ich ihnen gesagt: „Anfangs habe ich gedacht, ich sei gekommen, um Ihnen bei der Betreuung geistig Behinderter zu helfen, aber jetzt habe ich das Gefühl, als hätten

Sie noch einen Behinderten zusätzlich bei sich aufgenommen." Mich meinen eigenen Behinderungen zu stellen, hat wirklich den schwersten Kampf gekostet.

Zuallererst mußte ich damit fertigwerden, daß ich nicht mehr in einem Familienkreis gelebt hatte, seit ich achtzehn Jahre alt gewesen war. Und hier sah ich mich vor der Aufgabe, ein großes Haus sauberzuhalten, Riesenmahlzeiten auf den Tisch zu bringen, unzähliges Geschirr zu spülen und Berge von Wäsche zu bewältigen, ganz zu schweigen von Einkäufen, Arztterminen, Buchführung, Fahrtendienst und unaufhörlich anfallenden Reparaturarbeiten. Nach siebenunddreißig Jahren in Studentenheimen, wo für all dies gesorgt war, habe ich im Familienhaushalt entdeckt, daß ich nicht einmal die alltäglichsten Fertigkeiten besaß. Für elf Leute zu kochen, hat mich mit großer Angst erfüllt, und wenn jemand zum Frühstück etwas anderes bestellte als Spiegeleier, ob Pfannkuchen, Omelett, Toast oder Waffeln, wußte ich weder ein noch aus. Bücherschreiben und Vortragstätigkeit haben sich wie leichte Hügel ausgenommen im Vergleich zu den Schwierigkeiten des täglichen Lebens, die sich wie Gebirge vor dem Kletterer auftürmten. Kein Wunder, daß ich bald die Vorstellung abgelegt habe, einige von uns seien behindert, andere aber nicht. Meine Behinderungen waren angesichts all dessen, worum es im Alltagsleben geht, so eklatant, daß ich für jedes Zeichen von Mitgefühl, jedes verständnisvolle Lächeln und, vor allem, jedes helfende Zupacken tief dankbar war. Vielleicht waren es im Kern solche sehr prosaischen Küchenangelegenheiten, die in mir das Empfinden aufkommen ließen, daß echte Freundschaft mit geistig Behinderten und ihren Betreuern möglich ist. Meine eigene Behinderung hat das ermöglicht.

Aber das Ringen mit diesen Schwierigkeiten war natürlich nur das, was von einem Ringen mit Schwierigkeiten, die viel tiefer lagen, zutage getreten ist. Als ich der Vollmitgliedschaft in der Gemeinschaft von Daybreak näher kam und neue und dauerhafte Beziehungen aufzunehmen versuchte, sah ich mich dem ganzen Spannungsfeld enger persönlicher Vertrautheit gegenüber. Mein Bedürfnis nach Freundschaft und einem tiefen Zugehörigkeitsgefühl hatte mich in die „Arche" geführt. Aber die Behinderten, die den Kern der Gemeinschaft bilden, sind oft gerade im ganz persönlichen Bereich am meisten geschädigt. Sie fühlen sich leicht abgelehnt, verächtlich behandelt, beiseite geschoben oder übergangen und sind denen gegenüber, die ihnen Freundschaft, Betreuung, Hilfe und Zuneigung anbieten, sehr auf ihrer Hut. Immer stellen sich ihnen die Fragen: Stimmt das auch? Ist das von Dauer? Kann ich mich darauf verlassen? Kein Wunder, daß in diesem Zusammenhang auch meine eigene Not um enge persönliche Bindungen ans Licht gekommen ist.

Ich erinnere mich noch lebhaft, wie einer der Behinderten mich bei meiner Rückkehr von einer zweiwöchigen Abwesenheit nicht mit „Hallo, wieder da?" begrüßen wollte. Während ich zu Hause wieder willkommen geheißen werden wollte, war er nicht sicher, ob ich wirklich willens wäre, sein Leben mit ihm zu teilen. Und so rieben sich unsere dunklen Befürchtungen aneinander und lösten in uns beiden tiefen Schmerz aus. Als er immer wieder sagte: „Es läßt mich kalt, daß Du wieder da bist. An Deinem Mitbringsel liegt mir nichts. Ich habe schon genug, laß mich in Ruhe. Ich habe zu tun ...," trat meine eigene tiefe Angst, nicht geliebt zu werden, zutage, und zu meiner eigenen Verlegenheit konnte ich mich nicht mehr halten und brach in Tränen aus wie ein kleines Kind, das sich abgewiesen fühlt.

Die verletzten Gefühle der geistig Behinderten in meinem Heim waren es, die mir die Tür zu meinem eigenen geschädigten Gefühlsleben geöffnet haben. Sehr bald habe ich mich gefragt: „Liegt mir wirklich etwas an diesen Menschen? Bin ich wirklich bereit, sie zum Mittelpunkt meines Lebens zu machen? Was meine ich eigentlich, wenn ich zu ihnen sage: ‚Ich liebe Dich'? Wie aufrichtig bin ich eigentlich? Bin ich zu einer dauernden Bindung fähig? Oder ... ist mein Bemühen um diese gebrochenen Menschen nur we-

263

nig mehr als ein Versuch zur Steigerung meines Selbstwertgefühls?" Sehr wenige Steine bleiben ungewendet liegen: Fürsorglichkeit, Mitleid, Nächstenliebe, Versprechen, Engagement und Treue ... Ich habe diese Begriffe im Geist und im Herzen gedreht und gewendet, und manchmal kam es mir vor, als erweise sich das Haus meines geistlichen Lebens, an dem ich jahrelang gebaut hatte, als Pappkonstruktion, die jeden Augenblick in Flammen aufgehen wollte. Die geistig behinderten Männer und Frauen und ihre Betreuer haben mich gezwungen, mich in einer Weise kritisch zu überprüfen, die sehr demütigend gewesen ist. Oft habe ich gezweifelt, ob ich noch festen Boden unter den Füßen hätte. Ich befinde mich immer noch mitten in diesem Ringen und komme mir dabei recht erbärmlich vor. Es ist schon hart, feststellen zu müssen, daß ich sehr wenig Geschick für das besitze, was im Alltag anfällt. Aber es ist mir noch schmerzlicher, zu der Einsicht gebracht zu werden, daß ich ausgerechnet da sehr schwach und gebrechlich bin, wo ich das meiste geben zu können geglaubt hatte.

Aber diese Bedrängnis war noch nicht einmal die schlimmste. Der Punkt, an dem ich wirklich in die Knie gezwungen wurde, lag jenseits der Problematik hauswirtschaftlicher Begabung, sogar jenseits der Problematik einer echten Bindung. Die äußerste Herausforderung ist aus der Frage erwachsen: „Ist Jesus für Dich genug, oder erwartest Du noch von anderen, daß sie Dir Dein Selbstwertgefühl geben?" Wenn mich früher jemand gefragt hätte: „Wer ist die Mitte Deines Lebens?", hätte ich ihm ohne viel Bedenken geantwortet: „Jesus, der mich in seine Nachfolge berufen hat." Aber jetzt wage ich das nicht so leichthin zu sagen. Das Ringen darum, mich ganz einer Glaubensgemeinschaft anzuschließen, hat sich als ein Ringen erwiesen, in dem es darum geht, mich auf meinem Weg vieler Götzen zu entledigen und mich immer wieder für die ausschließliche Nachfolge Jesu zu entscheiden. Die Entscheidung für das Gemeinschaftsleben und die Entscheidung für Jesus stellen sich mir in zunehmendem Maß als zwei Aspekte ein und derselben Entscheidung dar. Und hier hat sich meine eigentliche Behinderung gezeigt.

Als ich nach Daybreak kam, bin ich nicht allein gekommen. Nathan ist mit mir gekommen, mit dem ich in Trosly eine tiefe und lebenspendende Freundschaft angeknüpft und unterhalten hatte. Ich bin nach Daybreak gekommen, um die Seelsorge zu übernehmen. Er ist gekommen, um während seines Theologiestudiums in Toronto als Teilzeit-Betreuer hier zu wohnen. Als für mich das neue Leben in der Gemeinschaft immer näher rückte, habe ich mir angewöhnt, in meiner Freundschaft mit Nathan inmitten aller Übergänge und Veränderungen eine sichere Zuflucht zu sehen. Ich habe mir gesagt: „Ganz gleich, was kommt, ich habe wenigstens einen Freund, auf den ich mich verlassen, bei dem ich Halt und in schweren Augenblicken Trost finden kann." Irgendwie habe ich innerlich bei Nathan festen Halt gesucht und im Gemeinschaftsleben etwas gesehen, womit ich schon fertigwerden würde. So hat meine Abhängigkeit von Nathan mich daran gehindert, die Gemeinschaft zum wahren Mittelpunkt meines Lebens zu machen. Unbewußt habe ich mir gesagt: „Ich habe schon ein Zuhause. Ich brauche eigentlich kein anderes mehr." In dem Maß, in dem ich mehr Zugang zum Gemeinschaftsleben gefunden habe, ist mir aber nach und nach aufgegangen, daß die Berufung zur uneingeschränkten Nachfolge Jesu von mir verlangte, mehr im gemeinsamen Leben mit geistig Behinderten als in einer außergewöhnlichen, lebenspendenden Freundschaft nach Gottes Führung zu suchen.

Diese Entdeckung hat mich in so große Qualen gestürzt, daß sie mich an den Rand der Verzweiflung gebracht hat. Wenn ich mich angenommen fühlen wollte, mußte ich mein Verhalten so radikal ändern, daß es schien, als brauchte ich eine andere Persönlichkeit, um das zu erreichen. Als ich zu dem Ruf aus Daybreak, mich der Gemeinschaft als Seelsorger anzuschließen, ja gesagt hatte, war mir nicht bewußt, wie viele schmerzliche „Nein" in diesem „Ja" enthalten waren – ein Nein dazu, mir die Menschen, mit denen ich zusammenleben möchte, auszusuchen, ein Nein dazu, die besten Stunden mit Menschen zu verbringen, die mir sehr liegen, ein Nein zu meiner eigenen Auffassung von stiller Zurückgezogenheit, ein Nein dazu, mein Leben auf die Stütze der schönen Freundschaft mit Nathan abzustellen. Der unabhängige und eigenwillige Lebensstil eines Universitätsprofessors, den ich viele Jahre gepflegt hatte, war sicher keine Vorbereitung auf diese Form der Jesusnachfolge. Sie führte mich in die zweite Einsamkeit, eine Einsamkeit mit Jesus inmitten einer Gemeinschaft. Ich habe festgestellt, daß es viel, viel schwieriger ist, diese zweite Einsamkeit zu leben als eine Einsamkeit infolge physischer oder psychischer Isolierung – ist sie doch eine Einsamkeit, die es nicht als ein Hindernis aus dem Weg zu räumen gilt, der zur vollen menschlichen Reife führt, sondern eine Einsamkeit, die es zu ergreifen gilt, weil sie totale Jesusnachfolge ist.

Am Ende meiner Reise nach Kanada, in die Vereinigten Staaten und nach England, von der in diesem Tagebuch die Rede war, habe ich einen jungen Mann kennengelernt, der mir von seiner eigenen geistlichen Reise erzählt und dadurch geholfen hat, mir über die zweite Einsamkeit meine Gedanken zu machen. Er hat gesagt: „Anfangs bin ich mit vielen anderen auf einer Autobahn dahingefahren. Ich habe mich in meinem Wagen allein gefühlt, aber ich war wenigstens nicht allein. Dann hat Jesus mich geheißen, eine Ausfahrt zu nehmen und einer kurvenreichen Landstraße zu folgen, die durch eine anmutige und schöne Gegend führte. Die Menschen, die vorüberkamen, haben mich gegrüßt und mir zugelächelt und gewinkt; ich habe mich geliebt gefühlt. Dann hat Jesus mich ganz überraschend aufgefordert, in einen Feldweg einzubiegen, auszusteigen und mit ihm zu Fuß zu gehen. Als wir unseres Weges gingen, haben wir niemand mehr zu Gesicht bekommen; ich wußte zwar, daß ich an Jesu Seite ging, doch habe ich mich sehr einsam und oft verzweifelt gefühlt. Ich war erschöpft und hatte das Empfinden, von meinen Freunden vergessen zu sein. Jetzt sah es so aus, als würde ich um so einsamer, je näher ich Jesus kam. Und niemand schien das zu verstehen."

Mein Leben in Daybreak hat sich mehr und mehr als eine Aufforderung erwiesen, mich auf diese zweite Einsamkeit einzulassen. Sie ist etwas so Schmerzliches, daß ich Bedenken habe, mich über sie zu verbreiten. Sie ist eine Einsamkeit, aus der mich, wie ich weiß, kein noch so enger Freund erlösen kann, obwohl ich mich verzweifelt an solch einen Freund klammere. Sie ist eine Einsamkeit, die von mir verlangt, mich völlig in die Arme Gottes zu werfen, dessen Gegenwart nicht mehr spürbar ist, und mein ganzes Sein auf etwas hin zu wagen, was dem Nichts gleichzukommen scheint. Sie ist die Einsamkeit Jesu, der aufschreit: „Mein Gott, mein Gott, warum hast du mich verlassen?"

Iris Murdoch schreibt in ihrem Roman „Henry and Cato":

Es ist der allergrößte Schmerz und das allergrößte Paradox, daß an einem bestimmten Punkt die persönliche Liebe, daß das Ich zerbrechen muß, daß man etwas völlig Natürliches und anscheinend Gutes, das vielleicht das einzig Gute zu sein scheint, aufgeben muß. Dann bleiben nur noch Dunkel, Schweigen und Leere. Und Gott ist da. Denken (Sie) an den heiligen Johannes vom Kreuz. Wo die Bilder aufhören, stürzt man in den Abgrund; aber das ist der Abgrund des Glaubens. Wenn man gar nichts mehr hat, hat man nichts mehr außer der Hoffnung. [5]

Das Letzte, was ich als Konsequenz meines Anschlusses an die Gemeinschaft von Daybreak je erwartet hätte, war dieser wahre Sturz in den Abgrund, bei dem man zerrissen und von innen nach außen gestülpt wird. Ich hatte erwartet, mit geistig Behinderten zusammenzuleben und sie zu betreuen, gestützt auf eine tiefe Freundschaft und umfangen von einem großartigen Netz christlicher Liebe. Ich habe

---

[5] Iris Murdoch, Henry and Cato, London 1987, 348.

nicht damit gerechnet, mit einer zweiten Einsamkeit zurechtkommen zu müssen.

Aber … zögernd und sogar widerstrebend komme ich dem Geheimnis auf die Spur, daß mir die Gemeinschaft von Daybreak eben deshalb geschenkt worden ist, damit sie mir einen „sicheren" Kontext zum Eintritt in die zweite Einsamkeit mit Jesus bietet. Daran ist nichts bezaubernd oder romantisch. Es ist grausames Leid. Es ist Jesusnachfolge ins völlig Unbekannte. Es ist Entäußerung am Kreuz und Angewiesensein auf die Erwartung eines neuen Lebens im schieren Glauben.

Aber dasselbe Kreuz, das dazu auffordert, dem abzusterben, was so gut und schön zu sein scheint, ist auch der Ort, an dem eine neue Gemeinschaft im Geist geboren wird. Jesu Tod ist das Sterben des Samenkorns gewesen, das reiche Frucht bringen sollte. Mein Leben wird nie Frucht bringen, wenn ich nicht bereit bin, denselben Leidensweg zu gehen, der aber auch ein Hoffnungsweg ist.

Ich sage das mit Furcht und Zittern, denn ich fange erst an, das Licht eines neuen Tages zu sehen, und weiß noch nicht, ob ich den Mut aufbringe, den langen Weg zu gehen, der vor mir liegt. Aber wenn ich dies niederschreibe, kann ich meinen Blick unmittelbar auf meine eigenen Worte richten, und das ist schon ein Schritt nach vorn.

Am 21. Juli 1987 habe ich den dreißigsten Jahrestag meiner Priesterweihe begangen. Angesichts all dessen, was ich in meinem ersten Jahr in Daybreak erlebt hatte, war mir nicht nach einer Feier zumute. Statt dessen habe ich ein paar von den ständigen Mitgliedern der Gemeinschaft eingeladen, mit mir zu beten, über meine Berufung nachzudenken und mir kritische Hinweise zu geben. Das war ein sehr schmerzlicher Vorgang. Ich mußte mich schonungslos all meinen Behinderungen stellen, sie meinen Freunden eingestehen und von Gott und der Gemeinschaft Hilfe zu erlangen suchen. Es war aber auch ein sehr lebenspendender Vorgang, denn meine Umgebung hat meine Behinderungen ganz deutlich gesehen und mir alle Unterstützung,

Anleitung und Liebe versprochen, um mir zu helfen, sie nicht einfach zum Stein des Anstoßes werden zu lassen, sondern zum Tor zu echter Solidarität mit denen, die ihre Behinderungen nicht verbergen können und den Kern unserer Gemeinschaft bilden.

Bei der Feier dieses Jahrestages habe ich für die kommenden Jahre drei Versprechen abgelegt und die Gemeinschaft gebeten, mir bei ihrer Erfüllung zu helfen. Ich möchte diese Versprechen zum Abschluß dieses Buches niederschreiben, um so erstmals zum Ausdruck zu bringen, wie ich jetzt den Weg, der vor mir liegt, sehe.

Vor allem habe ich versprochen, mehr zu beten. Wenn Jesus wirklich die Mitte meines Lebens ist, muß ich ihm viel Zeit und Aufmerksamkeit schenken. Ich möchte mich im Gebet besonders der Anbetung widmen, in der ich meine Aufmerksamkeit auf seine Liebe, sein Mitleid und sein Erbarmen richte, nicht aber auf meine Bedürfnisse, meine Schwierigkeiten und meine Wünsche. Mein Gebet ist in der Vergangenheit weithin sehr introspektiv gewesen. Es ist an der Zeit, zu ihm aufzuschauen, der zu mir kommt und sagt: „Nicht ihr habt mich erwählt, sondern ich habe euch erwählt" (Joh 15,16). Ich möchte, daß die Wirklichkeit Jesu meine Lebensgrundlage ist, nicht aber die Unwirklichkeit meiner Phantasievorstellungen, meines Selbstbedauerns, meiner Wachträume und meiner Sandburgen. Ich weiß, daß ich durch den Übergang von selbstbezogenen Betrachtungen zur schlichten Anbetung immer mehr mit der Wirklichkeit in Berührung kommen werde, mit der Wirklichkeit Gottes und mit der Wirklichkeit des Gottesvolkes, in dessen Mitte ich lebe.

Es wird sehr schwer sein, diesen Versprechen treu zu bleiben. Ich werde von unzähligen Seiten gedrängt, Wichtigeres zu tun als zu beten. Aber ich weiß, daß ich, nur wenn ich ausdauernd und beharrlich bete, imstande sein werde, dem Einen zu folgen, der mich auffordert, seinen einsamen Weg mit ihm zu gehen.

Zweitens habe ich versprochen, alles zu tun, was in meinen Kräften steht, um meine eigene Gemeinschaft besser kennenzulernen. So manche von den geistig Behinderten und ihren Betreuern sind mir in diesem ersten Jahr fremd geblieben. Die vielen Einladungen zu Außentätigkeiten und mein Hang, in einer oder zwei Freundschaften Rückhalt zu suchen, haben mich daran gehindert, die Gemeinschaft als Ganze zu meiner wahren Heimat zu machen. In den einzelnen Häusern zu essen, mit meinen eigenen Hausgenossen „Zeit zu vertrödeln", zu reden, zu spielen und zu beten und ihnen Gelegenheit zu geben, mich wirklich kennenzulernen, erfordert ein besonderes Maß an Disziplin. Es verlangt eine Neuorganisation meines Stundenplanes, mehr Absagen auf Bitten hin, die von außen kommen, und die feste Überzeugung, daß meine Hausgenossen meine eigentlichen Nächsten sind.

So werde ich Jesus nicht nur im stillen Raum des persönlichen Gebetes, sondern auch in der Gemeinschaft der Liebe kennenlernen. So wird derselbe Herr, der sich mir ganz tief im Herzen offenbart, sich auch in der brüderlichen Gemeinschaft der Schwachen offenbaren. Es wird nicht leicht, das treu zu üben, da die Verlockung, in einer einzigartigen Herzensfreundschaft Geborgenheit und Trost zu suchen, so groß ist, besonders in Zeiten der Niedergeschlagenheit und geistlicher Erschöpfung. Bisher bin ich Streßsituationen durch Gespräche mit einem Seelenführer, einem Berater oder einem Freund begegnet. Immer ist es eine Beziehung vom einen zum anderen gewesen, in der ich Heilung gesucht habe. Aber jetzt fühle ich mich nachdrücklich angehalten, in erster Linie bei der Gemeinschaft meinen geistlichen Rückhalt zu suchen und darauf zu vertrauen, daß ich da den Geist Gottes finden werde, den wahren Tröster, den ich immer gesucht habe.

Schließlich habe ich versprochen, weiter zu schreiben. Im normalerweise bis ins letzte geregelten Leben einer Gemeinschaft wie Daybreak ist es sehr schwer, die ruhigen Stunden zu finden, die man zum Schreiben braucht. Während des vergangenen Jahres hat es so ausgesehen, als wäre das Schreiben praktisch unmöglich. Und doch war in der Berufung nach Daybreak auch die Berufung, weiter zu schreiben, enthalten. Ohne zu schreiben, kann ich den Dienst am Gotteswort nicht treu ausüben, der mir anvertraut worden ist. Auf dem Weg über das geschriebene Wort kann mein Leben, das ich verborgen mit Gott und den geistig Behinderten führe, zu einer Gabe an die Kirche und die Welt werden. Einführungsvorträge auf Tagungen, Festansprachen bei Promotionen und selbst Exerzitien scheinen nicht mehr zu meinem eigentlichen Aufgabenbereich zu gehören, wohl aber das Schreiben. Viele Menschen, auf deren Urteil ich vertraue, haben mir das versichert. So muß ich mich denn in strenger Beschränkung den oft unvorhergesehenen Dringlichkeiten des Alltags versagen und Worte schreiben, die sich aus meinem Beten und aus meinem Leben mit den geistig Behinderten und ihren Betreuern ergeben. Obgleich die Jesus Nachfolge in meinem Fall sehr wohl mehr und mehr ein Weg im Verborgenen werden könnte, glaube ich nicht, daß sie jemals meine Privatsache werden sollte. „Das Leben hinzugeben für meine Freunde", das ist es, was Jesus von mir verlangt. Dazu gehört in meinen Augen, so ehrlich wie möglich von den Leiden und Freuden, von der Finsternis und dem Licht, von der Mühsal und der belebenden Kraft, von der Verzweiflung und der Hoffnung zu künden, die es bedeutet, mit Jesus dorthin zu gehen, wohin ich lieber nicht ginge. Wenn ich diese ganz persönlichen Erfahrungen artikuliere, kann ich mein Leben anderen zur Verfügung stellen und auf diese Weise Zeugnis geben für das Wort des Lebens, „das ich gehört habe, das ich mit eigenen Augen gesehen habe, das ich geschaut und mit eigenen Händen angefaßt habe" (vgl. 1 Joh 1, 1).

Ich bin froh, in Daybreak zu sein, umgeben von Menschen, die mir helfen wollen, meinen Versprechen treu zu bleiben. Es ist gut, hier zu sein, wenn es auch schwer ist. Ich spüre, daß ich dazu berufen bin, hier zu sein, daß ich hierhin gesandt worden bin und daß ich hierhin gehöre. Aber nach einem Jahr bin ich zu der Erkenntnis gekommen, daß ich eben erst einen langen und steilen Weg beschritten habe, auf dem es nicht nur viele Morgendämmerungen (daybreaks), sondern auch viele Nächte geben wird. Als Abraham dem Ruf Gottes gefolgt ist, hatte er keine Ahnung, wieviel noch von ihm verlangt würde. Sein Glaube sollte mit jedem Schritt auf die Probe gestellt werden. Das trifft auch für jeden zu, den Gott in seiner „eifersüchtigen" Liebe beruft. Obgleich ich immer von einem leichten und konfliktfreien „Morgen" träume, weiß ich, daß auch *mein* Glaube auf die Probe gestellt werden wird. Gottes Liebe ist tatsächlich „gestreng und furchtbar" (Dorothy Day), aber auch wert, daß man sein ganzes Leben für sie hingibt.

Damit komme ich zum Schluß dieses Tagebuches. Ich habe versucht, den Weg, der mich nach Daybreak geführt hat, genau zu beschreiben, meine ersten hiesigen Erfahrungen ehrlich zu schildern und die Versprechen, die ich für die Zukunft abgelegt habe, offen darzulegen. Es wird mir immer deutlicher, daß Jesus mich an einen Ort geführt hat, wohin ich nie gehen wollte, mir beigestanden hat, wenn ich mich in finsterer Nacht verirrt glaubte, und mich dem Tag entgegenführen wird, auf den keine Nacht mehr folgt. Wenn ich mit Jesus unterwegs bin, erinnert er mich immer daran, daß Gottes Herz wirklich unendlich viel größer ist als das meine.